⚠ Die Mutter deutete ihr den Traum dahin aus, daß ihr künftiger, edler Lebensgenosse von einem frühzeitigen Tode dahingerafft werden solle. Da sagte die Jungfrau: »Niemals will ich die Braut eines Mannes, niemals das Weib eines Helden werden, damit nicht meine Freude mit Leide enden muß.«

⌃ Um dieselbe Zeit erwuchs dem König Siegmund und der
Königin Sieglinde zu Xanten in Nieder-
land ein herrlicher Sohn, Siegfried mit
Namen, voll wunderbarer Stärke des
Leibes, voll Mut und Hochsinn des
Herzens. Dieser hatte von Kriemhildens
Schönheit und von der Macht und dem
Reichtum der Burgunden vernommen.

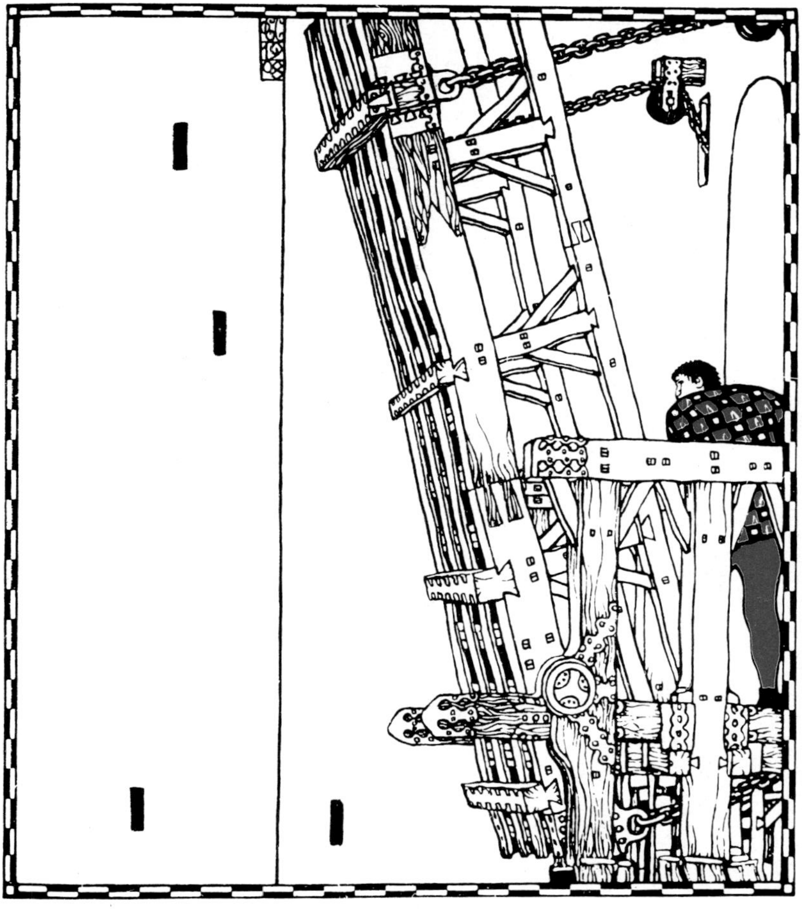

⋙ Da erbat er sich Urlaub von seinen lieben Eltern und ritt in stattlicher Heldenrüstung mit seinen Mannen nach Worms, daselbst zu werben um die Gunst und die Hand der unvergleichlichen Königstochter.

⋙ Aber weder Kriemhildens Brüder, König Gunter, Gernot und Giselher das Kind genannt, noch irgend einer der

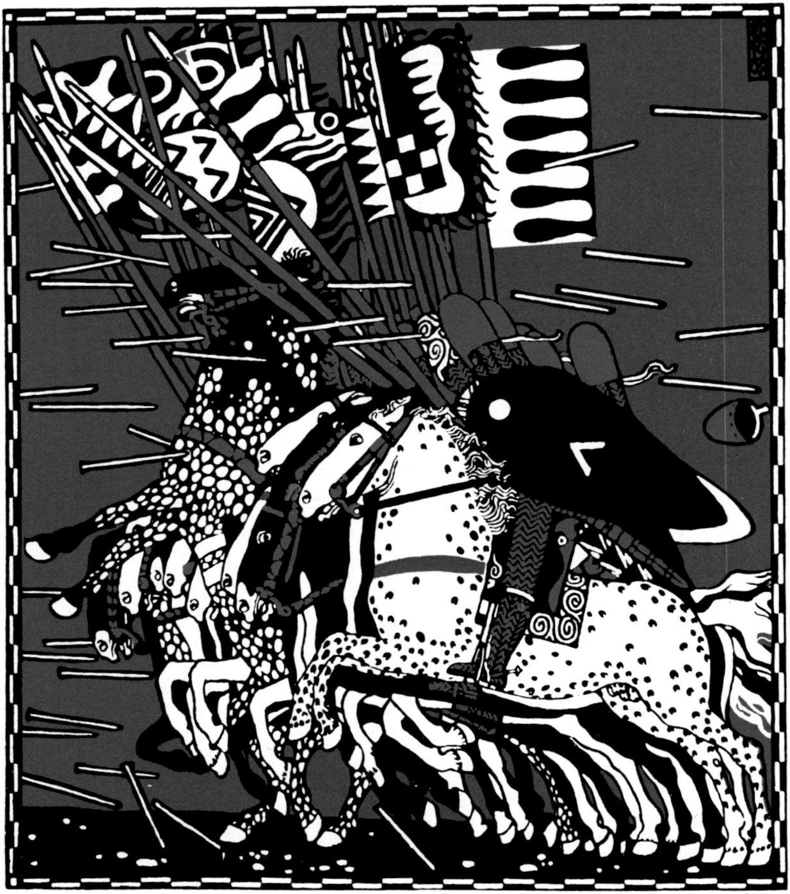

Recken von Worms erkannten, wer die fremden, prachtvoll gerüsteten Männer seien, die vor dem Königsbau zu Rosse erschienen.

Nur Hagen Tronje, der jungen Könige Oheim, sagte nach langem Sinnen: »Ich sah zwar niemals Siegfrieden von Niederland, aber ich glaube, kein anderer in der Welt kann mit

solcher Pracht und solchem Gefolge einherziehen. Ihr wißt, daß dieser junge Held das Geschlecht der Nibelungen besiegte. Schilburg und Nibelung hüteten unermeßliche Schätze an rotem Golde und blitzendem Edelgestein; diesen Hort besitzt nun Siegfried, samt Land und Leuten der Unterworfenen.

Dem Zwerge Alberich nahm er die Tarnkappe ab, eine Hülle, die ihren Träger unsichtbar macht. Zuletzt erlegte er einen wilden Drachen, in dessen Blute er sich badete. Davon wurde seine Haut gehärtet, so daß sie für Pfeil, Schwert und Speer unverletzlich blieb. Daher nennt man ihn auch den hörnenen Siegfried.

⋀ Laßt uns einen solch starken Recken nicht unfreundlich empfangen.«

⋀ Diesem Rate gehorchten die Könige zu Worms. Siegfried wurde festlich empfangen, und glänzende Waffenspiele, Festlichkeiten und Kurzweil erfreuten die Ankömmlinge durch ein volles Jahr.

Kriemhild, die Siegfried noch mit keinem Blicke zu sehen bekam, schaute unbemerkt aus den Fenstern ihrer Kemenate (des Frauenhauses der Burg) und erblickte den herrlichen Jüngling als Sieger bei allen Waffenspielen.

Da erwachte eine tiefe Liebe in ihrem Herzen, und sie vergaß alle bisher gepflogenen Mädchenspiele mit ihren Gefährtinnen.

Siegfried aber zog freiwillig als Teilnehmer mit dem Heerzuge der Burgunden in manches Feindesland und zeichnete sich durch Kraft und Heldenmut vor allen aus in Krieg und Sieg.

⚞ Den Dänenkönig Liutgast nimmt er gefangen, und sein Verbündeter, Liutger, König der Sachsen, ergibt sich freiwillig der Gewalt Siegfrieds.

⚞ Der Bote des Sieges durfte auch vor Kriemhild hintreten.

⚞ »Bringst du mir wahrhafte Kunde«, sagte die Herrliche zu ihm,

»so gebe ich dir all mein Gold und will dir mein Leben lang hold sein.«

»Edle Königin«, erwiderte er, »keiner ist herrlicher im Kampf und Sieg bestanden als unser Gast aus Niederland.«

Freudig klopft ihr Herz, aber in strenger Sitte und Zucht bleibt sie auch

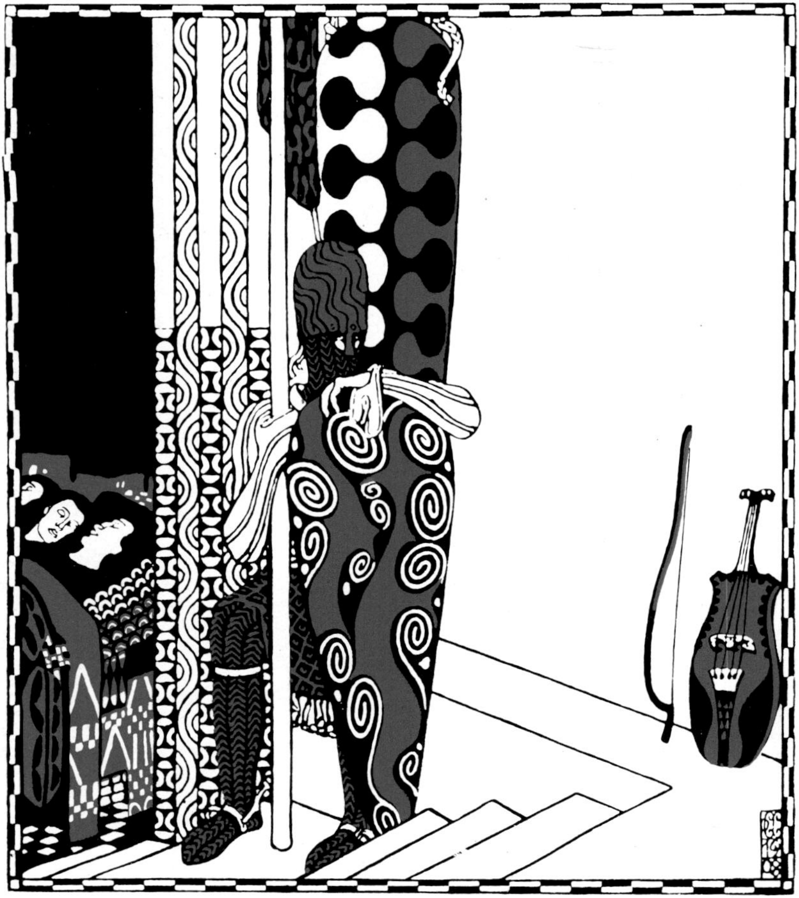

jetzt noch in ihrer Kemenate verborgen, als schon die
Siegestrompeten des heimkehrenden
Heeres in Worms erklingen.

So kommt das Pfingstfest herein.
Zweiunddreißig Fürsten erscheinen in
Worms, dem glänzenden Ritterspiele
beizuwohnen. Da endlich durfte die
Lieblichste mit einem Gefolge von

hundert Jungfrauen und hundert wehrhaften Kämmerern an der Seite ihrer Mutter sich öffentlich zeigen; »wie das Morgenrot aus trüben Wolken geht«, sagt die alte Dichtung.

⌃ Auf Gernots Wink heißt König Gunter Siegfrieden zu ihr herantreten. Mit Herzensfreude erblicken sich die beiden.

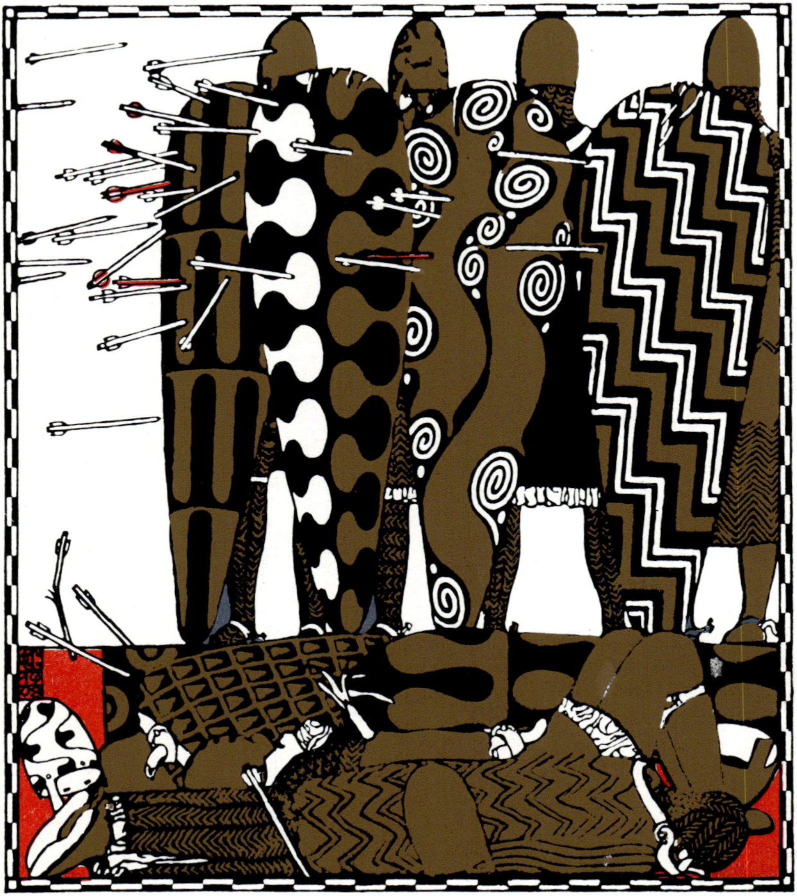

Aber, wie vom gegenseitigen Zauber gebannt, sprechen sie noch kein Wort, bis nach der Messe, die den Festtag einleitet, die Jungfrau dem Helden Dank sagt für die treuen Dienste, die er ihren Brüdern hochherzig und freiwillig geleistet.

 Als nun die Fremden aus Niederland aufbrechen wollen, da läßt Siegfried sich durch den jungen Giselher bestimmen, noch länger in Worms zu verweilen, glückselig, der Auserwählten nicht schon jetzt entsagen zu müssen.

Matthias Henke, geboren 1953 in Emmerich/Niederrhein.
Studium der Musik, der Musikwissenschaft, Germanistik und
Kunstgeschichte. 1983 Dr. phil. Seit 1980 unterrichtet
er in hauptamtlicher Stellung an der Gesamthochschule
Kassel im Bereich Schulmusik praktische und theoretische
Fächer. Daneben Lehraufträge an den Musikhochschulen
in Münster, Innsbruck und Würzburg sowie
an der Pädagogischen Hochschule in Weingarten.
Arbeitet an einer Habilitationsschrift zum Thema
„Gebrauchsmusik – vom Jugendstil bis zur Neuen Sachlichkeit".
Seit 1988 gestaltet er mitverantwortlich die „Neue Musik in
Münster", eine Konzertreihe des WDR und der Stadt Münster.
Ferner zahlreiche Buchveröffentlichungen, Aufsätze, Schall-
plattentexte und Rundfunksendungen – Schwerpunkte: Musik
des 18. und 20. Jahrhunderts.

Deutsche Textfassung und wissenschaftliche Überarbeitung:
Dr. Matthias Henke
Dokumentation: Dr. Matthias Henke und Ralf Czichowski

Die Deutsche Bibliothek – CIP Einheitsaufnahme

Rossenfreund, Gottfried:
Richard Wagner: das Drama der Musik / Gottfried Rossenfreund;
Matthias Henke. – Dt. Erstausg. – Ravensburg: Maier, 1991
(Abenteuer Geschichte; Bd. 22) (Ravensburger Taschenbuch)
Einheitssacht.: Richard Wagner <dt.>
ISBN 3-473-51022-X
NE: Henke, Matthias [Bearb.]; 1. GT

ABENTEUER GESCHICHTE

Deutsche Erstausgabe als Ravensburger Taschenbuch
© 1991 Ravensburger Buchverlag Otto Maier GmbH

Die Originalausgabe erschien unter dem Titel
„Richard Wagner – l'opéra de la fin du monde"
© 1988 Editions Gallimard, Paris

Redaktion der deutschen Fassung: Martin Sulzer

Alle Rechte dieser Ausgabe vorbehalten durch
Ravensburger Buchverlag Otto Maier GmbH
Satz: Eduard Weishaupt, Meckenbeuren
Printed in Italy by Soc. Editoriale Libraria

5 4 3 2 1   95 94 93 92 91

ISBN 3-473-51022-X

RICHARD WAGNER
Das Drama der Musik

Gottfried Rossenfreund
Adaptierte deutsche Textfassung:
Matthias Henke

Otto Maier Ravensburg

Erstes Kapitel
DAS GEKRÄNKTE KIND

Wilhelm Richard Wagner, geboren am 22. Mai 1813 in Leipzig, erscheint in den amtlichen Registern als neuntes Kind des Polizeiaktuars Friedrich Wagner und der Johanna Rosine, einer Bäckerstochter aus Weißenfels. Gleich die ersten Monate des Jungen stehen im Schatten kriegerischer Ereignisse.

„Er hatte eine rasche Auffassung, doch er war faul und wollte nicht üben."
Der Leipziger Gewandhaus-Geiger Robert Sipp über seinen ehemaligen Geigenschüler Richard Wagner

Die gegen Napoleon gerichteten Befreiungskämpfe erreichen Sachsen, gipfeln Mitte Oktober in der Völkerschlacht von Leipzig. Infolge des Gemetzels breitet sich in der Stadt eine Typhusepidemie aus, der auch Friedrich Wagner erliegt: 43 Jahre alt, stirbt der junge Vater. Bereits ein dreiviertel Jahr später heiratet Johanna ein zweites Mal. Wenn ihre Vermählung mit dem fünf Jahre jüngeren Ludwig Geyer auch überstürzt erscheinen mag, so geschieht sie dennoch nicht ohne Bedacht. Immerhin darf Johanna ihren neuen Ehemann als Freund bezeichnen, dessen Charakter sie seit mehr als zehn Jahren beobachten konnte.

Ihr Vertrauen (1814 folgt sie mit ihrer großen Kinderschar dem Ehemann nach Dresden) sieht sich alsbald gerechtfertigt: Geyer kümmert sich rührend um Richard und dessen Geschwister. Aber er offenbart sich nicht nur als hingebungsvoller Erzieher, sondern erweist sich auch auf anderen Feldern als Mann von Talenten: Neben seinem Brotberuf, der Schauspielerei, schreibt er Dramen und erwirbt sich als Portraitmaler einen guten Namen. Außerdem gilt er als fähiger Tenor, den Carl Maria von Weber mehrfach an die neue Oper von Dresden verpflichtet.

Das familiäre Umfeld fördert Richards künstlerische Entwicklung.

Seinen „zweiten" Vater behält Wagner zeitlebens in zärtlicher Erinnerung. Die Beziehung zu seiner Mutter allerdings reicht von jugendlicher Anbetung bis zum Abscheu über die im Alter zänkisch werdende Frau – gegensätzliche, indes tiefe Gefühle, die eine starke Mutterbindung ahnen lassen. Von ihr zeugt denn auch das Werk des Komponisten: Etwa muß Wagners „Ring"-Überheld Siegfried schon früh den Tod seiner Mutter erleiden, einen Tod, der einerseits jede Störung in der Mutter-Sohn-Beziehung ausschließt, andererseits aber auch eine Schuld sühnen soll – die inzestuöse Beziehung Sieglindes zu ihrem Zwillingsbruder Siegmund, deren Frucht kein anderer als Siegfried ist. Der Tod Sieglindes scheint auf einem weiteren autobiographischen Moment zu beruhen. Denn Wagner vermutet zeitlebens, Ludwig Geyer sei ihm nicht

Ludwig Geyer, nach offizieller Lesart Wagners Stiefvater, verkehrt mit Carl Maria von Weber, dem Komponisten des „Freischütz" – jener Oper also, die schon früh Richards Begeisterung für Phantastisches weckt.

FAMILIE GEYER-WAGNER

„Ein Porträt von ihr, welches Geyer noch während ihrer ersten Ehe gemalt, stellt ihr Äußeres sehr vorteilhaft dar. Von da an, wo sie deutlich in meine Erinnerung tritt, war sie bereits durch ein Kopfleiden genötigt, stets eine Haube zu tragen..."
Richard Wagner über seine Mutter Johanna Wagner (aus „Mein Leben")

Stiefvater, sondern leiblicher Vater gewesen, Johanna habe mit dem Schauspieler Ehebruch begangen. Dieser Verdacht konfrontiert Richard einerseits mit der Erkenntnis, er sei das Produkt einer außerehelichen Beziehung, andererseits stürzt er ihn auch in einen Konflikt: Wagner bewahrt Geyer zwar stets in liebevoller Erinnerung, sträubt sich aber, dessen Vaterschaft öffentlich anzuerkennen – in der Annahme, sein Erzeuger sei möglicherweise Jude.

Ist Geyer Richards wirklicher Vater gewesen? Bis zu seinem Tod leidet Wagner unter dem Gedanken, jüdischer Abstammung zu sein.

Für beide Behauptungen, sowohl für die Vaterschaft Geyers als auch für seine jüdische Herkunft, fehlen bis heute die eindeutigen Beweise. Aber sind sie für die Beurteilung des Wagnerschen Seelenlebens überhaupt wichtig? Reicht nicht die Feststellung aus, er habe beide Möglichkeiten als Fakten empfunden, als

DAS GEKRÄNKTE KIND

In den ersten Jahrzehnten des 19. Jahrhunderts bildet sich in Leipzig eine „Schule", deren Vertreter Mendelssohn und Schumann (später auch Brahms) dem Ideal der „reinen" Musik anhängen – im Gegensatz zu Liszt und Wagner (später auch Bruckner), die zum Kreis der sogenannten Neudeutschen gehören und die Musik in den Dienst des Dramas, des Epos (oder allgemein: des literarisch gezeugten Gedankens) stellen.

so real, daß sie ihm Kopfzerbrechen, wenn nicht Qualen bereiteten? Andernfalls sind viele seiner Verhaltensweisen kaum zu erklären: (Vermutlich) gegen besseres Wissen führt er in seiner Bekenntnisschrift „Mein Leben" Friedrich Wagner als Vater an. Am gleichen Ort kokettiert er mit der Abstammung seiner Mutter, läßt er durchscheinen, Johanna sei die illegitime Tochter eines Prinzen von Sachsen-Weimar – möglicherweise mit dem Ziel, seine eigene Herkunft aufzuwerten und seine Furcht vor einer als unangenehm empfundenen Abstammung zu überspielen. Die zwiespältige Haltung gegenüber Ludwig Geyer spiegelt sich auch in der spezifischen Variante von Wagners Antisemitismus wider. Denn obwohl er bis zu seinem Tod das Judentum attackiert, schreckt er nicht davor zurück, jüdische Persönlichkeiten als Mitarbeiter zu verpflichten. Wagners Probleme mit seiner Abstammung erklären aber zudem,

Als Leipziger Thomaskantor dem großen Johann Sebastian Bach verpflichtet, legt Christian Theodor Weinlig (links) in seinem Unterricht vor allem auf kontrapunktische Studien Wert, während Gottlieb Müller (rechts) sich eher an der neuen Sprache Beethovens orientiert.

warum in seinem Werk vielfach schwer zugängliche Vaterfiguren auftreten: Für seine Helden erfindet er oftmals mythische Überväter, um die menschlichen, mit Fehlern behafteten Väter zu ersetzen. So zeigt sich Wagner als Mensch und Künstler deutlich von seiner Kindheit geprägt – zumal er auch seinen „zweiten" Vater früh verliert.

Ludwig Geyer stirbt 1821.

Und alsbald setzt für den achtjährigen Richard eine Wanderzeit ein, die so für sein Leben typisch sein soll. Nach dem Tod von Ludwig Geyer nimmt sich dessen in Eisleben ansässiger Bruder Carl des Halbwaisen an; Ende 1822 ist Richard wieder in Dresden zu finden, wird er (unter dem Namen Geyer) Schüler der renommierten Kreuzschule, bekommt er erstmals Klavierunterricht und läßt sich vom „Freischütz"-Fieber anstecken, dem Carl Maria von Weber gerade zum Ausbruch verholfen hat. Das Jahr 1827 sieht den Eleven wieder in Leipzig: Hier besucht er die Nicolai-Schule – und tritt von nun an als Richard Wagner auf.

Der Schriftsteller und Philologe Adolph Wagner hat als Übersetzer aus dem Englischen und Italienischen einen achtbaren Ruf, besitzt zudem eine gutsortierte Bibliothek. In ihr findet Richard anregende Lektüre.

1828 vollendet Wagner das Trauerspiel „Leubald" und versucht, seine Verse durch Musik aufzuwerten.

Daß sich der in musikalischen Dingen bis dato eher unbedarfte Wagner gleich an die Komposition eines ausgedehnten Bühnenwerks wagen will, hat weniger einen ästhetisch-konzeptionellen als vielmehr einen profanen Grund: Sein Onkel Adolph, ein renommierter Philologe, und seine Familie sehen in dem Manuskript des „Leubald" lediglich den verunglückten Versuch eines Möchtegernliteraten. Diese Einschätzung will der ambitionierte junge Mann widerlegen: Beeinflußt durch die Sängerin Wilhelmine Schröder-Devrient, beschließt er, seinen „Leubald" durch Musik zu überhöhen. Doch auch wenn es letztlich nicht zu der angestrebten Vertonung kommt: Bei seinem Vorhaben geht Wagner mit imponierendem Pragmatismus vor.

Wagners (Halb-)Schwester Cäcilie heiratet 1840 den Buchhändler Eduard Avenarius, der die Pariser Niederlassung von Brockhaus leitet.

Aus einer Leihbücherei beschafft er sich die aktuelle, 1827 erschienene Kompositionsschule von Johann Bernhard Logier. Wenig später nimmt er bei dem Leipziger Geiger Christian Gottlieb Müller Harmonielehreunterricht. Im Sommer 1829 schickt er sich an, ein Streichquartett zu komponieren. Und Ende 1830 bringt er seine Orchester-Ouvertüre B-Dur im Leipziger Theater zur Uraufführung. Mit ihr heimst er zwar einen krassen Mißerfolg ein, doch läßt er sich abermals nicht entmutigen: Im Februar 1831 immatrikuliert er sich an der Leipziger Universität für das Fach Musik. Der frischgebackene Studiosus genießt die akademische Freiheit, gefällt sich im Verbindungsleben, treibt sich in Kneipen, gar in Bordellen herum. Dem Chaos seines Alltags setzt Wagner die planmäßige Verfolgung seiner künstlerischen Ziele entgegen: Er komponiert eifrig (die Ouvertüre d-Moll, die Klaviersonate B-Dur und anderes), sorgt umtriebig für die Aufführung seiner Werke, während er gleichzeitig einem nun regelrechten Kompositionsunterricht nachgeht. Der angesehene Thomaskantor Christian Theodor Weinlig nimmt

ihn unter die Fittiche. Als ein Nachfolger Johann Sebastian Bachs schon durch sein Amt der *Kontrapunktik* * verpflichtet, schult der umsichtige Lehrer den eifrigen Studenten in der Kunst der Fuge und sorgt für erstaunliche Fortschritte: Als der Kritiker Friedrich Rochlitz Wagners im Sommer 1832 entstandene Sinfonie C-Dur begutachtet, überrascht ihn angesichts der satztechnisch perfekten *Partitur* das jugendliche Alter des Komponisten.

Mit der Sinfonie C-Dur endet Wagners musikalische Gesellenzeit. Und wie seine Kollegen der handwerklichen Zünfte begibt sich jetzt auch er auf die Walz. Er reist nach Wien, kehrt auf Schloß Pravonin ein und besucht Prag. Hier kommt im November 1872 sein sinfonisches Gesellenstück zur Uraufführung, kann er sein erstes Operntextbuch, „Die Hochzeit", vollenden: verliebt in Jenny, die Tochter des Hauses, und beflügelt durch sie.

Hector Berlioz (1803–1869), linke Seite, ebenfalls von Weber begeistert, ist wie Wagner ein musikalischer Neuerer. Als sie einander begegnen, hat Berlioz schon einige seiner bedeutendsten Werke geschaffen: die „Symphonie fantastique" (1830) und „Roméo et Juliette" (1839). Die Instrumentationskunst des französischen Komponisten beeinflußt Wagner.

* *kursive Begriffe* **siehe Glossar Seite 197.**

Ob autobiographisch motiviert oder nicht: auch in der „Hochzeit" geht es um die Thematisierung schuldhafter Liebe – dargestellt an einer Fabel, die Wagner dem Buch „Ritterzeit und Ritterwesen" des Breslauer Gelehrten Johann Gustav Gottlieb Büsching entnimmt: Ada, bereits dem Arindal zur Ehe versprochen, und Cadolt verfallen einander in Liebe. Als dieser versucht, gewaltsam in die Räume der Braut zu gelangen, drängt sie ihn in ihrer Verzweiflung auf den Balkon; ein Handgemenge entsteht, bei dem der unglückliche Werber abstürzt. Ada, in Wahnsinn versinkend, bricht am Sarg Cadolts tot zusammen. Eine ritterliche Tragödie, wie „Leubald" ein Schattenspiel über die Abgründe der Liebe, dem Wagner nun allerdings auch musikalisch konkrete Formen geben kann: Nach Leipzig zurückgekehrt, vertont er einige Nummern des Schauspiels, die sein Spiritus rector Weinlig sogar mit Lob bedenkt. Doch bricht der Autor die Arbeit an der „Hochzeit" plötzlich ab, ja er vernichtet den größten Teil des Manuskripts: angeblich, weil seine älteste Schwester Rosalie, eine geachtete Schauspielerin, das Drama als zu düster empfindet. Ein Ziel hat Wagner dennoch erreicht: Zugleich als Dichter und Komponist seiner Opern agierend, verleugnet er jahrhundertealte Traditionen, formiert er gegen Meister wie Claudio Monteverdi, Georg Friedrich Händel oder Wolfgang Amadeus Mozart eine neuartige Front.

Dramen schreibend und komponierend, bricht Wagner im Alter von 19 Jahren einer (seiner) neuen Kunst Bahn: dem musikalischen Gesamtkunstwerk.

Doch erst im dritten Anlauf vermag Wagner seine Idee vollends zu realisieren: Unmittelbar nach der „Hochzeit" wendet er sich einem neuen Werk zu, der Oper „Die Feen". Im Februar 1833 kann er mit der Vertonung beginnen, im Januar darauf den Schlußstrich unter die Partitur setzen. Ein beachtliches Tempo für einen Anfänger, der neue Wege sucht, der sich zudem mit einer veränderten

Wenige Ereignisse beeindrucken Wagner so stark wie der Bühnenauftritt von Wilhelmine Schröder-Devrient, die er 1829 in Beethovens „Fidelio" erlebt. Er übergibt der Sängerin einen begeisterten Brief, in dem er ihr offenbart, er habe durch sie den Sinn seines Lebens gefunden. Und schon nach wenigen Jahren wird dem aufstrebenden Komponisten das Glück zuteil, mit der vergötterten Diva an gemeinsamen Projekten zu arbeiten: eigene oder Opern fremder Hand dirigierend.

„DIE HOCHZEIT" 27

In den 30er Jahren des 19. Jahrhunderts tritt Heinrich Laube (1806–1884) in Wagners Leben. Er unterstützt den Komponisten bei seinen öffentlichen Debüts, bringt ihm aber vor allem die Gedankenwelt des „Jungen Deutschlands" nahe. Die jahrzehntelange Beziehung der beiden sieht sich dennoch immer wieder Belastungen ausgesetzt – bis hin zu den „Meistersingern", die Laube anläßlich ihrer Uraufführung derb verspottet (er fungiert zu jener Zeit als Direktor des Wiener Hofburgtheaters).

Lebenssituation abfinden muß: Denn kurz bevor er die Komposition der „Feen"-Partitur beginnt, siedelt er nach Würzburg über – zu seinem Bruder Albert, der ihm am hiesigen Theater eine Stelle als „Choreinstudierer" vermittelt. Unmittelbar nach dem Abschluß der „Feen" verläßt er Würzburg und kehrt nach Leipzig zurück, um hier selbstbewußt seine erste Oper anzubieten. Selbstbewußt, weil auf der Leipziger Bühne noch der Geist Heinrich Marschners weht, eines der prominentesten deutschen Opernkomponisten: Marschner fungierte in Leipzig bis 1830 als *Kapellmeister*, brachte hier 1828 seine vieldiskutierte Oper „Der Vampyr" zur Uraufführung. Das Direktorium des Theaters entdeckt jedoch in der Geisterwelt der „Feen" eine allzu große Nähe zu besagter Marschner-Oper und lehnt daher eine Inszenierung ab. Trotz dieser Kritik birgt das Werk wieder genuin Wagnerisches in sich: Erneut geht es um von der Gesellschaft verachtete Liebe, um Fragen der Identität.

Die folgende Oper, „Das Liebesverbot", offenbart eine künstlerische Kurskorrektur Wagners.

Nach der Ablehnung der „Hochzeit" überdenkt Wagner seinen Standpunkt als Operndichter und Opernkomponist. Ergebnisse der Selbstreflexion sind zunächst zwei Aufsätze, die im Juni bzw. November 1834 erscheinen. Beide Essays setzen sich mit dem Verhältnis von deutscher und italienischer (französischer) Musik auseinander, definieren sie als Gegensätze, konstatieren hier

südliche Sinnlichkeit, dort kontrapunktische Gelehrtheit, hier melodischen Schmelz, Wärme, Einfachheit, dort Blutleere und orchestrale Überfrachtung. Die so beschriebenen Gegensätze will Wagner aufheben, indem er die Vorzüge romanischer Musik mit germanischem Geist verbindet. Die so beschriebenen Gegenpole sind aber auch Thema seiner Oper „Das Liebesverbot", deren Text auf Shakespeares „Maß für Maß" basiert: Während der Karnevalszeit verbietet Friedrich, seines Zeichens deutscher Statthalter auf Sizilien, jegliche Lustbarkeit und stellt jeden Verstoß unter schwere Strafe. Doch er selbst übertritt das

Minna Planer ist eine attraktive Frau, die sich in ihrer Jugend amourösen Abenteuern nicht verweigert. Andererseits sucht sie aber den gesellschaftlichen Schein zu wahren, strebt sie nach Anerkennung. So leidet sie stark darunter, daß Wagner seine Stellung durch finanzielle Eskapaden gefährdet oder verliert – ein wesentlicher Grund für ihre spätere Trennung. Doch auch nach dem endgültigen Bruch unterstützt er sie, ohne je an Scheidung zu denken.

„DAS LIEBESVERBOT"

Liebesverbot, die schöne Isabella verführend. Dabei wird er entdeckt und möchte die von ihm selbst für dieses „Vergehen" geforderte Hinrichtung auf sich angewendet wissen. Die Bevölkerung lehnt das Opfer jedoch ab und gibt sich lieber dem karnevalistischen Treiben hin: Die italienische Sinnlichkeit hat über deutsche sinnentleerte Gesetze gesiegt. Auch musikalisch favorisiert Wagner das sonnige Italien: Allerorten ist der Einfluß Vincenzo Bellinis zu spüren, dominieren Melodienfreudigkeit, vitale Ensembles und begeisternder Schwung.

Wagners plötzliche Italophilie hat jedoch nicht nur die negative Aufnahme der „Feen" zur Ursache, sondern basiert auch auf einem positiven Erlebnis. Einmal mehr hat ihn die Sängerin Schröder-Devrient euphorisiert, die – als Romeo in Bellinis „I Capuleti e i Montecchi" – das Leipziger Publikum im März 1834 zu Beifallsstürmen hinreißt. Etwa zur gleichen Zeit führt ihn Heinrich Laube in die Gedankenwelt der sogenannten *Jungdeutschen* ein. Deren Zielen zeigt sich das „Liebesverbot" durchaus verpflichtet, entscheidet doch hier das Volk

Wagner tritt eine schlechtbezahlte Stelle nach der anderen an, träumt von Ruhm, will anerkannt werden – obwohl er bisher nur Nachahmungen zustande gebracht hat.

30 DAS GEKRÄNKTE KIND

über Sein oder Nichtsein des Tyrannen. Während der Niederschrift des „Liebesverbots" (sie dauert von Juni 1834 bis zum Frühjahr 1836) hat Wagner aber nicht nur mit der Formulierung neuer Standpunkte zu kämpfen.

Im Alter von 21 Jahren avanciert Richard zum Musikdirektor der in Magdeburg residierenden Bethmannschen Theatertruppe.

Ruhe bringt der neue, nach Renommee klingende Posten aber keineswegs in Wagners Existenz: Der Impresario des Theaters kann das vereinbarte Honorar nicht zahlen. Wagner bittet sich als Gegenleistung *Benefizkonzerte* aus. Doch die Kassen bleiben leer, der verschuldete Musikdirektor muß seine Gläubiger beruhigen. Und er spielt. Und trinkt. Daneben die Komposition des „Liebesverbots", 1836 deren Uraufführung, der Entwurf einer E-Dur Sinfonie; die Bereitstellung von Gelegenheitskompositionen; der Theateralltag. Er verliebt sich: in die Erste Liebhaberin des Bethmannschen Ensembles, in Minna Planer. Er verzweifelt: wegen seiner Nebenbuhler. Sie: wegen seiner wachsenden Schuldenlast. Aber Minna hilft ihm aus der finanziellen Bedrängnis: Ihre Entscheidung, ein ihr angetragenes Engagement am Theater in Königsberg anzunehmen, verknüpft sie erfolgreich mit der Forderung, für Wagner solle hier ein Posten als Kapellmeister geschaffen werden. Und da die Festanstellung materielle Sicherheit verspricht, beschließen Richard und Minna zu heiraten: Am 24. November 1836 wird in Königsbergs kleiner Vorstadt Tragheim die Trauung vollzogen. Doch gleich nach der Hochzeit muß der junge Ehemann beim Magistrat vorsprechen – wegen der Forderungen seiner Magdeburger Gläubiger. Als die Theaterdirektion obendrein die versprochenen Honorare kürzt, verliert Frau Wagner die Nerven. Ende Mai 1837 verläßt sie ihren Mann, um erst im Oktober zurückzukehren – im Vertrauen auf die neue,

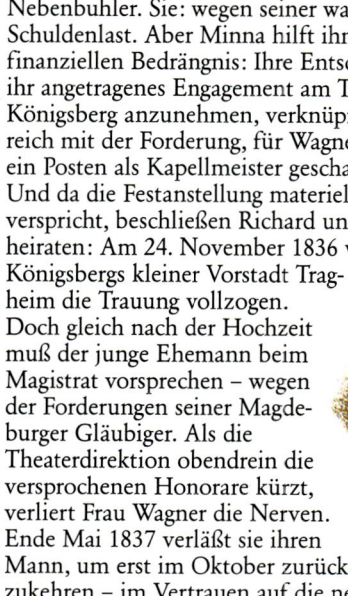

In Paris hofft Wagner, ebensoviel Ruhm wie Meyerbeer zu ernten. Devot bittet er ihn um Unterstützung: „Ich werde ein treuer, redlicher Sklave sein."

ansehnlich dotierte Stelle, die Richard nun bekleiden soll. Im September 1837 tritt Wagner sein Amt als Musikdirektor des Stadttheaters von Riga an.

Nach wie vor bleibt die wirtschaftliche Situation äußerst gespannt: Zwar kann der Musikdirektor einen imponierenden Konzertzyklus dirigieren, der die Beethoven-Sinfonien Nummer 3 bis 8 einschließt, zwar kann er mit der Arbeit an seiner nächsten Oper, am „Rienzi", beginnen, aber schon bald gerät er mit seinem Intendanten Karl von Holtei in Streit und erhält prompt die Kündigung im März 1839. Die Schulden wachsen weiter. Und als obendrein die Gläubigerschar aus Magdeburg und Königsberg ihre Rechte einklagt, sieht Wagner sein Heil allein in der Flucht.

Im September 1839 erreichen Richard und Minna Paris: nach einem abenteuerlichen Umweg über England, nach einer strapaziösen Schiffsreise, die wenige Monate später – in Wagners Mär vom „fliegenden Holländer" – ihre künstlerische Umsetzung findet.

Im reichen Paris ist Wagner beileibe nicht der erste, der sich in eine schäbige Wohnung einpfercht, von der Hand in den Mund lebt und den Luxus bloß bestaunen kann. Aber zunächst gibt es durchaus positive Zeichen. Giacomo Meyerbeer, Komponist der Erfolgsopern „Robert der Teufel" und „Die Hugenotten", knüpft für seinen Landsmann erste Verbindungen: mit dem Verleger Schlesinger etwa. Duponchel, der Direktor der Grand Opéra, läßt Wagner vorsprechen. Schließlich macht Wagner auch die Bekanntschaft Heinrich Heines – eine hochrangige Begegnung, immerhin plant er, nach dessen Erzählung „Die Memoiren des Herrn Schnabelewopski" ein neues Libretto zu schreiben: die Oper „Der fliegende Holländer". Doch um zu überleben, muß Wagner Arbeiten aller Art annehmen, Artikel schreiben, gängige Opern zu Potpourris arrangieren und Partituren kopieren. Die Honorare helfen ihm allerdings nicht aus der Misere: Vermutlich im Oktober 1840 kommt er sogar in die

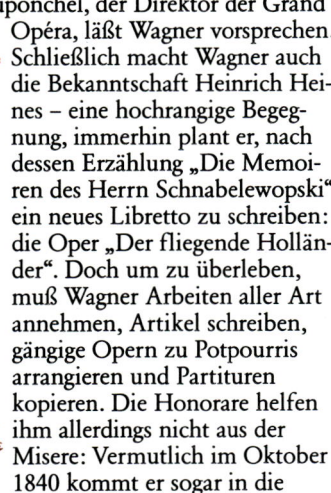

Schuldhaft. Erst ein verzweifelter Brief Minnas an einen gemeinsamen Freund und das so erbetene Geld leiten die Wende ein: Richard kann das Gefängnis verlassen, letzte Hand an den „Rienzi" legen, im Dezember ein Gesuch an den König von Sachsen richten (mit der Bitte, für eine Premiere des „Rienzi" am Dresdener Hoftheater zu sorgen) und wenige Monate später eine großartige Nachricht vermelden: Im Juni 1841, kurz nach Einweihung des von Gottfried Semper erbauten Bühnenhauses, erklärt sich das Dresdener Hoftheater bereit, Wagners Oper „Rienzi" aufzuführen.

Der in greifbare Nähe gerückte Erfolg versetzt den Komponisten nicht vor der Zeit in Siegestaumel: Konzentration und Disziplin sind jetzt angesagt. Außerdem gerät er in einen Leserausch und entdeckt die Legenden von Tannhäuser und Lohengrin. Vor allem aber kann er an der Partitur des „Holländers" zu feilen beginnen und Mitte November sein Finis daruntersetzen. Als Wagner im März 1842 erfährt, der „Holländer" sei in Berlin angenommen worden (übrigens wie „Rienzi" auf Empfehlung Meyerbeers), packen er und Minna ihre Koffer, um die französisch-deutsche Grenze in Richtung Dresden zu überqueren.

Das neue Königliche Theater in Dresden, das modernste im Deutschland jener Jahre, ist ein Werk des Architekten Gottfried Semper (1803–1879). Er freundet sich mit Wagner an und nimmt wie dieser aktiv am Dresdener Aufstand von 1849 teil. 1864 durch König Ludwig II. von Bayern mit dem Bau eines Münchner Festtheaters beauftragt, skizziert er Pläne, die zwar nicht realisiert werden, aber die Architektur des Bayreuther Festspielhauses beeinflussen.

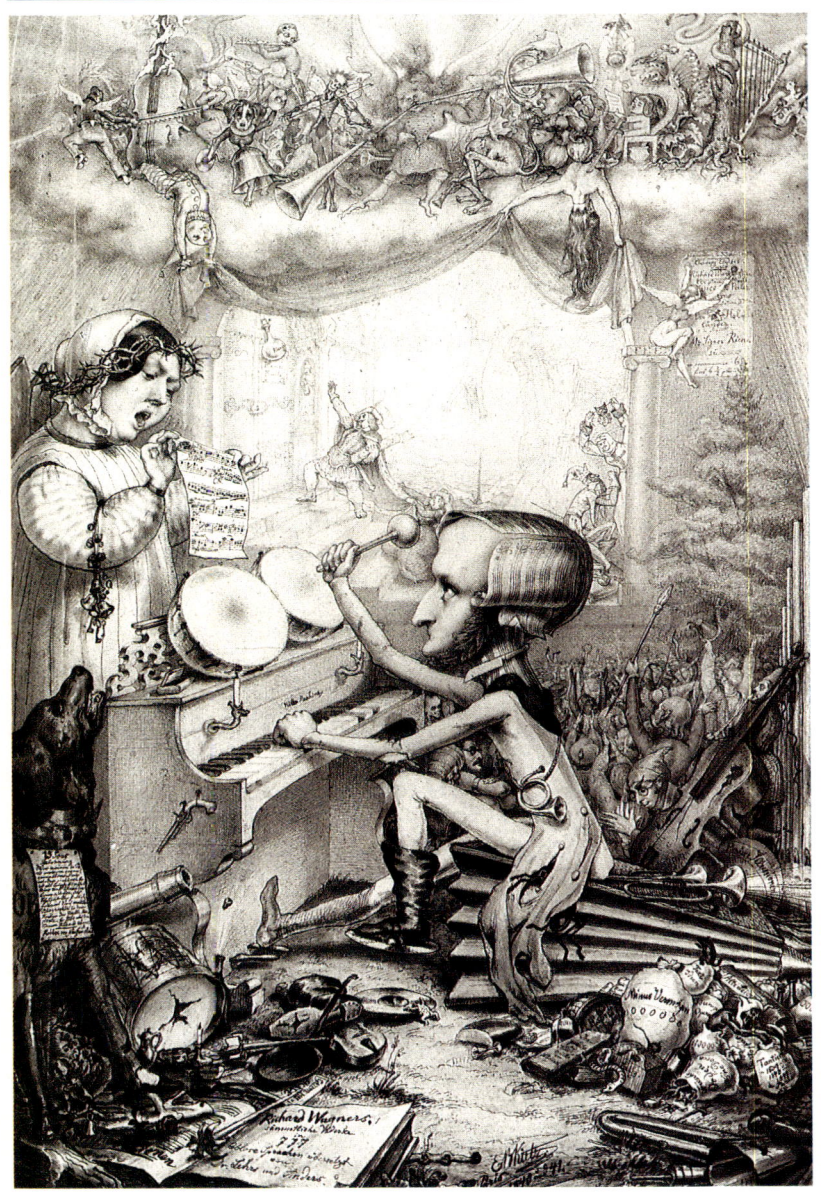

Zweites Kapitel
DER KÜNSTLER DER REVOLUTION

Am 20. Oktober 1842 wird „Rienzi, der letzte der Tribunen" in Dresden uraufgeführt – ein gewaltiger Triumph. Wagner ist überrascht von den ihm dargebrachten Ovationen, erschrickt über die strapaziöse Länge seines Werkes: Fast sechs Stunden Musik hat er seinen Interpreten und dem Auditorium zugemutet. Doch Sänger wie Publikum widersetzen sich seinen Kürzungsversuchen!

Schon bald nach der Uraufführung des „Rienzi" distanziert sich Wagner von seinem „Kind", nennt es einen „Schreihals" und disqualifiziert es brieflich als „Ungetüm".

Worauf ist der Erfolg des „Rienzi" zurückzuführen? Natürlich tragen die Interpreten ihren Teil dazu bei: der Tenor Josef Tichatschek (Rienzi), einer der bedeutendsten Sänger seiner Zeit, und die Sopranistin Wilhelmine Schröder-Devrient (Adriano), von Wagner seit jeher bewundert. Eine zweite Erklärung mag das Textbuch sein. Es steht den Gedanken der Jungdeutschen nahe, ihrem sozialkritischen Weltbild, das während der vorrevolutionären, auf die Unruhen von 1848 hinsteuernden Jahre in den Salons und den politischen Zirkeln Dauerthema ist: Schließlich kämpft der Plebejer Cola Rienzi gegen die Nobili, die Adligen von Rom, mithin gegen feudale Selbstgerechtigkeit und für die Gleichheit aller Bürger.

In Rienzi, einer Figur, in deren Bannkreis er durch den Roman Edward Bulwer-Lyttons geriet, findet Wagner den Prototyp seiner künftigen Helden.

Denn wie Lohengrin oder Siegfried ist Rienzi nicht nur Held, sondern auch Opfer: Zunächst feiert ihn das Volk, folgt es ihm blindlings. Hernach aber, aufgepeitscht durch Gerüchte, lehnt es sich gegen ihn auf, bedrängt, ja steinigt es ihn schließlich. Auch musikalisch wartet „Rienzi" mit einer Reihe von packenden Passagen auf, die den Eingebungen Meyerbeers zumindest ebenbürtig sind: wie der (aus dem „Hochzeit"-Fragment stammende) Friedenschor im zweiten Akt oder Rienzis den Schluß einleitendes Gebet, dessen sich Berlioz in seinen Memoiren rühmend erinnert.

Aufgrund des außergewöhnlichen Erfolgs von „Rienzi" bemüht sich die Dresdener Theaterdirektion in Berlin um die Rechte am „Fliegenden Holländer". Am 2. Januar 1843 findet an der Elbe die Uraufführung statt.

Im Gegensatz zur Premiere des „Rienzi" erlangt der „Holländer" vorerst nur einen Achtungserfolg: Bereits nach vier Vorstellungen verschwindet er vom Spielplan,

obwohl die bewährte Schröder-Devrient als Senta und Michael Wächter (laut Berlioz eine der schönsten Baritonstimmen, die er je hörte) in der Rolle der Titelfigur Herausragendes leisten. Die Enttäuschung des Dresdener Publikums, das eine Neuauflage des „Rienzi" erwartet hat, erscheint aus heutiger Sicht nur allzu verständlich: Das musikalisch-thematische Material des „Holländers" ist nicht sehr umfangreich und erschöpft sich daher schnell. Die Orchestrierung hebt hauptsächlich auf einfache Wirkungen ab, etwa auf durch Blasinstrumente hervorgerufene Schreckensschauer. Auch ist der Aufbau nicht der geschickteste: Nach dem konzentrierten ersten Akt zieht sich der zweite in die Länge, stoßen konventionelle Szenen an geniale Einfälle, ohne sich überzeugend miteinander

Der „Rienzi" besticht durch seine prächtige Ausstattung, durch spektakuläre Szenenbilder: durch Schlachten, Fanfaren, Umzüge, das brennende Kapitol im Finale, die farbenprächtige Vielfalt der Kostüme. Das für Wagners Karriere ungemein bedeutsame Werk wartet ergo mit ähnlichen Mitteln wie die französische Große Oper auf und muß sich Hans von Bülows Bonmot gefallen lassen, der es die „beste Oper Meyerbeers" nennt. Doch obwohl der Wagner des „Rienzi" durchaus als geistiger Schüler des in Paris so erfolgreichen Komponisten gelten kann, sieht Wagner in Meyerbeer später den Schuldigen für seine Pariser Mißerfolge.

Wagner: Der fliegende Holländer

zu verbinden. Und am Schluß des dritten Akts überstürzen sich die Ereignisse – eine abrupte Steigerung, die das Verständnis für die moralische Aussage ungemein erschwert.

Trotz struktureller Schwächen hat der „Fliegende Holländer" innovatorische Qualitäten, setzt er das erste Wegzeichen des Wagner-Stils.

In der Zeit vor Wagner gliedern sich die Opernpartituren in einzelne Nummern, in Arien, Duette, Ensembles und Chöre, die durch gesprochene Dialoge oder Rezitative lose miteinander verknüpft sind. Wagner behält diesen Rahmen bei, bemüht sich im „Holländer" jedoch, einzelne Nummern zusammenzufassen, musikalisch einheitliche Szenen zu gestalten – wie es etwa sein Verzicht auf die Pause verdeutlicht. Eine Neuorientierung läßt sich auch in der Behandlung der Akteure feststellen: Sie ist zwar noch der Tradition verhaftet und wartet mit typisierten Rollen auf – einem Liebhaber, einem Bösewicht oder einer Amme. Aber deren Handlungsmotive und Beziehungen zueinander künden schon die großen dramaturgischen Themen Wagners an: die Lebensangst; die Verflechtung von Raum und Zeit, von Traum und Wirklichkeit; den Druck der Gemeinschaft auf den einzelnen, den sein Weltverständnis zum Sündenbock macht. Zudem faßt Wagner die Handlung metaphysisch auf: Erstmals gestaltet er hier das Wechselspiel von

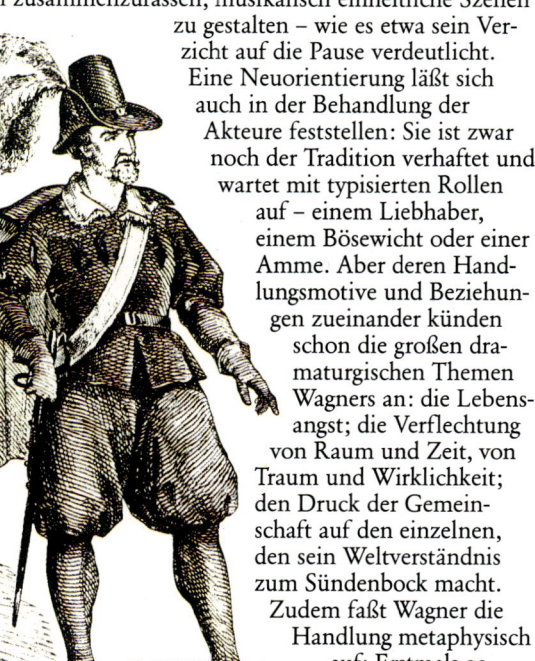

„Tradition, Welt des Nicht-mehr, Rückkehr in die verlorene Heimat, die Kinderland und Totenreich in einem bedeutet. Unter all diesen Aspekten ist bereits Wagners ‚Fliegender Holländer' eine Gipfelung deutsch-romantischer Tradition und Regression. Er hat aber zugleich mit der Zukunft zu tun, mit einer echten Utopie des Noch-nicht-Seins. (…) Repräsentiert die Holländer-Gestalt vor allem die Bindung an das Vergangene, so verkörpert Senta die Sehnsucht nach dem Neuen, nach dem Unerhörten, nach dem Ausbruch aus der Gegenwart und Umwelt."

Hans Mayer: Nichtmehr und Noch-nicht im „Fliegenden Holländer"

Schuld und Erlösung. Denn der Holländer kann sich von seinem auferlegten Schicksal nicht aus eigener Kraft befreien. Erst Senta löst ihn aus seiner Verstrickung, indem sie sich dem ihr so gut wie Unbekannten verspricht, bedingungslos, alle gesellschaftlichen Spielregeln hinter sich lassend, ja treu bis in den Tod. Hintergrund der archetypischen Holländer-Problematik ist einmal mehr Biographisches. In der ersten Fassung heißt Senta, die entschlossen Liebende, noch Minna – eine Danksagung Wagners an seine Frau, stand sie doch ihm, dem unbekannten Komponisten, während schwerer Zeiten bedingungslos zur Seite, voller Vertrauen in seine Fähigkeiten.

Als königlich sächsischer Kapellmeister fühlt sich Wagner dem Geist und Werk seines Vorgängers Carl Maria von Weber (links) verpflichtet.

<u>Der „Holländer" stellt auch hinsichtlich Wagners Orchesterbehandlung einen gravierenden Fortschritt dar.</u>

Das Orchester geht über seine traditionellen Aufgaben hinaus, beschränkt sich nicht mehr darauf, die Sänger zu begleiten oder die Handlung zu gliedern. Vielmehr obliegt es ihm nun, das Geschehen dramatisch voranzutreiben und die psychologischen Situationen zu erhellen, ausgehend von Wagners schon 1840 (in seiner Novelle „Eine Pilgerfahrt zu Beethoven") erhobener Forderung: „Man stelle den wilden, in das Unendliche hinausschweifenden Urgefühlen, repräsentiert von den Instrumenten, die klare bestimmte Empfindung des menschlichen Herzens entgegen, repräsentiert von der Menschenstimme."

<u>Einen Monat nach der Uraufführung des „Holländers", am 2. Februar 1843, erhält Wagner die Ernennungsurkunde zum königlich sächsischen Hofkapellmeister.</u>

So tritt er die indirekte Nachfolge seines Jugendidols an, nimmt er das vormalige Amt Carl Maria von Webers ein, der als Schöpfer der *deutschen Oper* gilt. Eine steile Karriere, die naturgemäß die Neider auf den Plan ruft und auch Wagners Gläubiger wieder aktiviert. Letztere kann er mit Hilfe eines Darlehens der Schröder-Devrient zur Ruhe bringen. Gegen erstere allerdings hat er länger zu kämpfen: Immerhin plant er – gegen nicht unerhebliche Widerstände – einen grundlegenden künstlerischen Umbau des Dresdener Musiklebens, den er etwa durch seine Orchesterreformschrift „Die Königliche Kapelle betreffend" (1846), vor allem aber mit Hilfe der Werke seines großen Vorbilds vorantreibt:

Wagner greift die Legende vom „Fliegenden Holländer" auf, die er in Heinrich Heines „Memoiren des Herrn von Schnabelewopski" gelesen hat. Ihr Thema: die Erlösung eines zu Irrfahrten verurteilten Seefahrers durch die bedingungslose Liebe einer Frau.

Durch spektakuläre Interpretationen Beethovenscher Sinfonien begründet Wagner seinen internationalen Ruf als Dirigent (auch) von Instrumentalmusik.

Dabei wartet Wagner mit Besonderheiten auf: Er bearbeitet die Sinfonien des Klassikers, gestattet sich Freiheiten in Dynamik und Tempi, läßt bei den Höhepunkten der Neunten den Chor mehr sprechen als singen – und reißt sein Publikum bei der ersten Aufführung am 5. April 1846 zu Beifallsstürmen hin.

Ähnliches Aufsehen erregt Wagner auch einige Monate zuvor, als seine Bemühungen, Webers sterbliche Reste von London nach Dresden zu überführen, endlich abgeschlossen werden können: Anläßlich der feierlichen Beisetzung hält er eine Rede, in der er die deutsche Kunst preist und sich selbst zu ihrem Lotsen ernennt.

Wagners Streben nach nationaler Verwurzelung spiegelt auch seine damalige Lektüre wider, beginnt er doch in jenen Jahren, sich eine Bibliothek zusammenzustellen, die mit alt- und mittelhochdeutschen Titeln bestens bestückt ist: Sie umfaßt Jacob und Wilhelm Grimms bereits 1816 erschienene „Deutsche Sagen", ihre Schrift „Deutsche Rechtsalterthümer"; Wolfram von Eschenbachs Epos „Parzival" oder die Untersuchungen „Geschichte der poetischen Nationalliteratur der Deutschen" von Georg Gottfried Gervinus und „Über den altdeutschen Meistersang" von Jacob Grimm, in denen der königlich sächsische Kapellmeister Wesentliches von Hans Sachs und dessen Kunst erfährt. Schon jetzt also hat Wagner von sämtlichen Stoffen Besitz ergriffen, mit denen er sich in Zukunft auseinandersetzt. Ihr Umschmelzungsprozeß allerdings nimmt oft Jahre und Jahrzehnte in Anspruch. So datiert sein erster Prosaentwurf zu „Die Meistersinger von Nürnberg" (Uraufführung 1868) vom 16. Juni 1845, während die ersten Skizzen zum „Ring des Nibelungen" (Uraufführung 1876) im Herbst 1848 vorliegen. Und auch Wagners nächste (dem „Holländer" folgende) Oper kann auf eine langjährige Entstehungsgeschichte zurückblicken.

Am 19. Oktober 1845 kommt in Dresden die große romantische Oper „Tannhäuser und der Sängerkrieg auf der Wartburg" zur Uraufführung.

Sie hinterläßt ein verwirrtes, enttäuschtes Publikum, dessen Ratlosigkeit mehrere Gründe hat. Tichatschek, in der Rolle des Tannhäusers wieder mit von der Partie, vermag die von ihm verkörperte Figur nicht überzeugend zu deuten. Die in Paris bestellten Kulissen treffen nicht rechtzeitig ein, so daß der „Tannhäuser" in der für die Dresdener Inszenierung von Webers „Oberon" entworfenen, dem Publikum schon bekannten Ausstattung über die Bühne gehen muß. Entscheidend für die

Eduard Hanslick (1825–1904), auf dem Schattenriß mit seiner Schreibfeder den großen Wagner attackierend, gilt als der prominenteste Kritiker des Komponisten. Seine klassizistische Auffassung von der „Musik als Form" steht in krassem Gegensatz zu Wagners Ideal der „Musik als Ausdruck", so daß die zwischen 1861 und 1863 in Wien mehrfach wiederholten Annäherungsversuche nur scheitern können.

kühl aufgenommene Uraufführung mag aber auch die Dramaturgie des Textbuches sein, das durch weitschweifige Szenen (etwa den Sängerwettstreit im zweiten Akt) den eigentlichen Handlungsstrang verdeckt: Der Minnesänger Tannhäuser, dem Verführungszauber der Venus verfallen, befreit sich vom Bann der Liebesgöttin, um zu der von ihm geliebten Elisabeth zurückzukehren. Doch bevor er sich mit ihr vermählen kann, muß er an einem Sängerwettstreit teilnehmen – an einer Konkurrenz, die nachteilig für ihn verläuft. Tannhäuser nämlich erklärt in seinem Beitrag die freie Liebe zum Ideal und zieht so den Bann des Landgrafen auf sich, der ihn zwingt, beim Papst um Vergebung zu bitten. Der Heilige Vater indes versagt dem Minnesänger die Absolution. Dennoch unterliegt Tannhäuser den neuerlichen Verführungsversuchen der Venus nicht und besinnt sich auf Elisabeth, auf seine Treue zu ihr. Doch zu spät: Zur Wartburg zurückgekehrt, erfährt er den Tod der Geliebten. Trotz der genannten Schwächen und der nicht gerade blendenden Uraufführung setzt sich Wagners jüngste Oper allmählich durch. Bei der dritten Vorstellung, am 30. Oktober 1845, wird sie sogar stürmisch bejubelt.

<u>Der sich anbahnende Siegeszug des „Tannhäuser" treibt Wagners Schaffen voran: Schon am 17. November 1845 liest er im Dresdener „Engelklub" sein Textbuch zu „Lohengrin" (seinem nächsten Opernprojekt) vor – und irritiert das handverlesene Auditorium.</u>

Zu den Erwählten gehören auch Kollegen: etwa Robert Schumann, der Wagner verwundert gesteht, er sehe keine Möglichkeit, diese Verse zu vertonen, weil sie doch keine Arien oder *Kavatinen* enthielten. Der kritische Zuhörer trifft mit seiner Anmerkung ins Schwarze. Denn Wagner plant, im „Lohengrin" die Nummernoper alten Stils hinter sich zu lassen, die übliche Einteilung in Arien und Chöre gänzlich aufzuheben.

Zu Wagners Dresdener Gesprächspartnern zählen auch der Architekt Gottfried Semper, der Wagners Mittelaltereuphorie skeptisch betrachtet, oder Julius Schnorr von Carolsfeld, der Maler, dessen Sohn einer der großen Wagnerinterpreten werden soll. Als engster Vertrauter bewährt sich jedoch der Musikdirektor des Hoftheaters: August Röckel, ein glühender Verehrer Wagners, eine der Schlüsselfiguren im Leben des Komponisten. Denn

Richard Wagner.

Röckel führt ihn in die aktuellen sozialrevolutionären Lehren ein, macht ihn mit dem *Proudhonismus* vertraut und stellt ihm mit seiner Zeitung „Volksblätter" ein Forum zur Verfügung, in dem Wagner sich zu politischen Fragen äußern kann. Und er bringt seinen bewunderten Freund zum „Vaterlandsverein", dem Sammelbecken der „Linken"

und Republikaner, verschafft ihm Kontakte, die im März 1848, nach den Aufständen in Deutschland und Österreich, plötzlich konkrete Bedeutung erlangen: Im Juni 1848 hält Wagner vor dem „Vaterlandsverein" eine in den Augen der Monarchisten aufrührerische Rede – unter der provokanten Fragestellung: „Wie verhalten sich republikanische Bestrebungen dem Königtume gegenüber?" Wenn der Kapellmeister in seinem Diskurs auch vom König als dem ersten aller Demokraten spricht, so sieht er sich nun doch von seiten der sächsischen Regierung Repressalien ausgesetzt: Die nächste Aufführung des „Rienzi" wird vertagt, die für Ende des Jahres geplante Uraufführung des „Lohengrin" gestrichen.

Anfang 1849 lernt Wagner über Röckel den russischen Anarchisten Michail Bakunin kennen.

Das radikale Verlangen des ehedem zaristischen Offiziers, der nun die Macht des Geldes brechen und die Gesellschaft umwälzen will, findet bei Wagner Widerhall, steckt der Musiker doch erneut in Geldnöten, sieht er doch seine wiederholten Reformvorschläge durch die sächsische Administration behindert. So entwickelt sich Wagner zum potentiellen Revolutionär. Als sich Anfang Mai 1849 die Regierung unter einem Vorwand weigert, die kurz zuvor kreierte Verfassung der Frankfurter Paulskirche in Kraft treten zu lassen, kommt es zu einem Aufstand, einer konzertierten Aktion zwischen den Dresdener Intellektuellen und der Mehrheit der Bevölkerung. Gottfried Semper baut Barrikaden, Bakunin befehligt die aufständischen

Mit dem russischen Anarchisten Michail Bakunin (1814 – 1876) teilt Wagner das Unvermögen, politische Situationen realistisch einschätzen zu können.

DER REVOLUTIONÄR

Um die Mitte des 19. Jahrhunderts kommen in Europa revolutionäre Stimmungen auf. In Deutschland geben sich die Liberalen dem Traum hin, die nationale Einheit erringen zu können. Doch bald gewinnt die Reaktion die Oberhand, sieht sich der Revolutionär Wagner steckbrieflich verfolgt.

Truppen, Röckel zieht die Uniform des revolutionären Soldaten an – und Wagner? Er verteilt inmitten der aufkommenden Gefechte und Schießereien revolutionäre Manifeste oder stellt sich als Beobachtungsposten zur Verfügung. Doch die Aufrührer werden geschlagen: Röckel gerät in Gefangenschaft, wird zum Tode verurteilt, begnadigt, muß schließlich noch elf Jahre Kerkerhaft absitzen. Ähnlich das Schicksal Bakunins: Auch er wird gefaßt, an Rußland ausgeliefert, nach sechs Jahren Einzelhaft in ein sibirisches Lager verschleppt, aus dem er allerdings 1860 zu fliehen vermag. Und Wagner? Er hat Glück. Obwohl steckbrieflich gesucht, gelingt es ihm, Ende Mai 1849 in die Schweiz zu fliehen.

Richard Wagner
ehemal. Kapellmeister und politischer Flüchtling aus Dresden.

Die Nr. 140 der „Leipziger Zeitung" vom 20. Mai 1849 brachte folgenden Original-

Steckbrief.

Der unten etwas näher bezeichnete Königl. Capellmeister

Richard Wagner von hier ist wegen wesentlicher Theilnahme an der in hiesiger Stadt stattgefundenen aufrührerischen Bewegung zur Untersuchung zu ziehen, zur Zeit aber nicht zu erlangen gewesen. Es werden daher alle Polizeibehörden auf denselben aufmerksam gemacht und ersucht, Wagnern im Betretungsfalle zu verhaften und davon uns schleunigst Nachricht zu ertheilen.

Dresden, den 16. Mai 1849.

Die Stadt-Polizei-Deputation.

von Oppell.

Wagner ist 37–38 Jahre alt, mittler Statur, hat braunes Haar und trägt eine Brille.

DRITTES KAPITEL
DIE ENGEL IN DER FINSTERNIS

Der politische Flüchtling läßt sich in Zürich nieder – ausgestattet mit den finanziellen Mitteln eines Bewunderers: des Klaviervirtuosen Franz Liszt. Seit 1842 Direktor der Oper von Weimar, seit einem „Rienzi"-Erlebnis kampfbereiter Anhänger des Wagnerischen Schaffens, plant der einstige Salonlöwe, seinen Namen mit dem des Kollegen zu verbinden: dem Homeroidenpaar Goethe und Schiller gleich. Wagner jedoch, inzwischen auf die Vierzig zugehend, muß sich zunächst um die Sicherung seiner materiellen Existenz bemühen.

„Der Kapellmeister Wagner hingegen, der geniale Tonsetzer des ‚Tannhäuser', schwimmt noch kräftig oben und will sich vom Geschick nicht beugen lassen."
„Leipziger Grenzbote", Herbst 1849

DIE ENGEL IN DER FINSTERNIS

Und da er keine Aussicht auf eine baldige gewinnbringende Aufführung seiner Opern hat, verlegt er sich auf das journalistische Fach: Er verfaßt die Abhandlungen „Die Kunst und die Revolution" (Juli 1849) und „Das Kunstwerk der Zukunft" (November 1849, dem Helden der Revolutionäre, dem Philosophen Ludwig Feuerbach gewidmet) – sensationelle Schriften, die ein gutes Honorar einbringen, immerhin ist ihr Verfasser ein polizeilich verfolgter Aufrührer. Und erneut versucht Wagner in der französischen Hauptstadt sein Glück, möchte hier seine (hernach nicht vollendete) Oper „Wieland der Schmied" aufgeführt wissen. Doch die hochfliegenden Pläne verflüchtigen sich in Nichts. Enttäuscht verdichtet Wagner nun seinen nach den ersten Pariser Niederlagen entstandenen Haß auf das „Sündenbabel" und attackiert seinen vormaligen Wohltäter Meyerbeer in der von Neid und Mißgunst diktierten Schrift „Das Judenthum in der Musik" (Juli 1850). Schließlich versucht der Exilmusiker seine Einkünfte zu verbessern, indem er regelmäßig Konzerte der Züricher Allgemeinen Musikgesellschaft dirigiert. So erntet er die Früchte seines in Dresden begründeten Rufs als Orchesterchef, einer Reputation, die ihm auch seinen ersten Schüler einbringt.

Kunstwerk der Zukunft.

Die Betrachtung „Oper und Drama" zählt zu den wichtigsten Schriften Wagners. Er definiert in ihr neue Beziehungen zwischen Musik und Poesie, formuliert die These von der Überlegenheit der mythischen Stoffe und setzt sich mit dem

Die Kunst und die Revolution.

Leitmotiv auseinander. Einer der ersten Leser der Schrift ist Hans von Bülow.

Im Oktober 1850 stößt Hans von Bülow zu Wagner, um, angeleitet von dem Bewunderten, den Musikerberuf zu erlernen.

Wagner als Literat, Wagner als ausbildender Meister – auch der Opernkomponist kommt nach kurzer Zeit im Exil wieder zu seinem Recht: Franz Liszt bringt am 28. August 1850 in Weimar den „Lohengrin" zur Uraufführung, allerdings in Abwesenheit des in Deutschland noch immer geächteten Komponisten. Wieder einmal zeigt sich das Publikum irritiert, weil ihm die vertrauten Formen fehlen, weil das Bühnenwerk gleichsam als ein sinfonisches Ganzes wirkt. Diese auch von Liszt registrierte

Einheit erzielt Wagner durch (dem Orchester überantwortete) Tonfolgen, die symbolhaft an Zurückliegendes erinnern oder auf Künftiges weisen. Sie verbinden also Vergangenheit, Gegenwart wie Zukunft und führen so zu einer „ewigen Melodie", dokumentieren eine Methode, die Wagner künftig mehr und mehr verfeinert, einen Kunstgriff, für den sich der Begriff „*Leitmotivtechnik*" einbürgert.

Wie der „Holländer" basiert „Lohengrin" auf einer zentralen Idee. Wie Senta den sagenumwobenen Liebhaber durch ihre mediale Phantasie magnetisch an sich zieht, so transponiert auch Elsa den vorerst nur kraft ihrer Phantasie existierenden Ritter in die Wirklichkeit: durch die Gestalt des Lohengrin, der den auf ihr lastenden Mordverdacht entkräften soll. Und wie Senta, so hält auch Elsa die Verantwortung für die Erfüllung ihrer Liebe in den eigenen Händen: Würde sie Lohengrin, ihren Befreier und späteren Ehemann, nach Namen und Herkunft fragen, verlöre sie ihn auf immer (wie es im Schlußakt denn ja auch geschieht). Dem klaren Verlauf der Handlung entspricht die symmetrische Anordnung der Stimmen. Die königliche Hauptperson (Heinrich I.) tritt als Baß auf, eingerahmt von zwei Paaren: Der Sphäre der Helden, des Lichts (Lohengrin: Tenor; Elsa: Sopran), steht unversöhnbar die Welt der „Bösewichter", des Dunkels, gegenüber (Telramund: Bariton; Ortrud: Mezzosopran). Das übersichtliche Gerüst der Vokalstimmen verstärkt Wagner noch, indem er seinen Protagonisten bestimmte orchestrale Farbwerte zuweist, etwa Trompeten und Posaunen für König Heinrich I. oder Holzbläser für Elsa. Zudem erhöht der Komponist die durch Klangfarben bewirkte Poetisierung der Handlung noch mittels Stimmteilungen

In Leipzig erscheint 1850 in der von Franz Brendel herausgegebenen „Neuen Zeitschrift für Musik" der Artikel „Das Judenthum in der Musik", in dem Wagner mit seinen „Gegnern" abzurechnen versucht: Mit Meyerbeer und Mendelssohn, mit Musikkritikern, mit Wucherern und selbst mit Heinrich Heine, den er in gleichem Maß bewundert wie angreift – Juden, gegen deren Emanzipation er voller Haß kämpft. Wagners erste antisemitische Schrift bestürzt denn seine Freunde, schafft ihm Gegner, provoziert aber auch das Interesse rassistischer Ideologen.

(Mehrfachbesetzungen gleicher Instrumente), wie den achtfachen Streichern im Vorspiel: Raffinierte Klangmischungen im Dienste des dramatischen Geschehens – das ist die Zauberformel des „Lohengrin".

Für die im „Lohengrin" entdeckte Dimension neuer künstlerischer Ausdrucksmittel sucht Wagner ein würdiges Sujet.

Der Komponist will die Oper alter Machart jetzt hinter sich lassen, um sich dem Mythos zuzuwenden, um das Publikum anhand der Vergangenheit zur Reflektion der Gegenwart zu bringen. Gewiß hat er sich schon mit „Lohengrin" an einer Erzählung mythischen Typs versucht, an einem Textbuch, das Sagenhaftes und Historisches verbindet. Nun aber beabsichtigt Wagner, den Gründen für den kulturellen Niedergang, als dessen erstes Opfer er sich selbst betrachtet, nachzugehen. Da er sich gewiß ist, dem Ursprung des Bösen noch nicht auf die Spur gekommen zu sein (weder mit dem 1848 zu Papier gebrachten Prosaentwurf „Siegfrieds Tod" noch mit dem 1851 vollendeten Textbuch „Der junge Siegfried"), entwirft er einen kühnen Plan: Er skizziert, die „Siegfried"-Dramen erweiternd, die Texte des „Rheingolds" und der „Walküre" (1851). So errichtet er die gewaltige Architektur seiner „Ring"-Tetralogie, jenes um Siegfrieds Schicksal gruppierten Endzeitspiels, in dem er (ganz Revolutionär!) die Vernichtung von alten, auf Gold und Macht gegründeten Herrschaftsstrukturen proklamiert – zugunsten einer dem Ideal der Liebe verpflichteten Menschheit.

In Tateinheit mit der Evolution der „Ring"-Tetralogie entwickelt Wagner die Idee zu einem Festspiel, das ausschließlich seinem Werk dienen soll. So heißt es in seiner „Mitteilung an meine

---

„Dein ‚Lohengrin' ist von Anfang bis Ende ein erhabenes Werk. Bei gar mancher Stelle sind mir die Tränen aus dem Herzen gekommen. Da die Oper ein einziges unteilbares Wunder ist, kann ich Dir unmöglich diesen oder jenen Zug, diese oder jene Kombination, diesen oder jenen Effekt besonders hervorheben. Gerade so wie es dem frommen Geistlichen erging, der Wort für Wort die ganze Nachahmung Christi unterstrich, möchte es geschehen, daß ich Note für Note Deinen ganzen ‚Lohengrin' unterstreiche. Für diesen Fall würde ich mit dem Ende beginnen, nämlich mit dem Duett des 3. Aktes zwischen Elsa und Lohengrin, welches für mich der Höhepunkt des Schönen und Wahren in der Kunst ist."
Franz Liszt an Richard Wagner, 2. September 1850

54 DIE ENGEL IN DER FINSTERNIS

Freunde", die Ende 1851 als Vorwort zur Druckausgabe der Textbücher vom „Holländer", von „Tannhäuser" und „Lohengrin" erscheint: „An einem eigens dazu bestimmten Feste gedenke ich dereinst im Laufe dreier Tage mit einem Vorabende jene drei Dramen nebst dem Vorspiele [gemeint ist der „Ring"] aufzuführen." Fasziniert von dieser Vorstellung, arbeitet Wagner nun wie ein Besessener. Bereits Ende 1852 kann er die Textbücher zu seiner Tetralogie abschließen: vom „Rheingold", von der „Walküre", von „Der junge Siegfried" und „Siegfrieds Tod" (die endgültigen Titel der zwei letzten Tage, „Siegfried" und „Götterdämmerung", werden erst 1856 festgelegt). Und schon im Februar 1853 überrascht er seine Verehrer durch einen Privatdruck der Bühnendichtung (Auflage: 50 Exemplare) – guter Beginn eines Jahres, das für den Exilanten noch weitere Höhepunkte bergen soll.

Dank Otto Wesendonck kann Wagner in Zürich drei große Konzerte mit Teilen aus „Rienzi", aus dem „Holländer", aus „Tannhäuser" und „Lohengrin" veranstalten.

Wesendonck, ein vermögender Kaufmann, den Wagner einige Monate zuvor kennengelernt hat, ist mit der 23jährigen Mathilde verheiratet. Beide sind vom Genie des Dirigenten und Komponisten überzeugt. Beide unterstützen ihn tatkräftig. So kann Wagner Reisen unternehmen und sich seinem Freundeskreis widmen:

D as Vorspiel zum „Lohengrin" basiert auf einem Thema, das von einer zunächst anwachsenden, dann symmetrisch wieder abnehmenden Zahl von Instrumenten dargestellt wird. So entspricht die musikalische Form des Vorspiels dem ihm von Wagner unterlegten Programm: Der Geist des Grals sinkt langsam aus der himmlischen Sphäre auf die Erde, erleuchtet mit seinem Glanz die Seelen der Gläubigen und steigt wieder gen Himmel auf. In diesem Bogen deutet sich bereits das folgende Geschehen an: Lohengrin, Sohn Parsifals und Gralsritter, erscheint, heiratet Elsa und bleibt so lange an ihrer Seite, bis sie die verhängnisvolle Frage nach seiner Identität stellt; nun sieht sich Lohengrin gezwungen, zum Gral zurückzukehren.

„Mit der Dichtung meines Jungen Siegfried bin ich vollkommen fertig. Sie hat mir große Freude gemacht, und jedenfalls ist sie das, was ich jetzt machen mußte, und das Beste, was ich bis jetzt machen konnte. Ich bin wahrhaft froh darüber!"
Richard Wagner an Franz Liszt, 29. Juni 1851

dem sozialistischen deutschen Lyriker Georg Herwegh, Exilant wie Wagner, mit dem er im Juli 1853 Blutsbrüderschaft schließt; dem treuen Liszt, dessen 15jährige Tochter Cosima Wagner bei einem gemeinsamen Treffen in Paris kennenlernt; der Prinzessin Marie von Sayn-Wittgenstein, dem Urbild von Wagners Freia; der in London lebenden, demokratisch gesinnten Schriftstellerin Malwida Freiin von Meysenbug; der Romanautorin Eliza Wille; dem einstigen Kombattanten Gottfried Semper, inzwischen Professor am Züricher Polytechnikum; oder Gottfried Keller, dem Dichter des von Wagner hochgeschätzten „Grünen Heinrich". Die Hilfe der Wesendoncks ermöglicht Wagner aber nicht nur sorgenfreie Allotria, sondern sie bricht auch eine kompositorische Blockade: Denn seit April 1848, seit der Vollendung des „Lohengrin", hat Wagner keine Musik mehr geschrieben, der eine zentrale Bedeutung zukommt. Nun aber, während einer Italienreise im September 1853, drängt das der äußeren Umstände wegen Unterdrückte mit Gewalt an die Oberfläche: Nach einem ausgedehnten Spaziergang verfällt Wagner in einen somnambulen Zustand und erhört das Vorspiel zum „Rheingold", die später so berühmte Brechung des Es-Dur-Akkords. Der erste Schritt zur „Ring"-Komposition ist getan.

In einem Brief vom 26. Juli 1854 an Jakob Sulzer schrieb Otto Wesendonck über Wagner: „Soviel ist klar: ihm selbst darf kein Geld in die Hand gegeben werden. (…) Von Anfang an hatte ich schon vor, die Fonds an Madame Wagner zu geben, es schien mir aber zu demütigend."

1853 werden für Wagner Weichen gestellt. In den kommenden Jahren folgen die wichtigen Ereignisse Schlag auf Schlag.

Im Oktober 1854 liest Wagner Arthur Schopenhauers Schrift „Die Welt als Wille und Vorstellung". Und er stellt überrascht fest, daß dessen *Entsagungsphilosophie* seinem Weltbild und der im „Ring" vorherrschenden *Metaphysik* nahekommt. Parallel zu Wagners Schopenhauer-Erlebnis bahnt sich die unvermeidliche Liaison mit Mathilde Wesendonck an: unvermeidlich, weil die ebenso sensible wie gebildete Frau sich für das Werk des Komponisten entflammen

kann. Unvermeidlich aber auch, weil Wagner und Minna sich in den Jahren des Exils mehr und mehr entfremdet haben. So durchlebt Wagner einen schweren psychischen Konflikt: Einerseits steht er zwischen zwei Frauen, andererseits darf er seine Beziehung zu Mathilde nicht ausleben. Von dem schwer lastenden Druck befreit sich Wagner auf wohlbekannte Weise, eine Oper schreibend, seine Schopenhauer-Erfahrung mit dem neuen Liebesglück verbindend.

So unterbricht Wagner seine Arbeit am „Ring" zugunsten des Projekts „Tristan und Isolde". Am 20. August 1857 beginnt er mit der Ausarbeitung: Er schreibt eine Prosafassung, bringt am 18. September die Versifizierung zu Ende und setzt sich sogleich an die Komposition, die er am 6. August 1859 abschließt. Seine Parabel um die irische Königstochter sublimiert aber nicht nur die Beziehung Richard-Mathilde, sondern enthält auch ein Schuldgeständnis: Hinter dem weisen und großzügigen König

„Diesen unerhörten Erfolg hatte diese herrliche Liebe des reinsten, edelsten Weibes; und diese Liebe, die stets unausgesprochen zwischen uns blieb, musste sich endlich auch offen enthüllen, als ich vorm Jahre den ‚Tristan' dichtete und ihr gab. Da zum ersten Male wurde sie machtlos und erklärte mir, nun sterben zu müssen!"
Richard Wagner über Mathilde Wesendonck an seine Schwester Klara Wolfram, 20. August 1858

Marke, den sein Ritter Tristan mit Isolde betrügt, werden die Konturen Otto Wesendoncks sichtbar. Und wie ein König seine Ritter mit Lehen versieht, so stellt denn auch der weltläufige Geschäftsmann dem Komponisten ein Domizil zur Verfügung.

Als Wagner und Minna auf Bitten der Wesendoncks am 28. April 1857 das Nachbarhaus ihrer Wohltäter beziehen, kulminiert die Affäre Richard-Mathilde. Künstlerisch wird dieser Höhepunkt durch Vertonungen Wagners markiert, die unter dem Namen „Wesendonck-Lieder" in die Musikgeschichte eingehen: fünf Lieder auf Gedichte von Mathilde für Frauenstimme mit Klavierbegleitung, die Wagners bedeutendste Umsetzung eines fremden Textes darstellen; fünf Lieder, deren erstes den beredten Titel

> „Da ich nun aber doch im Leben nie das eigentliche Glück der Liebe genossen habe, so will ich diesem schönsten aller Träume noch ein Denkmal setzen, in dem vom Anfang bis zum Ende diese Liebe sich einmal so recht sättigen soll: ich habe im Kopf einen ‚Tristan und Isolde' entworfen, die einfachste, aber vollblutigste musikalische Conception; mit der ‚schwarzen Flagge', die am Ende weht, will ich mich dann zudecken, um – zu sterben."
> **Richard Wagner an Franz Liszt, 16. (?) Dezember 1854**

„Der Engel" trägt. Wagners Frau jedoch wird mißtrauisch, fängt im April 1858 eine Botschaft Richards an Mathilde ab. Und der Eklat ist da! Minna zieht ins nahegelegene Brestenberg: zur „Kur". Die Wesendoncks setzen sich vorübergehend nach Italien ab. Wagner verläßt sein einst auf den Namen „Asyl" getauftes Haus, fährt im August 1858 allein nach Venedig, um weiter am „Tristan" zu arbeiten. Doch auch hier findet er nicht die ersehnte Ruhe: Auf Betreiben des sächsischen Botschafters in Wien wird der noch nicht amnestierte Revolutionär aus der Lagunenstadt gewiesen. In die Schweiz zurückgekehrt, appelliert Wagner noch einmal an Wesendoncks Freigebigkeit, verkauft er ihm für 6000 Franken die Publikationsrechte am „Ring" und reist dann, mit Minna wieder vereint, nach Paris – in der Hoffnung, hier den „Tannhäuser" aufführen zu können.

Mehrere geglückte Konzerte und die Vermittlung des einflußreichen Musikkritikers Gaspérini öffnen ihm die Türen zur Pariser Gesellschaft.

Ein Wagnerclan bildet sich – dank Pauline Metternich, der Frau des österreichischen Botschafters, die sich nicht ohne Effizienz zur Beschirmerin des Musikers macht: Kaiser Napoleon III. erklärt sich bereit, den „Tannhäuser" ins Programm der Grand Opéra zu nehmen. Er provoziert allerdings den antideutsch gesinnten „Jockeyclub": Dessen Mitglieder organisieren bei der Pariser Erstaufführung des „Tannhäuser" am 13. März 1861 einen ohrenbetäubenden Krawall. Nach der dritten, wiederum empfindlich gestörten Vorstellung zieht Wagner seine Oper zurück.

In Deutschland kommt es indessen zu einer Welle der Anteilnahme, auf deren Höhepunkt der politisch Verfemte die Erlaubnis erhält, wieder sächsischen Boden zu betreten. Die Proben für die Mai 1861 vereinbarte Wiener Uraufführung des „Tristan" ziehen

sich in die Länge, nach 77 (in Worten: siebenundsiebzig) Anläufen geben die Beteiligten auf, belegen sie das Werk mit dem Kainsmal, nicht realisierbar zu sein. In seiner Bedrängnis faßt Wagner den Entschluß, eine populäre Oper zu schreiben, einen regelrechten Kassenmagneten.

Im Dezember 1861 bietet Wagner seinem Mainzer Verleger Franz Schott ein neues Vorhaben an: „Die Meistersinger von Nürnberg" – um mit Hilfe der Vorschüsse seine Schulden zu tilgen. Im Februar 1862 mietet er sich in Biebrich am Rhein ein. Hier kommt es zum endgültigen Bruch mit Minna – ein Ereignis, das zwar die lokale Trennung der Eheleute herbeiführt, nicht aber das seelische Band zwischen ihnen lösen kann. Und trotz noch bestehender innerlicher Bindungen streckt Wagner alsbald seine erotischen Fühler aus: Er umwirbt im März 1862 Mathilde Maier, die er zum Vorbild für seine „Meistersinger"-Eva kürt, und er nähert sich im Sommer 1862 Cosima an, der ältesten Tochter von Liszt, seit 1857 mit dem wagnertreuen Hans von Bülow vermählt. Und spätestens im November 1863 – bei einem Berlin-Besuch – zeigt sich Wagner erneut zum Ehebruch bereit, mit Cosima in den emphatischen Ruf einstimmend, „sich einzig gegenseitig anzugehören" (Mein Leben) –

> „Ich bin in dem Alter, wo man kaum mehr Gefallen darin findet, berühmten Leuten zu schreiben, und ich hätte noch lange gezögert, Ihnen schriftlich meine Verehrung zu bezeugen, fiele mein Blick nicht täglich auf unwürdige und lächerliche Artikel, in denen keine Mühe gescheut wird, um Ihr Genie zu verleumden."
> Charles Baudelaire an Richard Wagner, 17. Februar 1860

GELDSORGEN 61

In Paris bildet sich um Pauline Metternich der Kreis der Wagnerianer – unter ihnen die Komponisten Charles Gounod, Camille Saint-Saëns, die Dichter Charles Baudelaire und Catulle Mendès, der Politiker und Schwager Cosimas Emile Ollivier, der Kritiker Jules Champfleury, der Maler und Karikaturist Gustave Doré, der spätere Direktor der Oper Emile Perrin sowie Paulines Freundinnen Malwida von Meysenbug und Marie Kalergis. Für die Pariser Premiere ändert Wagner die Partitur des „Tannhäuser", indem er auf die Ouvertüre ein Ballett folgen läßt und einige Kürzungen vornimmt. Der „Jockeyclub" fühlt sich jedoch um das gewohnte Ballett nach dem zweiten Akt geprellt und erscheint – mit Trillerpfeifen bewaffnet – zu den Vorstellungen. 1976 greifen einige Zuhörer den „Brauch" der Trillerpfeifen wieder auf, um die Bayreuther Inszenierung des „Ring" von Patrice Chéreau zu verhöhnen.

ein doppelbödiges Spiel, getrieben hinter dem Rücken des arglosen Hans von Bülow. Doch bevor die Liebenden ihren Lebensweg gemeinsam gehen können, muß Wagner quer durch Europa eilen, um als Dirigent Geld zu verdienen, viel Geld, denn seine Schulden und sein Bedürfnis nach Luxus sind gleichermaßen hoch: Er dirigiert in Petersburg, in Moskau, in Prag, in Budapest, in Breslau, in Wien, flieht von der Donau wegen drohender Schuldhaft ins schweizerische Mariafeld, dann nach Stuttgart. Hier endlich kann ihn Hofrat von Pfistermeister im Auftrag des neuen bayrischen Königs am 3. Mai 1864 ausfindig machen, um ihm Hilfe anzutragen: Der 18jährige Ludwig II., seit dem 10. März Throninhaber, möchte dem gehetzten Wagner oberster Protektor sein.

Viertes Kapitel
ILLUSIONEN UND FRIEDEN

Der exaltierte Monarch Ludwig II. von Bayern steht zu seinem Wort: Er bezahlt Wagners Schulden, unterstützt ihn auch im übrigen königlich und rettet so dessen Werk, den „Ring", und schließlich die Festspielidee – obwohl der Komponist ihn immer wieder in Schwierigkeiten bringt.

„Er, der grosse Freund, der innig, bis in den Tod Geliebte, und Sie, teure, hochverehrte Frau, sind die einzigen auf Erden, die mich verstehen; dies ist sicher, wahr, so wahr, als ein Gott lebt."
König Ludwig II. von Bayern über Richard Wagner an Cosima von Bülow, 14. November 1865

64 ILLUSION UND FRIEDEN

Die erste persönliche Begegnung: am 4. Mai 1864. Gleich bietet Ludwig dem fahrenden Künstler ein Domizil an: das Haus Pellet, nahe dem königlichen Schloß Berg, am 14. Mai zu beziehen. Gestern noch von den Gläubigern verfolgt, heute schon unter königlichem Schutz – kein Wunder, daß Wagner wie ein Schulmädchen von seinem Regenten schwärmt: „Er liebt mich mit der Innigkeit und Glut der ersten Liebe: er kennt und weiß alles von mir, und versteht mich wie meine Seele." Der Komponist aber versteht es mit erschreckender Konsequenz, die neue Welt nach seinem Gusto zu gestalten. Da er sich im weitläufigen Pellet einsam fühlt, seine Appelle an Mathilde Maier unerhört verschallen, lädt er Familie von Bülow ein, die Sommerferien bei ihm zu verbringen. Und nun beginnt ein perfides Treiben. Wagner und Cosima halten sich an das verabredete Arrangement, werden miteinander intim. Der gehörnte, zutiefst verletzte Hans von Bülow erleidet einen Schlaganfall, liegt Wochen darnieder. In einer Art Gegenleistung besorgt ihm Wagner eine Stelle als „Vorspieler" Ludwigs II. Am 10. April 1865 bringt Cosima eine Tochter zur Welt, Isolde genannt, Kind der Beziehung zu Wagner. Um den gesellschaftlichen Schein zu wahren, will (muß?) Hans von Bülow gute Miene zum bösen Spiel machen, die Vaterschaft anerkennen. 1866 stirbt Minna Wagner. Nach Ablauf einer Anstandszeit beschließen Richard und Cosima, ihr Verhältnis nicht länger zu bemänteln. 1870 sind sie am Ziel, lassen sie sich in der protestantischen Hofkirche von Luzern trauen. Wagner kränkt also den ihm ergebenen Hans von Bülow, demütigt ihn. Aber er läßt ihn nicht los, richtet es so ein, daß der geniale Dirigent sich weiterhin für sein Werk einsetzt. In ähnlicher Weise strapaziert Wagner auch das Verhältnis zu seinem geliebten König. Er schreibt zwar, der bayrische Regent bedeute ihm „Alles", „Weib und Kind, Freund und Bruder", aber wie geht er mit Weib und Freund um? In der ersten Zeit ihres Zusammenseins verhält sich Richard im Glück noch abwartend, vorsichtig, schmeichelnd: Er schreibt, um sich von den Ereignissen des Jahres 1849 zu distanzieren, die königstreue Abhandlung „Über Staat und Religion" (Juli 1864), ferner einen Huldigungsmarsch zum Geburtstag des Monarchen. Dann aber sucht er sich von seinem Gönner nach allen Regeln der Kunst aushalten zu lassen:

„Jede neue Täuschung ergreifen Sie mit Hast, scheinbar die Unbefriedigung vergangener Täuschungen im Busen auszuwischen, und keiner weiß so gut wie Sie, daß es nie sein kann noch sein wird. Freund, wie soll das enden?"
Mathilde Wesendonck an Wagner, September 1863

L udwig II. ist kein Musiker: Er läßt sich vom Dichter Wagner faszinieren, weil er in einer dem Alltag entrückten Sprache, die auch den Briefwechsel zwischen ihnen prägt, Legenden webt, an deren Wirklichkeit der König ebensowenig zweifelt wie Senta an der Existenz des Holländers.

LUDWIG II.: FREUND UND MÄZEN

Er bezieht ein fürnehmes, in Münchens
Brienner Straße gelegenes Haus,
das er sich auf Kosten der königlichen
Kasse luxuriös ausstaffieren läßt –
mit Hilfe seiner Wiener Putzmacherin
Bertha, die ihm auch eine auf die
Inneneinrichtung abgestimmte Garde-
robe schneidert. Er nimmt ein groß-
zügig bemessenes Gehalt entgegen.
Er darf Spesen geltend machen.
Er läßt über Ludwig II. seinen alten
Weggefährten Gottfried Semper nach
München berufen, um hier ein Fest-
spieltheater einzurichten: mit einer
speziell auf die Wagnerischen Werke
abgestimmten Bühnenmaschinerie
und mit einem Schacht unter der
Bühne, in dem das Orchester agieren
soll (1868 kommt es allerdings zum Bruch zwischen
Ludwig II. und dem Architekten, so daß der Plan schei-
tert). Er lädt den Liszt-Eleven Peter Cornelius zur Mit-
arbeit ein und bringt den gestandenen Komponisten 1867
als Theorielehrer an der königlichen Musikschule unter –

Wagner und Lud-
wig II.: Der Künst-
ler übernimmt die Rolle
des Regenten – ein Vor-
wurf der zeitgenössi-
schen Karikatur gegen
den Komponisten.

DER KÜNSTLER UND DER KÖNIG 67

an einem Institut, das Wagner für seinen eigenen Bedarf umfunktionieren will, wie aus seinem im März 1865 niedergelegten „Bericht an Seine Majestät den König Ludwig II. von Bayern über eine in München zu errichtende Musikschule" hervorgeht. Kurz, Wagner empfängt von seinem Monarchen eine Reihe von Privilegien, so viele, daß ihn die Münchner Bevölkerung mit dem Spitznamen „Lolus" belegt: Hatte doch der Großvater Ludwigs II. eine stadtbekannte Affäre mit der Tänzerin Lola Montez, die in ihren Ansprüchen auch nicht gerade bescheiden war. „Lolus" liebt aber nicht nur wie Lola den Luxus, sondern er begeht auch den Fehler, seine Favoritenposition zu gefährden, indem er sich wie Lola gegenüber den hohen Herrn Vertraulichkeiten herausnimmt und sich in deren politische Geschäfte einmischt. Bald sticht Wagners inniger Kontakt zu Ludwig II. manchem Einflußreichen ins Auge. Bereits im Februar 1865 kommt es in der Presse zu ersten Angriffen gegen ihn. Aber einstweilen weiß er den ihm verfallenen König noch weiter an sich zu fesseln.

> „Neulich sind wir bei Frau von Bülow! Wagner nimmt alsbald den Firdusi von Schack zur Hand und liest eine Anzahl Gesänge von Rostem und Suhrab vor. Unterdes wird Bülow mit seiner Stunde fertig – es dauert keine 12 Minuten, so sind wir tief in Tristan und Isolde drin – der erste Akt wird ganz gesungen. Unterdes wird der Tee serviert – wir haben kaum eine halbe Tasse getrunken, so ist Wagner tief im Erzählen seines Parzival drin – und das geht den ganzen Abend, bis wir uns trennen."
> Peter Cornelius an Josef Standhartner, 24. Januar 1865

> „Der bezahlte Musikmacher, der Barrikadenmann aus Dresden, der einst an der Spitze einer Mordbrennerbande den Königspalast in Dresden in die Luft sprengen wollte, beabsichtigt nunmehr, den König allmählich von seinen Getreuen zu trennen, deren Plätze mit Gesinnungsgenossen zu besetzen, den König zu isolieren und für die landesverräterische Idee einer rastlosen Umsturzpartei auszubeuten."
> Neuer bayerischer Courier, 1867

„Theurer huldvoller König! Diese Thränen himmlischster Rührung sende ich Ihnen, um Ihnen zu sagen, dass nun die Wunder der Poesie wie eine göttliche Wirklichkeit in mein armes liebebedürftiges Leben getreten sind! – Und dieses Leben, sein letztes Dichten und Tönen gehört nun Ihnen, mein gnadenreicher junger König: verfügen Sie darüber als über Ihr Eigenthum!"
Richard Wagner an König Ludwig II. von Bayern, 3. Mai 1864

„Sie wissen, daß mich der junge König von Bayern aufsuchen ließ. Heute wurde ich zu ihm geführt. Er ist leider so schön und geistvoll, seelenvoll und herrlich, daß ich fürchte, sein Leben müsse wie ein flüchtiger Göttertraum in dieser gemeinen Welt zerrinnen. Er liebt mich mit der Innigkeit und Glut der ersten Liebe: er kennt und weiß alles von mir, und versteht mich wie meine Seele. Er will, ich soll immerdar bei ihm bleiben, arbeiten, ausruhen, meine Werke aufführen; er will mir alles geben, was ich dazu brauche; ich soll die Nibelungen fertig machen, und er will sie ausführen, wie ich will. Ich soll mein unumschränkter Herr sein, nicht Kapellmeister, nichts als ich und sein Freund."
Richard Wagner an Eliza Wille, 4. Mai 1864

„Seien Sie überzeugt, ich will Alles thun, was irgend in meinen Kräften steht, um Sie für vergangene Leiden zu entschädigen. – Die niedern Sorgen des Alltagslebens will ich von Ihrem Haupte auf immer verscheuen, die ersehnte Ruhe will ich Ihnen bereiten, damit Sie im reinen Aether Ihrer wonnevollen Kunst die mächtigen Schwingen Ihres Genius ungestört entfalten können! – Unbewußt waren Sie der einzige Quell meiner Freuden von meinem zarten Jünglingsalter an, mein Freund, der mir wie keiner zum Herzen sprach, mein bester Lehrer und Erzieher."

König Ludwig II.
von Bayern
an Richard Wagner,
5. Mai 1864

72 ILLUSION UND FRIEDEN

Am 10. Juni 1865 kommt es im Münchner Hof- und Nationaltheater zur Uraufführung von „Tristan und Isolde".

Am Pult: Hans von Bülow. In den Titelrollen: Ludwig Schnorr von Carolsfeld und seine Ehefrau Malvina. Das Publikum und die Presse: enttäuscht bis erzürnt. König Ludwig aber jubelt, schreibt an Wagner unmittelbar nach dem Ereignis einige Briefzeilen, die ob ihres Exklamationsstils wie ein expressionistisches Gedicht anmuten: „Einziger! – Heiliger! Wie wonnevoll! – Vollkommen. So angegriffen von Entzücken! – ... Ertrinken ... versinken – unbewußt – höchste Lust. – Göttliches Werk! – Ewig treu – bis über den Tod hinaus! – " Und der „Einzige" revanchiert sich. Auf Bitten Ludwigs beginnt er seine umfassende Autobiographie „Mein Leben" seiner als Sekretärin getarnten Cosima in die Feder zu diktieren. Vor allem aber bringt er die erste Prosafassung seines „Parsifal" zu Papier und widmet sie dem königlichen Freund.

Wagner möchte an der von ihm geplanten Musikschule eine Gesangsklasse für Ludwig Schnorr von Carolsfeld einrichten. Doch stirbt der Sänger wenige Wochen nach der „Tristan"-Uraufführung an Gelenkrheuma: für den Komponisten ein herber Verlust, für seine Gegner der Beweis, die Partie des Tristan ruiniere die Kräfte des Interpreten.

Ludwig ist außer sich vor Freude, bedankt sich am 5. September 1865 mit einem emphatischen Liebesbrief: „Mein Einziger! mein göttlicher Freund! (...) die Flammen der Begeisterung erfassen mich; mit jedem Tage wird sie glühender, meine Liebe zu dem, den ich einzig liebe auf dieser Welt, der meine höchste Freude, mein Trost, meine Zuversicht, mein Alles ist!" Doch alsbald beginnen die Wolken, in denen Ludwig II. schwebt, sich zu verdunkeln. Denn Ende November 1865 fühlt sich der wiederholt von konservativen Hofkreisen attackierte Wagner bemüßigt, einen von ihm selbst verfaßten oder zumindest beeinflußten Artikel in die Presse zu lancieren. In ihm maßt er sich an, von „des Königs unerschütterlicher Freundschaft" zu sprechen, und fordert den Rücktritt derjenigen, die diese trüben wollen – eine Attacke, die sich vor allem gegen den königlichen Kabinettssekretär Franz von Pfistermeister wendet, ein gezielter Schuß, der allerdings nach hinten losgeht. Denn der Artikel verursacht einen gewaltigen Wirbel, zumal jetzt mehr und mehr an die Öffentlichkeit dringt, Wagner habe den ungeheuren Vorschuß von 40 000 Talern aus der bayrischen Kabinettskasse erhalten. Es beginnt, in Adel, Klerus und Bürgertum zu gären. Und als Staatsminister Ludwig Freiherr von der Pfordten in einem Schreiben an den König erklärt, Wagner sei staatsbedrohend, sind Taten gefordert. An dieser Warnung kann Ludwig II. nicht achtlos vorübergehen. So befiehlt er dem „Einzigen", Bayern zu verlassen.

Wagners Autobiographie „Mein Leben", durch Ludwig II. angeregt, Cosima von Bülow in die Feder diktiert, endet 1864. In der umfangreichen Schrift mischen sich offene Geständnisse mit strategischen Vertuschungen – mit dem Ziel, beim König hinsichtlich der Dresdener Jahre oder der Beziehung zu Cosima nur ja keinen Anstoß zu erregen. Weitere „Beschönigungen" liegen im Interesse Cosimas, möchte sie doch nicht die Schuld am Scheitern der Ehe von Richard und Minna tragen. Außerdem mildert Wagner in der Rückschau seine Affäre mit Mathilde Wesendonck, um seine neue Partnerin nicht zu kränken. Trotz der Retuschen haben Wagner und Cosima für „Mein Leben" eine Fülle wichtiger Details zusammengetragen, anhand derer das Leben des Komponisten minutiös zu verfolgen ist.

Abermals muß Wagner seine Zelte abbrechen: Am 10. Dezember kehrt er München den Rücken, um wieder in der Schweiz Asyl zu suchen.

Erneut scheinen all seine Hoffnungen gescheitert. Der Exodus trifft ihn um so härter, weil Cosima aus gesellschaftlichen Gründen in München zurückbleiben muß. So trifft er allein in Genf ein, bezieht er allein das neue Haus, „Les Artichauts" genannt. Aber obwohl die Zeichen deutlich eine Niederlage signalisieren, stemmt sich der Komponist gegen den Absturz, findet er künstlerisch wieder zu sich. Er, der sich in München Monat für Monat mit politischen und künstlerischen Intrigen abgegeben hat, stößt wieder zur Musik, kann schon im März 1866 die Komposition des ersten „Meistersinger"-Akts vorlegen. Und als er abermals umzieht, ins Haus Tribschen, am Vierwaldstätter See gelegen, hat er wieder festen Boden unter den Füßen: Seiner sehnsüchtig gedenkend, zahlt ihm der König die Miete; im Mai 1866 zieht Cosima zu ihm – mit ihren Kindern, ein deutlicher Schritt. Und im Haus Tribschen kehrt vordergründig Ruhe ein. Am 17. Februar 1867 kommt hier Eva zur Welt, das zweite Kind von Richard und Cosima. Im Herbst kann Wagner seine „Meistersinger"-Partitur abschließen. Hintergründig jedoch toben die Pressefehden: Erneut erheben sich Stimmen gegen Wagner, werfen ihm doppeltes Spiel mit Hans von Bülow vor, höhnen Cosima als „Brieftaube", legen dem König zur Last, er pflege mit einem unmoralischen Menschen Umgang – und dies angesichts des *Preußisch-Französischen Kriegs*, in dem das Königreich Bayern Gefahr laufe, seine Souveränität zu verlieren. Angesichts des negativen Echos in der Öffentlichkeit verfalle

„Die Schwärmerei des jungen Königs für den Tondichter hatte zuerst etwas fast Kindliches, er behandelte ihn durchweg als Ratgeber und Freund, während Wagner wieder die väterlichste Zärtlichkeit für ihn zur Schau trug, aber zugleich auch in Gedanken das ganze Königreich Bayern mitregierte. So bekam ich denn auch viele Briefe und Billette des Königs an Wagner zu lesen, die mir schon damals, weit mehr als durch ihren Geist, durch ihre Überschwenglichkeit auffielen. Daß dieselbe durch den Umgang mit dem genialen, aber zugleich unglaublich aufgeregten Meister nicht vermindert werden konnte, lag auf der Hand, umsomehr, als derselbe sehr geneigt war, die ganze Menschheit, mit einigen kleinen Ausnahmen, zu verachten und für bloßes Material zum Verbrauchtwerden durch die Auserwählten zu halten. Wagner hat sicher keinen guten Einfluß auf den jungen König ausgeübt, jedenfalls dessen Neigung, sich in eine phantastische Traumwelt einzuspinnen, nur gesteigert."

Aus den Erinnerungen des Malers Friedrich Pecht („Aus meiner Zeit")

Richard und Cosima auf den bigotten Plan, den naiven, ihren Ehebruch nicht registrierenden König um eine Ehrenerklärung zu bitten: In ihr soll Ludwig bestätigen, die Ehe der Bülows sei unbefleckt, Cosima eine Frau von edlem, ihre Familie beglückenden Charakter. Um dem Wunsch Nachdruck zu verleihen, droht Wagner nur kurz mit Rückzug: Flugs unterschreibt sein königlicher Schirmherr den ihm vorgelegten Entwurf.

So verstrickt sich der aufrichtige Kunstfreund in ein Netz von Lügen und Intrigen, so gibt er sich der Lächerlichkeit preis – Tatsachen, unter denen er sein Leben lang leidet, nachdem er seine marionettenartige Rolle in dem von Cosima und Richard inszenierten Schmierentheater erst einmal erkannt hat. Trotz des Angriffs auf sein Prestige, auf seinen königlichen Namen, setzt sich der Wittelsbacher kaum zur Wehr: Er hüllt sich lediglich einige Monate lang in Schweigen, um es schon bald zu brechen, im März 1868 an den „Einzigen" schreibend: „Ich halte es nicht mehr länger aus, so ganz ohne Nachricht von Ihnen zu sein!"

„DIE MEISTERSINGER VON NÜRNBERG" 77

Nachdem der König erneut eingelenkt hat, kommen am 21. Juni 1868 „Die Meistersinger von Nürnberg" unter der Leitung Hans von Bülows zur Uraufführung.

Der von der Presse arg gebeutelte Wagner erlebt einen Triumph, wie er ihn nach dem kometenhaften Aufstieg des „Rienzi" kaum mehr gesehen hat. Noch während die Vorstellung in München läuft, ruft Ludwig II. ihn in die Königsloge. Hier darf der Komponist den ohrenbetäubenden Applaus des Publikums entgegennehmen. Die Presse allerdings teilt die allgemeine Begeisterung nicht. Vor allem der Wiener Kritiker Eduard Hanslick nimmt das Werk unter Beschuß, reiht es unter die „interessanten musikalischen Ausnahms- oder Krankheits-Erscheinungen" ein, die ein „Halb-Poet und Halb-Musiker" hervorgebracht habe. Aber seine Attacke bleibt verständlich, parodiert ihn Wagner doch in der tragikomischen Figur des Beckmesser, jenes Meistersingers, der sich an überholte Regeln klammert und mit seiner kanonisch erstarrten Kunst Schiffbruch erleidet. Beckmessers siegreicher Gegenspieler, Walther von Stolzing, auf den Wagner einen Gutteil eigener Anschauungen projiziert, zeigt sich von einem

Nach dem Tod von Wagner übernimmt Cosima die Leitung der Bayreuther Festspiele und greift auch in die Regie ein. Wie zu Lebzeiten des Komponisten bemüht sie sich um historisch exakte Bühnenbilder (links unten „Lohengrin", rechts „Tristan"). Für die „Meistersinger von Nürnberg" läßt sie sogar das authentische Stadtbild vom Nürnberg des 16. Jahrhunderts rekonstruieren. Die historistischen Bühnenbilder stehen allerdings in merkwürdigem Kontrast zu den innovatorischen Qualitäten der Partituren.

anderen Ideal erfüllt: Er möchte die alte Ordnung durchbrechen, zu nicht vorhersehbaren Strukturen gelangen. Neben dem Gegensatz ästhetischer Positionen geht es in den „Meistersingern" um den Konflikt zwischen Künstler und Gesellschaft, den Wagner (wer kennt diesen Konflikt besser?) durch eine Utopie zu lösen trachtet: Die Bürger des alten Nürnberg, symbolisch durch die aufziehenden Zünfte vertreten, tragen das Preissingen auf der Festwiese aus, geben der Kunst also eine festliche, über den Alltag erhobene Basis – schaffen ein Paradies, nach dem sich der bis dato chronisch obdachlose Komponist verständlicherweise sehnt. Wagners Sehnsüchte spiegeln sich weiterhin in der männlichen Hauptfigur der „Meistersinger": im „Schuhmacher und Poet dazu" Hans Sachs, der einem Spielleiter gleich in das Bühnengeschehen eingreift, als Ästhetiker und an Schopenhauer geschulter Pädagoge gleichermaßen souverän wie als Philosoph und politischer Denker. Das Uraufführungspublikum allerdings begeistert sich weniger an dem geistigen Hintergrund der „Meistersinger" als an der deutsch-nationalen Komponente des Werks, die in der Sachsschen Schlußsentenz „Ehrt Eure deutschen Meister" gipfelt, aber auch in der musikalischen Erscheinungswelt zum Tragen kommt (in den *Barformen*, in der „Prügelfuge" oder anderen kontrapunktischen Meisterstücken). Gleichviel, die Zuhörer und ihre Sympathiebekundungen ermutigen Wagner zu einem längst überfälligen Schritt.

„Damit ihr mich versteht, muß ich euch bekennen, daß bis zu der Stunde, wo ich meinen wahren innersten Beruf erkannte, mein Leben ein wüster, unschöner Traum war (...). Der Anschein war und blieb ruhig, das Innere verödet, verwüstet, als das Wesen sich mir offenbarte, welches mir rasch erhellte, daß ich noch gar nicht gelebt."
Cosima Wagner, Tagebuch vom 1. Januar 1869

DAS VERHÄLTNIS WIRD „OFFIZIELL"

Im Oktober 1868 informiert Wagner Ludwig II. über die wahre Natur seiner Beziehung zu Cosima, über den Plan, jetzt „offiziell" mit ihr zusammenzuleben. Der Zeitpunkt dieser Eröffnung ist kühl kalkuliert: Den Erfolg der „Meistersinger" im Rücken, darf der Komponist jetzt auf des Königs Milde bauen. Und den zweiten von der Mitteilung unmittelbar Betroffenen, Hans von Bülow, hält Wagner auf andere Weise in Schach, kann er doch schon mit einem möglichen Nachfolger für ihn drohen: mit dem erst 25jährigen, aber hochbegabten Hans Richter, der am Münchner Hof- und Nationaltheater als Kapellmeister fungiert. Die Rechnung geht auf:

Der König bemüht sich, seine auf falschen Tatsachen basierende Ehrenerklärung von einst zu vergessen. Und von Bülow willigt in die Scheidung ein. Cosima übersiedelt nun gänzlich nach Tribschen, beginnt hier am 1. Januar 1869 ihr legendäres, erst ein Jahrhundert später veröffentlichtes Tagebuch zu führen, bringt am 6. Juni Sohn Siegfried zur Welt. So bildet sich am Vierwaldstätter See bald ein kleiner Kreis intimer Freunde und Wagnerianer. Unter ihnen der 24jährige Friedrich Nietzsche, der gerade einer Berufung als Professor für klassische Philologie an die Universität von Basel gefolgt ist: 23mal besucht er Tribschen, führt er Gespräche, die sein erst positives, dann negatives, immer aber leidenschaftliches Verhältnis zu Wagner bestimmen. Zu den in Tribschen freudig Begrüßten zählen auch der Literat Catulle Mendès und vor allem seine schriftstellernde, bewundernswert schöne Frau Judith Gautier: Vorkämpferin des französischen Wagnerismus' und letzte, heiß umworbene Liebe des Komponisten. Doch die Idylle von Tribschen, Wagner krönt sie 1870 mit einer für Cosima und Siegfried geschriebenen einsätzigen Sinfonie („Siegfried-Idyll"), erfährt Trübungen.

Bayreuth, eine kleine oberfränkische Industrie- und Handwerksstadt im Norden des Staates Bayern, zählt 1872 rund 18 000 Einwohner.

Gegen den Willen Wagners befiehlt Ludwig II. die Uraufführungen der bereits vollendeten Teile des „Rings" in München: Am 22. September 1869 geht erstmals „Rheingold" über die Bühne, am 26. Juni 1870 kommt es zur ersten Inszenierung der „Walküre".

Man kann es Ludwig II. nicht verdenken: Was hat er nicht alles für den „Ring" getan! Die Rechte von Otto Wesendonck zurückgekauft, den Komponisten von Schulden befreit, sein eigenes Ansehen riskiert, sich dem Druck der eigenen Familie ausgesetzt. Umgekehrt ist es auch dem Urheber jener Kunstwerke nicht zu verdenken, wenn er sich gegen eine Teiluraufführung wehrt, die er als bruchstückhaft empfindet: Während der „Rheingold"-Proben überredet er Hans Richter, den verantwortlichen Dirigenten, unter einem Vorwand zurückzutreten, um die Inszenierung zu Fall zu bringen. Doch Ludwig II. reagiert ungewohnt schnell, entläßt den abtrünnigen Richter und findet in Franz Wüllner einen ebenbürtigen Ersatz. Bleibt Wagner nur noch, sich zu rächen, sich nach anderen, außerhalb Münchens liegenden Spielstätten für die Uraufführung des Gesamt-„Rings" und die mit ihr verbundenen Festspiele umzuschauen: Schwärmt er in den Monaten, während er

die „Meistersinger"-Partitur abschließt, noch vom fränkischen Nürnberg, so schaut er nun nach Preußen. Der Grund für seinen Richtungswechsel ist ein ganz pragmatischer: Sicher geleitet durch Otto von Bismarck, sind die Preußen gerade auf dem Weg, Deutschlands führende Macht zu werden, das bayrische Königreich ins zweite Glied zu verweisen. Und als unter ihrer Führung 1871 der Krieg gegen Frankreich zugunsten der Deutschen ausgeht und König Wilhelm I. von Preußen im Spiegelsaal von Versailles zum Deutschen Kaiser ausgerufen wird (Januar 1871), schlägt sich der Komponist auf die Seite der neuen Machthaber.

Anläßlich der in Berlin geplanten Siegesfeier schreibt Wagner im Februar/März 1871 den „Kaisermarsch" für Militärorchester.

Eine Verbeugung vor dem aufkeimenden Wilhelminismus, deren nationalistischer Tendenz auch seine 1871 vollendete, platt gehässige Farce „Die Kapitulation" entspricht, in der Franzosen mit Ratten verglichen werden. Ein untertäniger Kniefall, der dem Autor allerdings wenig einbringt: Die preußische Regierung zeigt ihm die kalte Schulter, wohl um durch eine mögliche Abwerbung des „Einzigen" den für ihre Politik wichtigen Ludwig II. nicht zu verstimmen. In dieser heiklen Situation (einerseits vom bayrischen König finanziell abhängig, andererseits um die Gunst des Kaisers werbend) faßt der Komponist einen genialen Entschluß:

Als Wagner im April 1871 gemeinsam mit Cosima das oberfränkische Bayreuth besucht, beschließt er, hier ein Festspielhaus zu errichten. in taktisches Kabinettstück: Denn mit dieser Ortswahl überschreitet Wagner weder die

Die Dirigenten Felix Mottl, Hermann Zumpe, Anton Seidl und Hermann Levi schließen sich dem „Bayreuther Kreis" ebenso an wie der russische Musiker Josef Rubinstein oder der Komponist Engelbert Humperdinck. So macht Wagner Schule, prägt er den modernen Typus des deutschen Dirigenten.

Toleranzgrenze des bayrischen Königs (liegt Bayreuth doch in dessen Hoheitsgebiet) noch wendet er sich von den Preußen ab (immerhin fungiert die oberfränkische Stadt im 18. Jahrhundert als Residenz der Markgräfin Wilhelmine, der Lieblingsschwester Friedrichs des Großen). So ziehen Richard und Cosima im April 1872 frohgemut nach Bayreuth, Haus Tribschen, ihre langjährige Heimstätte, verlassend. Ein Grundstück für das noch zu errichtende Festspielhaus stellt ihnen die Stadt prompt und kostenlos zur Verfügung, und schon am 22. Mai kommt es zur Grundsteinlegung. In den Jahren bis zur Eröffnung muß Wagner sich nun auf zwei Ziele konzentrieren: auf die Fertigstellung des „Rings" und auf die Finanzierung seines gigantischen Projekts. Am 21. November 1874 beschließt Wagner in Bayreuth die Komposition

„Hier wo mein Wähnen Frieden fand – Wahnfried – sei dieses Haus von mir benannt. 21. Mai 1874"
　　　　Richard Wagner

Villa Wahnfried

Wagner bezieht 1874 die Villa Wahnfried in Bayreuth, hier: der Salon. Im Zentrum des Bildes der Komponist, umgeben von Cosima, Liszt und Hans von Wolzogen. 1945 zerstört eine Fliegerbombe ein Drittel des Gebäudes. Den instandgesetzten Teil des Hauses bewohnt bis 1966 die Familie Wieland Wagner. Zwischen 1974 und 1976 kommt es zum vollständigen Wiederaufbau, anschließend zur Eröffnung als Wagner-Museum.

Das Bayreuther Festspielhaus

Unter den Bauplan des Festspielhauses notiert Wagner, man solle ihm nur ja die Verzierungen ersparen. Für ihn ist das Gebäude ein Provisorium: Nur die technischen, der Aufführung unmittelbar dienenden Gegebenheiten sollen perfekt sein. Doch aus Geldmangel und dank der hervorragenden Akustik wird das Vorläufige zum Endgültigen. Die Errichtung des Theaters leitet der Leipziger Architekt Otto Brückwald, während sich der Darmstädter Maschinenmeister Carl Brandt um die technischen Einrichtungen kümmert. Zur Zeit der Entstehung dieses Aquarells steht der Balkonvorbau noch nicht, den Wagner erst 1882 errichten ließ. Hier künden Trompeten den Beginn jeden Akts an: nach dem vom Komponisten selbst eingeführten, bis heute unveränderten Brauch.

der „Götterdämmerung" (vormals „Siegfrieds Tod" genannt), des letzten Teils der Tetralogie: nach über 26 Jahren andauernder Arbeit, nach den ersten Prosaskizzen im Revolutionsjahr 1848, nach dem Abschluß der Partituren von „Das Rheingold" (Zürich, 1854), „Die Walküre" (Zürich, 1856) und „Siegfried" (Tribschen, 1871). Parallel zur Arbeit an der „Götterdämmerung" und darüber hinaus muß Wagner Organisatorisches leisten: Mit Cosima reist er durch Deutschland, um für die ersten Festspiele ein Ensemble handverlesener Künstler zusammenzustellen. Und er greift, weil er die nötigen Gelder beschaffen muß, auch wieder zum Taktstock: Er dirigiert in Mannheim (anläßlich der Gründung des ersten Wagner-Vereins), in Hamburg, Berlin, Köln, Wien sowie in Budapest. Zudem hält er Lesungen ab und legt eine Werbeschrift vor: „Das Bühnenfestspielhaus in Bayreuth. Nebst einem Berichte über die Grundsteinlegung desselben". Doch das Echo auf die von Wagner im Verein mit Cosima, Freunden und Schülern erbrachten Bemühungen bleibt relativ gering. Wieder einmal tritt der bei Gott nicht nachtragende, nobel gesinnte Ludwig II. als Retter auf: Mit einer kräftigen Geldspritze (einem Kredit von 100 000 Talern) hilft er dem kränklichen Budget der Festspiele auf die Beine und schenkt Wagner obendrein noch 25 000 Taler, auf daß sich der von ihm immer noch Verehrte eine standesgemäße Villa erbaue: das Haus Wahnfried, eines der bedeutendsten Künstlerhäuser des 19. Jahrhunderts. 1875 können die

Das Festspielhaus besteht im wesentlichen aus einem Amphitheater von 30 Rängen in einem ziemlich eng angelegten Fächer mit ingesamt 1925 einfachen Holzklappsitzen ohne Armlehnen.

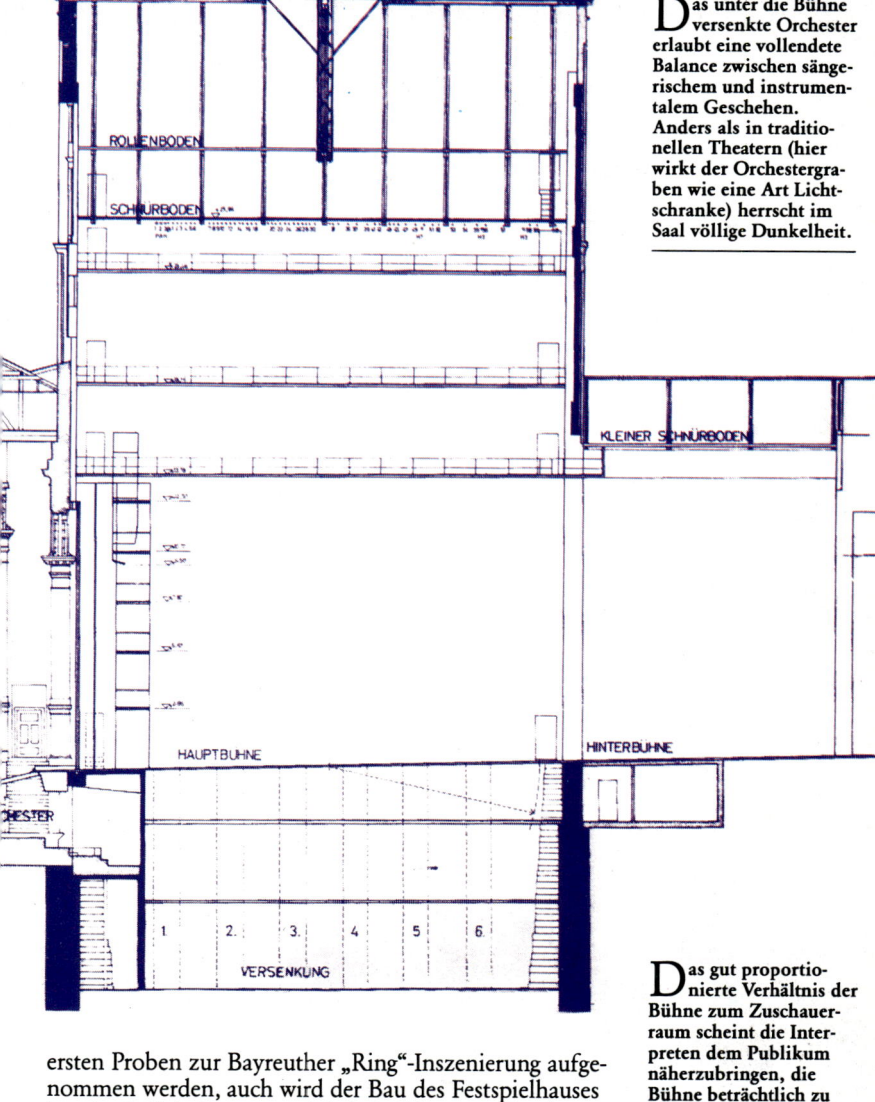

Das unter die Bühne versenkte Orchester erlaubt eine vollendete Balance zwischen sängerischem und instrumentalem Geschehen. Anders als in traditionellen Theatern (hier wirkt der Orchestergraben wie eine Art Lichtschranke) herrscht im Saal völlige Dunkelheit.

Das gut proportionierte Verhältnis der Bühne zum Zuschauerraum scheint die Interpreten dem Publikum näherzubringen, die Bühne beträchtlich zu erweitern und den Eindruck des Bühnenbildes zu verstärken.

ersten Proben zur Bayreuther „Ring"-Inszenierung aufgenommen werden, auch wird der Bau des Festspielhauses kontinuierlich fortgesetzt. Und ein Jahr später ist der ersehnte Augenblick gekommen, erfahren Wagners Leben und sein Werk eine glänzende Krönung.

90 ILLUSION UND FRIEDEN

DIE ERSTEN FESTSPIELE

1876, vom 13. bis 30. August, finden die ersten Bayreuther Festspiele statt. In ihrem Mittelpunkt steht die Uraufführung vom „Ring des Nibelungen", des

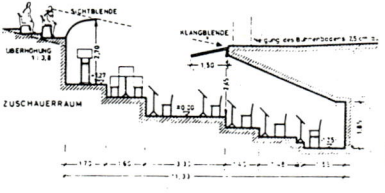

Bühnenfestspiels in drei Tagen und einem Vorabend. Trotz zahlreicher technischer Mängel und Pannen zeigt sich das internationale Publikum mit der Akustik des neuen Hauses, dem in einer Versenkung verschwundenen Orchester ebenso zufrieden wie mit den Künstlern, die größtenteils aus Idealismus, unter Verzicht auf ihr Honorar, mitwirken: dem Dirigenten Hans Richter, den Brüdern Max und Gotthold Brückner (Bühnenausstattung), dem Bühnenmeister Carl Brandt, den Sängern und Sängerinnen. Kritischer als die Mehrheit des Auditoriums gibt sich die Presse. Sie rügt auf der einen Seite Äußeres: den Souvenirrummel und die schlechte gastronomische Versorgung. Auf der anderen Seite aber attackiert sie erbarmungslos die künstlerischen Leistungen und vor allem die bühnentechnischen Mängel. Die im allgemeinen schlechte Medienresonanz hat Folgen: Zu den auf die „Ring"-Premiere folgenden Aufführungen stellen sich nur wenige Zuhörer ein. So enden die ersten Bayreuther Festspiele mit einem gewaltigen Defizit. Wieder einmal steht Wagner vor dem finanziellen Ruin.

Das dem Blick des Publikums durch eine Sichtblende entzogene Orchester sitzt in einem gestuften Abhang, der quasi den Zuschauerraum bis unter die Bühne verlängert. Die der Sichtblende gegenüber angebrachte Klangblende sowie die Verteilung der Musiker im Orchestergraben tragen dazu bei, aus dem mystischen Abgrund, wie ihn die Wagnerianer nennen, einen außergewöhnlichen, durch seine Samtigkeit bestechenden Klang emporsteigen zu lassen.

Fünftes Kapitel
ZWISCHEN WALHALL UND MONSALVAT

Kein anderer Komponist hat je zuvor solche Leidenschaften hervorgerufen, solch krasses Für und Wider, wie Wagner im Sommer 1876. Von nun an gibt es den Wagnerkult, die Wagnerianer, die zu den Heiligtümern nach Bayreuth pilgern, die Tempelaufseher, die Dogmen und Propheten – aber auch die Bilderstürmer.

„Wagner war davon überzeugt, daß die dramatische Kunst, wie wir sie kennen, eine unvollkommene Kunst sei und daß man, um sie zum vollendeten Ausdruck zu bringen, aus ihr einen Brennpunkt machen müsse, in dem sich alle anderen Künste sammelten. Er war der Ansicht, die Bühne sei dazu bestimmt, eine Art Altar der Kunst zu werden, um den sich alle ihre Vertreter scharen würden."
Gérard de Nerval, „Briefe aus Deutschland", 1850

Niemand jedoch hätte damals zu prophezeien gewagt, die Bayreuther Festspiele könnten bis heute überdauern. Daß sie nach dem finanziellen Fiasko des Beginns dennoch weiterexistieren, gründet in dem phänomenalen Durchsetzungsvermögen Wagners: Unzufrieden mit dem künstlerischen Resultat der Festspiele, faßt er spontan den Plan, in Bayreuth erst eine Musteraufführung des „Rings" zu inszenieren, bevor die Tetralogie ihren Weg auf die Münchner Hofbühne findet (so hat er es mit Ludwig II. vereinbart). Um dieses Ziel zu verwirklichen, nimmt Wagner es abermals in Kauf, sich in Unkosten zu stürzen, vor Honoratioren und Potentaten zu buckeln: Er dirigiert in London Ausschnitte seiner Opern, läßt sich von Queen Victoria auf Schloß Windsor empfangen. Er gründet 1877 ein propagandistisches Sprachrohr: die „Bayreuther Blätter", die allerdings (unter der Redaktion des aus Berlin berufenen Hans von Wolzogen) durch ihre oft antisemitischen Artikel zu trauriger Berühmtheit gelangen. Er bittet – wie schon so oft – Ludwig II. zur Kasse: Über die bisher gezahlten Darlehen, über die vom König ausgesetzte Leibrente und über die bisher geschlossenen Verträge hinausgehend, läßt Wagner sich eine zehnprozentige Provision auf die Bruttoeinnahmen auszahlen, die seine in München gespielten Opern erzielen.

Die finanziellen Verstrickungen, die Wagner zeitlebens gefesselt haben, die Macht des Kapitals, die er immer wieder, vor allem aber nach dem schlechten Start der Festspiele zu spüren bekommen hat – diese ihn beherrschenden Themen dominieren auch im „Ring": Gleich zu

Die besondere Akustik des Festspielhauses stellt Hans Richter bei der „Ring"-Uraufführung vor einige Probleme – ebenso wie die gewaltige Länge der Partitur, die ihm die Ausbalancierung der Tempi erschwert. Zudem zeigen sich einige Sänger ihrer Aufgabe nicht gewachsen. Dennoch bringt Wagner mit dem „Ring" die moderne Opernregie auf den Weg, indem er einige Inszenierungsprinzipien anwendet, die heute zwar banal erscheinen mögen, zu ihrer Zeit jedoch als revolutionär gelten müssen: So verlangt er von seinen Darstellern, sich nicht mehr an die erste Zuschauerreihe zu wenden, sondern ihren Gesang an den jeweiligen Bühnenpartner zu richten; ferner sollen sie mit ihrer Gestik sparsam umgehen und „psychologisch" spielen.

Der schweizerische Regisseur Adolphe Appia (1862–1928) widmet der Wagnerschen Szenographie einige Aufsätze, die im Opern- und Sprechtheater bis zur Moderne ihre Spuren hinterlassen, vor allem hinsichtlich der Lichtregie. Cosima jedoch weigert sich, ihn nach Bayreuth einzuladen – mit der Begründung, nachdem Wagner seine Werke selbst inszeniert habe, gebe es nichts Neues mehr zu erfinden.

Beginn der Tetralogie raubt Alberich das Rheingold (sein Verbrechen gelingt ihm aber nur, weil er zuvor der Liebe abgeschworen hat). Das edle Metall schmiedet er hernach in einen Ring um, der ihm Allmacht verleiht. Mit Hilfe des symbolträchtigen Geschmeides vermag er das Volk der Nibelungen zu unterdrücken, das ihm bei Nacht und Tag die wertvollsten Pretiosen fördern und schmieden muß. Macht und Geld aber bringen dem lieblosen Alberich letztlich kein Glück: Wotan und Loge überfallen und berauben ihn, um mit dem Ring die Riesen Fasolt und Fafner zu bezahlen, die ihnen zuvor die Götterburg Walhall errichtet haben. Das ist die Geschichte des „Rheingolds", das ist aber auch, mythisch überhöht, von konkreter Historie gereinigt, die Geschichte des Kapitalismus, der sogenannten zivilisierten Gesellschaft, in der Geld (Macht) und Liebe nicht vereinbar sind. Um diesem Mißstand zu begegnen, müssen die Stellung der herrschenden Klasse vernichtet, die überkommene soziale Struktur überwunden werden – Ziele, die Wagner seit den mit Röckel und Bakunin verbrachten Tagen, seit seinem Studium der Gedankenwelt von Pierre-Joseph Proudhon wohlvertraut sind. Voraussetzung für eine „umgewälzte" Gesellschaft wiederum ist ein neues, anarchisch-freies Wesen, das naturgemäß nicht aus einer etablierten, von der veralteten Ordnung sanktionierten Verbindung entspringen kann: So leitet Wagner in der „Walküre" die inzestuöse Vereinigung von Siegmund und Sieglinde in die Wege, eine bräutliche Zusammenkunft, der Siegfried entspringt. Dieser Held, dessen „freier Wille" und naive Respektlosigkeit an die Ideale der Jungdeutschen erinnern, bringt das alte System ins Wanken: Er zerschlägt des Gottes Wotan Speer, um zur Walküre Brünnhilde zu gelangen, die sich ihrerseits gegen Wotan aufgelehnt hat. Siegfried und Brünnhilde nun sollen und wollen die neue Generation bilden. Für dieses Ziel geht der Held zwar in den Tod: Hagen mordet ihn, um an den Ring, sprich an die Macht, zu gelangen

Wie Richard Fricke (Wagners Bühnenmeister und Tanzlehrer der Kinder im Haus Wahnfried) in seinen Erinnerungen mitteilt, verlangt Wagner ein sehr realistisches Spiel. Um sich den Darstellern mitzuteilen, springt der drahtige Mittsechziger auf die Bühne, zeigt ihnen (oftmals sehr virtuos) die gewünschten Gebärden und versteht es immer wieder, das Feuer der Begeisterung in ihnen zu entfachen. Aber er kann auch ausgesprochen grob werden und die Interpreten bis an den Rand der Tränen bringen.

(Siegfried erbeutete den Ring einst im Kampf gegen Fafner, der ihn in Gestalt eines Drachen bewachte, und übergab ihn später der Walküre als Liebespfand). Doch Brünnhilde folgt ihrem Recken heroisch, sich im Tod mit ihm zu vermählen: Sie läßt einen Scheiterhaufen errichten, ihn anzünden und reitet in ihn hinein, nachdem sie sich zuvor den Ring vom Finger gestreift hat. Auf die Macht verzichtend und die Liebe wählend, erfüllt sie so ihre und Siegfrieds Bestimmung. Denn das von ihr entfackelte Feuer greift auf die Götterburg Walhall über, vernichtet den Hoheitssitz, führt zur Götterdämmerung, zu einer neuen Ordnung.

Der von Wagner benötigte neue Sängertypus steht in auffälligem Kontrast zu den historischen Figurinen: Flügelhelm tragende Walküren, vollbärtige Götter, in Tierhäute gekleidete, Schwerter schwingende Helden...

Mag die Verknüpfung der Themen Geld, Macht und Liebe auch nur ein Aspekt der Tetralogie sein, mag dieser Problemkreis im „Ring" auch mythisch überhöht erscheinen, so ist es doch eine merkwürdige Tatsache, daß die zahlreichen hochadligen Regenten bei der Uraufführung des „Rings" still, ohne zu protestieren, in ihren Logen blieben, daß sie das sozialistische Schauspiel brav goutierten. Vergoldete die Musik ihnen den Sinn der textlichen Botschaft, lenkten sie die verführerischen Töne eines ehedem steckbrieflich Gesuchten vom Kern der Aussage ab? So könnte es gewesen sein, wenn auch die musikalischen Strukturen des „Rings" selbst revolutionäre

REVOLUTIONÄR IN INHALT UND FORM

Tendenzen in sich bergen. Zwar hat der lange Reifungsprozeß der Tetralogie Spuren hinterlassen, zu einem nicht völlig homogenen Erscheinungsbild geführt, spricht jeder der vier Teile seine eigene musikalische Sprache: vom „Rheingold", in dem Tonarten, Rhythmen und Motive auf elementar-archaische Weise verwendet werden bis zum „Siegfried" und zur „Götterdämmerung", die eher den Bewegungsprinzipien einer Sinfonie entsprechen. Doch eint es alle Teile, daß sie die tradionelle musikalische Syntax und deren abgezirkelte Periodik hinter sich lassen – zugunsten einer freien musikalischen Prosa, einer „unendlichen Melodie", die auf der von Wagner nicht erfundenen, aber hochentwickelten Leitmotivtechnik basiert. Das Leitmotiv verdeutlicht die Entwicklung einer Person, einer Idee oder eines Gefühls, indem es sein Erscheinungsbild der jeweiligen Situation anpaßt, etwa durch harmonische Einfärbungen. Auf diese Weise läßt es die Musik zur Handlung werden, verleiht es ihr semantische Kraft. Und es gehört zum nicht ungefährlichen „Sport" eingefleischter Wagnerianer, möglichst viele solcher Leitmotive (etwa 100 von ihnen lassen sich im „Ring" ausfindig machen) zu erkennen und zu deuten: wie das „Walküren-Motiv", dessen beide große, einen übermäßigen Dreiklang umschreibende Terzen auf die urwüchsige Kraft der Walküren

> „Warum sollte aber die Vokalmusik nicht ebensogut wie die Instrumentalmusik einen großen, ernsten Genre bilden können (...), als es meinetwegen bei einer Symphonie vom Orchester gefordert wird? (...) Welche ganz neuen Resultate würde man nicht bei diesem Verfahren gewinnen! Denn gerade der seiner Natur nach von der Eigentümlichkeit der Instrumente gänzlich verschiedene Charakter der menschlichen Stimme würde besonders herauszuheben und festzuhalten sein und die mannigfachsten Kombinationen erzeugen lassen."
> Richard Wagner: „Eine Pilgerfahrt zu Beethoven", Paris 1840

weisen; oder das „Siegfried-Motiv", das mit seinem stolz aufstrebenden Dreiklang die Sphäre des Heldischen markiert. Nicht ungefährlich, weil diese Art von Suche ein höchst artifizielles und gedanklich schwergewichtiges Kunstwerk auf einen plakativen Leitmotiv-Katalog reduziert, weil sie den komplexeren Strukturen (wie den Leitmotiv-Schichtungen) nicht gerecht zu werden vermag.

Der Aufweichung der klassischen Periodik entspricht auch Wagners dichterische Sprache, die auf eine Versifizierung klassischen Typs verzichtet. Der musikalischen Prosa des „Rings" entsprechend, verwendet der Dichterkomponist vielmehr den Stabreim, eine alliterative Versbildung in freier Metrik. Sie reflektiert einerseits, der altgermanischen Dichtkunst entstammend, die mythische Sphäre des „Rings", andererseits ermöglicht sie es Wagner, allein durch die Klangwirkungen von Vokalen wie Konsonanten seine Helden zu charakterisieren.

<u>Nach den Anstrengungen der ersten Festspiele völlig erschöpft, reist Richard in Begleitung Cosimas nach Italien, um hier Erholung zu suchen.</u>

Hier habe sich Nietzsche im trautem Zwiegespräch mit dem älteren Freund über „Parsifal" unterhalten, sei entsetzt von Wagners religiöser Schwärmerei gewesen und habe sich auf und davon gemacht, um ihn nie wiederzusehen – diese in der Literatur verbreitete Theorie gehört ins Reich

„Ich habe einen griechischen Chor komponiert, aber einen Chor, der gleichsam vom Orchester gesungen wird, nach Siegfrieds Tod, während des Szenenwechsels; es wird das Siegmund-Thema erklingen, als ob der Chor sagte, er war sein Vater, dann das Schwertmotiv, endlich sein eigenes Thema, da geht der Vorhang auf, Gutrune tritt auf, sie glaubt, sein Horn vernommen zu haben; wie könnten jemals Worte den Eindruck machen, den diese ernsten Themen neugebildet hervorrufen werden. Dabei drückt die Musik stets die unmittelbare Gegenwart aus."
Richard Wagner, 29. September 1871 (laut den Tagebüchern Cosimas)

der Fama. Die Entzweiung der beiden Genien entspringt weniger intellektuellen Zwistigkeiten als vielmehr einem Vertrauensbruch des Komponisten: Denn in Sorge um den Gesundheitszustand des Jüngeren erkundigte sich Wagner bei Dr. Eiser, Nietzsches Arzt, nach medizinischen Details. Und der mit Nietzsche und Wagner gleichermaßen befreundete Mediziner gab bereitwillig Auskunft. Ist dieses Vorgehen schon übel genug, so wird das Ausmaß der Rechtsverletzung erst in der konkreten Betrachtung klar. Immerhin äußerte Wagner gegenüber dem Mediziner den Verdacht, die Krankheit des Philosophen hinge womöglich mit übermäßiger Onanie zusammen, immerhin stimmte Dr. Eiser dem Fragenden doch zu, ja enthüllte er weitere Intimitäten: etwa einen Prostituiertenbesuch Nietzsches. Über ihren unerhörten Angriff auf das Intimleben des Patienten vereinbaren Wagner und Dr. Eiser zwar Stillschweigen, aber bald dringen Einzelheiten nach außen: wohl über Hans von Wolzogen, den Sekretär des Komponisten. Einzelheiten, von denen auch Nietzsche erfährt, Indiskretionen, die ihn tödlich beleidigen. Sie sind gemeint, wenn er in Briefen von des Komponisten Perfidien spricht, sie sind der hauptsächliche Grund für sein erfolgloses Bemühen, sich geistig von Wagner zu lösen, um die eigene Integrität zu wahren – und zum profiliertesten Wagner-Kritiker des 19. Jahrhunderts zu werden.

„Ich trage mich, für die Beurteilung des Zustandes N.'s, seit lange mit den Erinnerungen von gleichen oder sehr ähnlichen Erfahrungen, welche ich an jungen Männern von großer Geistesbegabung machte. Diese sah ich an ähnlichen Symptomen zu Grunde gehen, und erfuhr nur zu bestimmt, daß Folgen der Onanie vorlagen."
Richard Wager an Dr. Otto Eiser, Oktober 1877

In den Monaten nach seinem Italienaufenthalt gelingt es Wagner zwar, den finanziellen Ruin seiner Festspiele zu verhindern, aber von der geplanten, verbesserten Inszenierung des „Rings" muß er absehen.

So sammelt er seine Kräfte für die Vollendung des „Parsifal", der bei den nächsten Festspielen uraufgeführt werden soll. Von Selbstbescheidung, Vorsicht, Änderung des aufreibenden Lebensstils ist bei Wagner, der nun auf sein achtes Lebensjahrzehnt zusteuert, nichts zu spüren: Neben dem Wust organisatorischer Arbeit legt er nach 1876 ein Konvolut neuer Aufsätze vor, die meist in den „Bayreuther Blättern" erscheinen: neben vielen anderen „Was ist deutsch?" (1878); „Heldentum und Christentum" (1881)

> „Teure Seele! Süsse Freundin! Immer noch liebe ich Sie! Immer bleiben Sie mir das, was Sie sind, der einzige Lichtstrahl in jenen Tagen, die für manche so erfreulich und für mich so unbefriedigend waren. (…) O wie gerne wollte ich Sie nochmals küssen, Teure, Süsse!"
> Richard Wagner an Judith Gautier, Ende September 1876

oder „Erkenne dich selbst" (1881). Und wie zuvor bleibt Wagner ein Meister des gegen sich selbst gerichteten Widerspruchs: In dem 1878 erschienenen, „Modern" betitelten Aufsatz geißelt er, eine reaktionäre Haltung einnehmend, die von ihm vormals bewunderten Jungdeutschen als modernistisch. Zwei Jahre später legt er einen politisch kecken Ton an den Tag, der angesichts der 1878 erlassenen rigiden Sozialistengesetze Bismarcks erstaunt: In „Religion und Kunst" nennt er das „Grollen des Arbeiters" eine „Erkenntnis der tiefen Unsittlichkeit unserer Zivilisation".

Wie zuvor versteht es Wagner auch, um sich einen Kreis von Enthusiasten zu scharen: den österreichischen Dirigenten Felix Mottl, der ab 1876 als Korrepetitor in Bayreuth fungiert; den Gelehrten Heinrich von Stein, der

„All dies für die guten Vormittage mit ‚Parsifal'. Dieser Name ist arabisch. Die alten Troubadours haben ihn nicht mehr verstanden. ‚Parsi-fal' bedeutet ‚parsi', denken Sie an die das Feuer anbetenden Parsen, ‚rein'; ‚fal' bedeutet ‚törig'."
Richard Wagner an Judith Gautier, 22. November 1877

„Ich habe nun alle meine so ideal konzipierten Werke an unsre von mir als tief unsittlich erkannte Theater- und Publikums-Praxis ausliefern müssen, daß ich mich nun wohl ernstlich befragen mußte, ob ich nicht wenigstens dieses letzte und heiligste meiner Werke vor dem gleichen Schicksale einer gemeinen Opern-Carrière bewahren sollte. Eine entscheidende Nötigung hierfür habe ich endlich in dem reinen Gegenstande, dem Sujet meines Parsifal nicht mehr verkennen dürfen. In der Tat, wie kann und darf eine Handlung, in welcher die erhabensten Mysterien des christlichen Glaubens offen in Szene gesetzt sind, auf Theatern, wie den unsrigen, neben einem Opernrepertoire und vor einem Publikum, wie dem unsrigen, vorgeführt werden? ... Im ganz richtigen Gefühle hiervon betitelte ich den ‚Parsifal' ein ‚Bühnenweihfestspiel'."
Richard Wagner an König Ludwig II., 28. September 1880

Für den Wechsel der Bühnenbilder im ersten und dritten Akt des „Parsifal" entwirft Wagner ein fahrbares System, das eine Art szenischer Überblendung ermöglicht. Als die den Wechsel begleitende Musik sich als zu kurz herausstellt, moniert Wagner, er müsse jetzt wohl Musik am Meter komponieren – und beauftragt den Komponisten Engelbert Humperdinck, die nötigen Takte zu ergänzen. Das Bühnenbild, von Entwürfen des Malers Paul von Joukowsky ausgehend, hinterläßt allgemein einen starken Eindruck und bleibt bis in unsere Tage gültiges Muster.

1879 Hauslehrer in „Wahnfried" wird; den Komponisten Engelbert Humperdinck, den russischen Maler Paul von Joukowsky und vor allem den deutschen Dirigenten und gläubigen Juden Hermann Levi, dem der Antisemit Wagner (und dies ist wieder einer seiner ungezählten Widersprüche) 1882 die Uraufführung des „Parsifal" und die Gesamtleitung der Bayreuther Festspiele anvertraut – eine Entscheidung, der allerdings zahlreiche Schmähungen von seiten Wagners vorausgehen.

Wie zuvor behält Wagner auch seine Reiselust bei, sucht und findet er Inspiration im geliebten Italien: 1880, bei einer von Neapel ausgehenden Fahrt nach Ravello, erscheinen ihm die Gärten des Palazzo Rufolo als „Klingsors Zaubergarten"; wenige Wochen später beeindruckt ihn der Dom von Siena so nachhaltig, daß er ihn zum Vorbild des „Gralstempels" wählt.

<u>Am 13. Januar 1882 bringt Wagner in Palermo die letzte Note des „Parsifal" aufs Papier und sitzt nach Vollendung einem noch völlig unbekannten Maler Modell: Auguste Renoir.</u>

Im April zurück in Bayreuth, geht es in großen Schritten auf die Uraufführung des „Parsifal", auf die zweiten Festspiele zu: Am 2. Juli beginnen die Proben. Und sie gestalten sich wesentlich einfacher als 1876. Die aufführungstechnischen Probleme treten nicht so massiert wie im „Ring" auf. Die Sänger zeigen sich bestens disponiert. Das Orchester unter der kundigen Leitung von Hermann Levi tritt gründlich vorbereitet auf. Kleine Pannen können komplikationslos ausgebessert werden. Relative Harmonie bei den Proben, eitel Sonnenschein bei der Uraufführung am 26. Juli. Abbé Liszt, der Kollege, Freund und Schwiegervater Wagners, der mit ihm ständig Streitende, schreibt an Hans von Bülow, dem Opfer Wagners: „Hochgeehrter Freiherr, Bei und nach der gestrigen Darstellung von Wagner's ‚Parsifal' war der allgemeine Eindruck, dass sich über dieses *Wunderwerk* nichts sagen lässt. Ja wohl verstummt es die davor Ergriffenen: sein weihevoller Pendel schlägt vom Erhabenen zu dem Erhabensten. Ergebenst F. Liszt." 15mal noch geht „Parsifal" nach der Premiere über die Bühne, dann sind die zweiten Bayreuther Festspiele beendet. Mitten in der letzten Aufführung übernimmt Wagner den Dirigentenstab von Levi, vom Publikum unbemerkt, ein stiller Abschied.

"PARSIFAL" 107

Bereits 1845 beschäftigte sich Wagner mit dem „Parzival"-Epos des Wolfram von Eschenbach, zwölf Jahre später brachte er in Zürich eine erste Prosaskizze zu Papier, 1877 schloß er die Dichtung ab und begann wenige Monate später mit der Komposition, die er aus gesundheitlichen Gründen erst fünf Jahre später vollendet. Wie die Entstehungsgeschichte des „Parsifal" komplex und langwierig, so ist auch das Geschehen auf der Bühne kein einfaches, muß Parsifal allerhand Irrfahrten auf sich nehmen, um zu Wahrheit und Erlösung zu gelangen: Auf Burg Monsalvat zunächst als Hoffnungsträger freudig begrüßt, dann, nachdem er die in ihn gesetzten Erwartungen nicht erfüllt, von Gralsritter Gurnemanz vom Hof gejagt, eintreffend in Klingsors Zauberreich, den Verführungskünsten der

Die „monolithische Plastizität", die der Wagner-Biograph Marcel Beaufils am „Parsifal" entdeckte, bezieht sich auf den zeitlichen Ablauf, auf den Gebrauch der Tonarten, die sich aus sich selbst zu entwickeln scheinen, zudem langsam und allmählich fortschreiten – wie sich übereinander türmende Wolken, um ein Bild Cosimas zu verwenden.

„Zuletzt – neulich hörte ich zum ersten Male die Einleitung zum Parsifal (nämlich in Monte Carlo!). Wenn ich Sie wiedersehe, will ich Ihnen genau sagen, was ich da verstand. Abgesehen übrigens von allen unzugehörigen Fragen (wozu solche Musik dienen kann oder etwa dienen soll?), sondern rein ästhetisch gefragt: hat Wagner je etwas besser gemacht?"

Friedrich Nietzsche
an Peter Gast,
21. Januar 1887

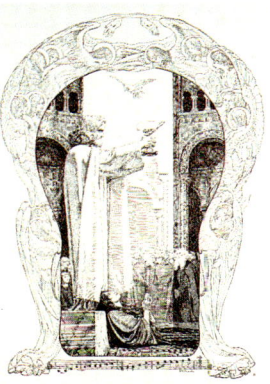

Blumenmädchen und der Kundry widerstehend, vernichtet Parsifal die Macht des Bösen und gewinnt so den Heiligen Speer zurück, den der Zauberer einst dem Gralsritter und König Amfortas geraubt hat. Von Kundry mit einem Fluch belegt, gelingt es Parsifal aber erst nach langen Jahren der Kämpfe und Irrfahrten, den Speer nach Monsalvat zurück- und den ihm Verbundenen Erlösung zu bringen und tritt schließlich selbst die Nachfolge des Amfortas an, findet zu seiner ihm vorbestimmten Aufgabe.

Rastlosigkeit, Wanderjahre, Irrfahrten – sie bestimmten Wagners Dasein von Kindheit bis ins Greisenalter, vom „Holländer" bis zum „Parsifal". Und seinen Helden gleich findet auch er die Erlösung: Nach den Festspielen

Am 13. Februar 1883 kommt es zu einem heftigen Streit zwischen Wagner und Cosima, vermutlich wegen der Sängerin Carrie Pringle, seiner letzten platonischen Liebe, zu einer Auseinandersetzung, die vermutlich seinen Tod beschleunigte.

TOD

sichtbar gealtert, immer häufiger von Herzattacken heimgesucht, spürt er sein Ende und reist mit Cosima nach Venedig, versenkt sich in Studien über Buddha, empfängt seine Getreuen: Levi, Joukowsky oder Humperdinck, die bereits ahnen, daß ihr Meister bald sterben muß. Im Angesicht des Todes, seine künstlerische Aufgabe hinter sich wissend, entwickelt sich Wagner zum nörgeligen Widerling: Er beschimpft Cosima, zankt sich mit Liszt, ärgert sich über die Schriften Nietzsches, macht sich und anderen das Leben schwer – ein Trauerspiel. Doch die Erlösung naht, der Vorhang fällt: Am 13. Februar 1883 gegen 15.30 Uhr stirbt Wagner im venezianischen Palazzo Vendramin-Calergi, an einem Manuskript zu einer „Über das Weibliche im Menschlichen" betitelten Schrift arbeitend – an einem Thema, das ihn zeitlebens reizte, ihn, der von sich freimütig bekannte, auch weibliche Eigenschaften zu haben, und von dem Nietzsche schrieb, er sei „in alten Tagen durchaus *femini generis*" gewesen.

Also doch nicht „Siegfrieds Tod", doch nicht das Ende eines teutschen, mannbaren Recken?

„Richard Wagner litt an einer weit vorgeschrittenen Herzerweiterung, speziell Erweiterung der rechten Herzkammer mit consecutiver fettiger Degeneration des Herzfleisches (...); daß die zahllosen psychischen Aufregungen, welchen Wagner durch seine eigenthümliche Geistesanlage und Geistesrichtung, durch seine scharf prononcirte Stellung zu einer Reihe brennender Fragen in Kunst, Wissenschaft und Politik, durch seine merkwürdige gesellschaftliche Position, alltäglich ausgesetzt war, viel zur Beschleunigung des unglücklichen Endes beigetragen haben, ist selbstverständlich. Der Anfall selbst, der dem Leben des Meisters ein so jähes Ende setzte, muß eine ähnliche Veranlassung gehabt haben, doch kann ich mich auf diesbezügliche Vermutungen nicht einlassen."
Dr. Friedrich Keppler, Wagners Hausarzt

ZEUGNISSE UND DOKUMENTE

Wagner in seinen Schriften und Briefen

Wagner hat zeitlebens viel geschrieben: Sein erster Aufsatz („Die deutsche Oper") erschien 1834. Während der Ausarbeitung seines letzten („Über das Weibliche im Menschlichen") riß ihm der Tod die Feder aus der Hand, wie seine Biographen gern notieren. Dazwischen liegen Dutzende von Veröffentlichungen, die zunächst meist in Zeitschriften ihren Platz fanden, später aber zum größten Teil in die noch von ihm betreute Ausgabe seiner „Gesammelten Schriften und Dichtungen" eingingen – eine Edition, die später zwar ergänzt wurde, heutigen Ansprüchen aber keinesfalls genügt.

Ähnlich produktiv der Briefschreiber Wagner, ähnlich unbefriedigend auch der gegenwärtige Zugang zu seinen Briefen: Die ersten acht Bände der von der Richard-Wagner-Stiftung initiierten Ausgabe seiner „Sämtlichen Briefe" umfassen lediglich die Jahre 1830 bis 1857. Und ein Ende des gleichermaßen ehrgeizigen wie komplizierten Projekts ist nicht abzusehen.

Trotz der immensen Fülle seiner Schriften wurden (und werden immer noch) Wagners literarische Äußerungen meistens an den Rand gedrängt – aus vielerlei Gründen. Weil ihr umständlicher Stil unerträglich, sein kompositorisches Werk ungleich größer sei. Aber vor allem wohl deswegen, weil Wagner in seinen Aufsätzen unbequeme Ansichten verkündet oder sich nicht selten verabscheuungswürdigen Opportunitäten hingibt – ein Bild von sich zeichnend, das manchen, gleich ob sie ihn anfeinden oder anbeten, nicht ins Konzept passen will.

Doch Wagners theoretische und künstlerische Hinterlassenschaft stehen in komplementärem Verhältnis zueinander, bilden wie zwei Herzkammern ein Organ, dürfen ergo nicht separiert werden. So gibt der Komponist dem „Ring des Nibelungen" in der berühmten Schrift „Oper und Drama" eine theoretische Basis, während „Die Meistersinger von Nürnberg" ihr Äquivalent in „Über die Bestimmung der Oper" finden. Und schließlich deutet Wagner selbst die Verzahnung der beiden „Medien" an, indem er in der Widmung seiner Ludwig Feuerbach dedizierten Publikation „Das Kunstwerk der Zukunft" vermerkt, er müsse sich gegen den traditionellen Kunstbegriff empören, da nicht das Individuum, sondern nur die Gemeinschaft wahre Kunstwerke schaffen könne:

„Seit ich den notwendigen Mut zu dieser Empörung gefaßt habe, entschloß ich mich dazu, Schriftsteller zu werden." (1850)

(1830) Durch seinen Lehrer Christian Gottlieb Müller lernt Wagner das Werk Beethovens kennen und läßt sich begeistern – ein Enthusiasmus, den er zeitlebens behält, dem er seine großen Erfolge als Dirigent verdankt. Als das früheste Dokument für seine Beethoven-Verehrung gilt ein Brief vom 6. Oktober 1830 an den Musikverlag B. Schott's Söhne, in dem er dem renommierten Haus (hier werden später der „Ring", die „Meistersinger" und „Parsifal" verlegt) eine Bearbeitung der Neunten Symphonie anbietet:

Wohlgeborner Herr,
Schon lange habe ich mir Beethoven's letzte herrliche Sinfonie zum Gegenstand meines tiefsten Studium's gemacht, und je mehr ich mit dem hohen Werthe des Werkes bekannt wurde, desto mehr betrübte es mich, daß dies noch vom größten Theile des musikalischen Publikum's so sehr verkannt, so sehr unbeachtet sei. Der Weg nun, dieses Meisterwerk eingängiger zu machen, schien mir eine zweckmäßige Einrichtung für den Flügel, die ich zu meinem großen Bedauren noch nie antraf; (denn jenes Czerny'sche vierhändige Arrangement kann doch füglich nimmer genügen.) In großer Begeisterung wagte ich mich daher selbst an einen Versuch, diese Sinfonie für zwei Hände einzurichten, und so ist es mir bis jetzt gelungen den ersten, und fast schwierigsten Satz mit möglichster Klarheit und Fülle zu arrangiren. Ich wende mich daher jetzt mit diesem Auftrag an die resp. Verlag'shandlung, indem ich frage, ob sie geneigt sein würde ein solches Arrangement aufzunehmen? (denn natürlich möchte ich mich jetzt nicht ferner einer so mühvollen Arbeit ohne dieser Gewißheit unterziehen.) So bald ich dieser versichert sein werde, setze ich mich unverzüglich an die Arbeit, um das Angefangene zu vollenden. Daher bitte ich ergebenst um schleunige Antwort, was mich betrifft soll Ew. Wohlgeb. des größten Eifer's versichert sein.
Ew. Wohlgeb.
ergebener Diener
Richard Wagner.

Meine Adresse:
Leipzig, im Pichhof vor'm hallischen Thore 1 Treppe.

(1836) Robert Schumann (1810–1856), mit Wagner aus gemeinsamen Leipziger Tagen bekannt, fungierte von 1833 bis 1844 als Herausgeber der „Neuen Zeitschrift für Musik". Ihm bot Wagner eine Reihe von Aufsätzen an, darunter einen Bericht über das Magdeburger Musikleben, in dem er offenbar Skrupel hat, über sich zu sprechen – eine Scheu, die er mit vorrückendem Alter ablegt:

Liebster Freund!
Ich schicke Ihnen hier so eine Art Bericht über Magdeburg; es läßt sich nicht viel sagen, u. es ist auch im Ganzen Nichts damit gesagt. Ich habe Sie einmal darin angeredet, – gefällt es Ihnen nicht, so ändern Sie es, wie Sie wollen. Ich konnte es mit dem besten Willen nicht umgehen, einiges über meine eigene Person zu sprechen, – einmal muß ich in einem Musikbericht über Magdeburg als hiesiger Musikdirektor mit erwähnt werden; zweitens wäre es albern, mich selbst, ohne es verdient zu haben, herunter zu reißen, u. daß ich drittens über meine Oper schreibe, hat besonders den Grund, weil sonst Niemand Anderes darüber schreibt, u. ich doch gern will, daß ein Wort darüber gesprochen werde. Es ist ein Jammer, wie man sich durchhelfen muß! Ich glaube übrigens nicht zu viel über mich gesagt zu haben. Trotzdem werden Sie wol finden, daß mein Name nicht, u. gegen Niemand genannt werden darf, sonst wehe mir! –
  Ich sehe Sie wahrscheinlich bald wieder einmal in Leipzig, u. freue mich weiß Gott herzlich darauf. Hier giebt es lauter Scheiskerle!
  Adieu, liebster Schumann!
                    Ihr Richard Wagner.

(1840) Der Thomaskantor Christian Theodor Weinlig führte Wagner im Rahmen seines Musikstudiums in den Bachschen Kontrapunkt ein. Nicht nur die vielzitierte „Prügelfuge" aus den „Meistersingern" reflektiert diese Lehrzeit, sondern Wagner gedenkt ihrer auch in einem Aufsatz, den er während seiner Pariser Jahre veröffentlichte:

Die Motetten dieses Meisters, die im kirchlichen Gebrauch ähnlich wie der Choral verwendet wurden (nur daß diese nicht von der Gemeinde, sondern ihrer größeren Kunstschwierigkeit wegen von einem besonderen Sängerchore ausgeführt wurden), sind unstreitig das Vollendetste, was wir von selbständiger Vokalmusik besitzen. Neben der reichsten Fülle des tiefsinnigsten Kunstaufwandes herrscht in diesen Kompositionen immer eine einfache, kräftige, oft hochpoetische Auffassung des Textes im echt protestantischen Sinne vor. Dabei ist die Vollendung der äußeren Formen dieser Werke so groß und in sich abgeschlossen, daß sie von keiner anderen Kunsterscheinung übertroffen wird. Noch erweitert und vergrößert finden wir aber diesen Genre in den großen Passionsmusiken und Oratorien. Die Passionsmusik, fast ausschließlich dem großen Sebastian Bach eigen, hat die Leidensgeschichte des Heilandes zum Grunde, wie sie von den Evangelisten geschrieben ist; der ganze Text ist wörtlich komponiert; außerdem sind aber an den einzelnen Abschnitten der Erzählung auf die jedesmaligen Momente derselben sich beziehende Verse aus den Kirchengesängen eingeflochten, an den wichtigsten Stellen sogar der Choral

selbst, der auch wirklich von der gesamten Gemeinde gesungen wurde. Auf diese Art ward eine Aufführung einer solchen Passionsmusik eine große religiöse Feierlichkeit, an der die Künstler wie die Gemeinde gleichen Anteil nahmen. Welcher Reichtum, welche Fülle von Kunst, welche Kraft, Klarheit, und dennoch prunklose Reinheit sprechen aus diesen Meisterwerken! In ihnen ist das ganze Wesen, der ganze Gehalt der deutschen Nation verkörpert, was man um so mehr berechtigt ist anzunehmen, als ich nachgewiesen zu haben glaube, wie auch diese großartigen Kunstproduktionen aus den Herzen und Sitten des deutschen Volkes hervorgingen.
Richard Wagner:
„Über deutsches Musikwesen"
(Der Aufsatz erschien erstmals 1840 in der Pariser Zeitschrift „Revue et Gazette musicale")

(1846) Während der Kapellmeisterzeit in Dresden machte Wagner durch seine spektakulär-eigenwilligen Beethoven-Interpretationen von sich reden. Zwei Miscellen zu diesem Thema, anonym im „Dresdener Anzeiger" veröffentlicht (24. bzw. 31. März 1846), aber aus Wagners Feder stammend, sind vor allem unter zwei Aspekten interessant: Erstens zeigen sie, wie bewußt der Komponist das betrieb, was wir heute Marketing nennen. Zweitens belegen sie Wagners ebenso modern anmutende Forderung, das Publikum müsse sich geistig mit dem dargebotenen Werk auseinandersetzen, es gegebenenfalls mehrfach hören – ein Anliegen, das auch zu den Prinzipien von Arnold Schönbergs „Verein für musikalische Privataufführungen" gehörte:

Allen Verehrern des wundervollen Meisters Beethoven steht in Kürze ein seltener Genuß bevor, wenn mit diesem fast zu sinnlichen Worte die erhabene Wirkung bezeichnet werden kann, von welcher bei würdigster Ausführung und erlangtem edelsten Verständnisse sein letztes derartiges Werk, die neunte Symphonie mit Schlußchor über Schillers Ode: „an die Freude" sein muß. Dadurch, daß die Kapelle gerade dieses Werk zur Aufführung in ihrem diesjährigen sog. Palmsonntagskonzert gewählt hat, scheint dieser vortreffliche und reiche Verein von Künstlern beurkunden zu wollen, bis zu welcher Höhe seine Leistungen sich zu erheben vermögen; denn wie diese Symphonie unbestreitbar die Krone des Beethovenschen Geistes ist, enthält sie ebenso unleugbar auch die schwierigste Aufgabe für die Ausführung; bei dem würdigen Geiste aber, der diesen großen Palmsonntag-Konzertaufführungen, bisher stets innegewohnt hat, dürfen wir mit Sicherheit annehmen, daß diese Aufgabe gewiß eine vollkommene Lösung erhalten werde. – Endlich darf also auch das größere Publikum Dresdens hoffen, dieses tiefsinnigste und riesenhafteste Werk des Meisters sich erschlossen zu sehen, dessen übrige Symphonien bereits zu einer edlen Popularität gelangt sind, während dieses Werk bisher noch in die Ferne eines geheimnisvollen, wunderbaren Rätsels entrückt blieb, zu dessen erhebender Lösung es aber gewiß nur eine vollkommen geeigneten Gelegenheit und eines kräftigen, mutigen Sinnes für die erhabenste und edelste Richtung der Kunst bedarf, die sich nirgends mit sprechenderer

Überzeugung offenbart hat, als in dieser letzten Symphonie Beethovens, zu welcher alle seine früheren Schöpfungen der Art uns wie die Skizzen und Vorarbeiten erscheinen, durch welche es dem Meister eben nur möglich werden konnte, sich zur Konzeption dieses Werkes emporzuarbeiten. O höret und staunet!

Richard Wagner:
„Zu Beethovens neunter Symphonie"

(1848/1849) Als aktiver Teilnehmer an den Dresdener Aufständen von 1849 beschloß Wagner seine erste Phase schriftstellerischer Tätigkeit mit den sogenannten Dresdener Reformschriften: zumeist politischen Artikeln für die „Volksblätter" seines Freundes August Röckel:

Das Ziel fest ins Auge gefaßt, wollen wir daher zunächst den Untergang auch des letzten Schimmers von Aristokratismus; sind unsre Herren vom Adel keine Feudalherren mehr, die uns knechten und schinden konnten, wie sie Lust hatten, so sollen sie, um alles Ärgernis zu verwischen, auch den letzten Rest einer Auszeichnung aufgeben, die ihnen an einem hitzigen Tage leicht zu einem Nessusgewande werden könnte, das sie bis auf die Knochen verbrennt, wenn sie es nicht beizeiten weit von sich geworfen haben würden. Gedenkt ihr dabei

Ludwig van Beethoven.

eurer Stammesahnen und haltet ihr es für unfromm, euch der Vorzüge zu begeben, die ihr von ihnen ererbet, so bedenkt, daß auch wir unsrer Ahnen uns erinnern müssen, deren Taten, so gute auch von ihnen vollbracht wurden, von uns zwar nicht in Familienarchiven aufgezeichnet sind, deren Leiden, Hörigkeit, Druck und Knechtschaft aller Art aber in dem großen, unleugbaren Archive der Geschichte des letzten Jahrtausends mit blutiger Tinte eingeschrieben stehen. Vergesset eure Ahnen, werfet jeden Titel, jede mindeste Auszeichnung von euch, so versprechen wir euch, großmütig zu sein und die Erinnerung unsrer Ahnen auch gänzlich aus unsrem Gedächtnis zu streichen, damit wir fortan Kinder eines Vaters, Brüder einer Familie seien! Höret die Mahnung, erfüllet sie froh und aus freien Stücken, denn sie ist unabweisbar, und Christus sagt: „Ärgert dich ein Glied, so reiß' es aus: es ist besser, daß es verderbe, als daß der ganze Leib zur Hölle fahre!" – Und noch eines! Verzichtet ein für allemal auf die ausschließliche Ehre, unsrem Fürsten zunächst stehen zu wollen, bittet ihn, euch des ganzen Wustes unnützer Hofämter, Ehren und Rechte zu überheben, die heutzutage einen Hof zum Gegenstande unmutiger Betrachtung machen; seid nicht mehr Kammerjunker und Kammerherren, die unsren König „ihren König" nennen, nehmt von ihm jene Heiducken und bunten Lakaien, die frivolen Auswüchse einer schlimmen Zeit, der Zeit, da alle Fürsten der Welt es dem französischen Ludwig XIV. nachahmen zu müssen glaubten. Tretet frei zurück von diesem Hofe, dem Hofe der müßigen

Adelsversorgung, damit er ein Hof des ganzen, frohen, glücklichen Volkes werde, wo jedes Glied dieses Volkes in freudiger Vertretung seinem Fürsten zulächle und ihm sage, daß er der Erste eines freien, gesegneten Volkes sei. – Darum, so wollen wir weiter: keine erste Kammer mehr! Es gibt nur ein Volk, nicht ein erstes und zweites, somit kann und soll es daher auch nur ein Haus der Volksvertretung geben, und dieses Haus sei ein edles, schlichtes Gebäude, ein hochgewölbtes Dach auf starken, schlanken Säulen: wie würdet ihr dies Gebäude verstümmeln, wolltet ihr eine triviale Wand quer durchziehen, daß ihr statt eines großen Saales zwei enge Kammern hättet.

Richard Wagner:
„Wie verhalten sich republikanische Bestrebungen dem Königtume gegenüber?"
(Der Artikel erschien erstmals im „Dresdner Anzeiger" vom 14. Juni 1848)

Es ist die Bestimmung der Menschheit, durch die immer höhere Vervollkommnung ihrer geistigen, sittlichen und körperlichen Kräfte zu immer höherem, reinerem Glücke zu gelangen.

Der einzelne Mensch ist nur ein Teil des Ganzen; vereinzelt für sich ist er nichts, nur allein als Teil des Ganzen findet er seine Bestimmung, sein Recht, sein Glück.

Die Vereinigung der Menschen nennen wir: die Gesellschaft. Wir sehen, daß die Gesellschaft nicht etwas Zufälliges, Willkürliches, Freiwilliges ist, wir sehen, daß ohne die Gesellschaft der Mensch kein Mensch mehr ist, sich nicht mehr von dem Tiere unterscheiden würde; wir sehen somit, daß die Gesellschaft die notwendige Bedingung unsres Menschentums ist.

Die Menschen sind daher nicht nur berechtigt, sondern auch verpflichtet, an die Gesellschaft die Anforderung zu stellen: sie durch Vervollkommnung ihrer geistigen, sittlichen und körperlichen Fähigkeiten zu immer höherem, reinerem Glücke zu führen.

Richard Wagner:
„Der Mensch und die bestehende Gesellschaft"
(Der Artikel erschien erstmals in den „Volksblättern" vom 10. Februar 1849)

(1849–1851) In der Zeit nach seiner Flucht in die Schweiz und vor Beginn der „Ring"-Dichtung legte Wagner eine Reihe wichtiger ästhetischer Erörterungen vor, die heute unter dem Begriff Kunstschriften firmieren. Mit ihnen erläuterte Wagner den Zusammenhang zwischen Kunst und Gesellschaft, das Verhängnis vereinzelter, isoliert wirkender Kunstdisziplinen und die Rolle, die der Oper auf dem Weg zum vollkommenen Kunstwerk zufallen kann:

Die Februarrevolution entzog in Paris den Theatern die öffentliche Teilnahme, viele von ihnen drohten einzugehen. Nach den Junitagen kam ihnen Cavaignac, mit der Aufrechthaltung der bestehenden gesellschaftlichen Ordnung beauftragt, zu Hilfe

> # Steckbrief.
>
> Der unten etwas näher bezeichnete Königl. Capellmeister
>
> **Richard Wagner** von hier ist wegen wesentlicher Theilnahme an der in hiesiger Stadt stattgefundenen aufrührerischen Bewegung zur Untersuchung zu ziehen, zur Zeit aber nicht zu erlangen gewesen. Es werden daher alle Polizeibehörden auf denselben aufmerksam gemacht und ersucht, Wagnern im Betretungsfalle zu verhaften und davon uns schleunigst Nachricht zu ertheilen.
>
> Dresden, den 16. Mai 1849.
>
> Die Stadt=Polizei=Deputation.
>
> **von Oppell.**
>
> Wagner ist 37—38 Jahre alt, mittler Statur, hat braunes Haar und trägt eine Brille.

Wagners Steckbrief vom 16. Mai 1849.

und forderte Unterstützung zu ihrem Weiterbestehen. Warum? Weil die Brotlosigkeit, das Proletariat durch das Eingehen der Theater vermehrt werden würde. Also bloß dieses Interesse hat der Staat am Theater! Er sieht in ihm die industrielle Anstalt; nebenbei wohl aber auch ein geistschwächendes, Bewegung absorbierendes, erfolgreiches Ableitungsmittel für die gefahrdrohende Regsamkeit des erhitzten Menschenverstandes, welcher im tiefsten Mißmut über die Wege brütet, auf denen die entwürdigte menschliche Natur wieder zu sich selbst gelangen soll, sei es auch auf Kosten des Bestehens unsrer – sehr zweckmäßigen Theaterinstitute!

Nun, dies ist ehrlich ausgesprochen, und der Unverhohlenheit dieses Ausspruches ganz zur Seite steht die Klage unsrer modernen Künstlerschaft und ihr Haß gegen die Revolution. Was hat aber mit diesen Sorgen, diesen Klagen die Kunst gemein? (...)

Nur starke Menschen kennen die Liebe, nur die Liebe erfaßt die Schönheit, nur die Schönheit bildet die Kunst. Die Liebe der Schwachen unter sich kann sich nur als Kitzel der Wollust äußern; die Liebe des Schwachen zum Starken ist Demut und Furcht; die Liebe des Starken zum Schwachen ist Mitleid und Nachsicht: nur die Liebe des Starken zum Starken ist Liebe, denn sie ist freie Hingebung an den, der uns nicht zu zwingen vermag. In jedem Himmelsstriche, bei jedem Stamme, werden die Menschen durch die wirkliche Freiheit zu gleicher Stärke, durch die Stärke zur wahren Liebe, durch die wahre Liebe zur Schönheit gelangen können: die Tätigkeit der Schönheit aber ist die Kunst.

Richard Wagner:
„Die Kunst und die Revolution" (1849)

Der Mensch ist ein äußerer und innerer. Die Sinne, denen er sich als künstlerischer Gegenstand darstellt, sind das Auge und das Ohr: dem Auge stellt sich der äußere, dem Ohre der innere Mensch dar.

Das Auge erfaßt die leibliche Gestalt des Menschen, vergleicht sie der Umgebung und unterscheidet sie von ihr. Der leibliche Mensch und die unwillkürlichen Äußerungen seiner, durch äußere Berührung empfangenen, Eindrücke in sinnlichem Schmerz oder sinnlicher Wohlempfindung stellen sich dem Auge unmittelbar dar; mittelbar teilt er ihm aber auch die Empfindungen des, dem Auge unmittelbar nicht erkennbaren, inneren Menschen mit, durch Miene und Gebärde; namentlich aber wiederum durch den Ausdruck des Auges selbst, welches dem anschauenden Auge unmittelbar begegnet, vermag er diesem nicht nur die Gefühle des Herzens, sondern selbst die charakteristische Tätigkeit des Verstandes mitzuteilen, und je bestimmter schon der äußere Mensch den inneren auszudrücken vermag, desto höher gibt er sich als ein künstlerischer kund.

Unmittelbar teilt sich aber der innere Mensch dem Ohre mit, und zwar durch den Ton seiner Stimme. Der Ton ist der unmittelbare Ausdruck des Gefühls, wie es seinen physischen Sitz im Herzen, dem Punkte des Ausganges und der Rückkehr der Blutbewegung, hat. Durch den Sinn des Gehörs dringt der Ton aus dem Herzensgefühle wiederum zum Herzensgefühle; Schmerz und Freude des Gefühlsmenschen teilen sich durch den mannigfaltigen Ausdruck des Tones der Stimme wiederum dem Gefühlsmenschen unmittelbar mit, und wo die Ausdrucks- und Mitteilungsfähigkeit des äußeren leiblichen Menschen für die Eigenschaft des auszudrückenden und mitzuteilenden, inneren Herzensgefühles an das Auge, seine Schranke findet, da tritt die entscheidende Mitteilung durch den Ton der Stimme an das Gehör, und durch das Gehör an das Herzensgefühl ein. (...)

Das Organ des Herzens aber ist der Ton; seine künstlerisch bewußte Sprache, die Tonkunst. Sie ist die volle, wallende Herzensliebe, die das sinnliche Lustempfinden adelt, und den unsinnlichen Gedanken vermenschlicht. Durch die Tonkunst verstehen sich Tanz- und Dichtkunst: in ihr berühren sich mit liebevollem Durchdringen die Gesetze, nach denen beide ihrer Natur gemäß sich kundgeben; in ihr wird das Wollen beider zum Unwillkürlichen, das Maß der Dichtkunst, wie der Takt der Tanzkunst, zum notwendigen Rhythmus des Herzensschlages. (…)

Der künstlerische Mensch kann sich nur in der Vereinigung aller Kunstarten zum gemeinsamen Kunstwerke vollkommen genügen: in jeder Vereinzelung seiner künstlerischen Fähigkeit ist er unfrei, nicht vollständig das, was er sein kann; wogegen er im gemeinsamen Kunstwerke frei, und vollständig das ist, was er sein kann.

Das wahre Streben der Kunst ist daher das allumfassende: jeder vom wahren Kunsttriebe Beseelte will durch die höchste Entwicklung seiner besonderen Fähigkeit nicht die Verherrlichung dieser besonderen Fähigkeit, sondern die Verherrlichung des Menschen in der Kunst überhaupt erreichen.

Das höchste gemeinsame Kunstwerk ist das Drama: nach seiner möglichen Fülle kann es nur vorhanden sein, wenn in ihm jede Kunstart in ihrer höchsten Fülle vorhanden ist.

Das wahre Drama ist nur denkbar als aus dem gemeinsamen Drange aller Künste zur unmittelbarsten Mitteilung an eine gemeinsame Öffentlichkeit hervorgehend: jede einzelne Kunstart vermag der gemeinsamen Öffentlichkeit zum vollen Verständnisse nur durch gemeinsame Mitteilung mit den übrigen Kunstarten im Drama sich zu erschließen, denn die Absicht jeder einzelnen Kunstart wird nur im gegenseitig sich verständigenden und verständnisgebenden Zusammenwirken aller Kunstarten vollständig erreicht. – (…)

Verständigen wir uns zuerst darüber, wen wir uns unter dem Schöpfer des Kunstwerkes der Zukunft zu denken haben, um von ihm aus auf die Lebensbedingungen zu schließen, die ihn und sein Kunstwerk entstehen lassen können.
  Wer also wird der Künstler der Zukunft sein?
  Ohne Zweifel der Dichter.
  Wer aber wird der Dichter sein?
  Unstreitig der Darsteller.
  Wer wird jedoch wiederum der Darsteller sein?
  Notwendig die Genossenschaft aller Künstler. –
  Um Darsteller und Dichter naturgemäß entstehen zu sehen, stellen wir uns zuvörderst die künstlerische Genossenschaft der Zukunft vor, und zwar nicht nach willkürlichen Annahmen, sondern nach der notwendigen Folgerichtigkeit, mit der wir von dem Kunstwerke selbst auf diejenigen künstlerischen Organe weiter zu schließen haben, die es seinem Wesen nach einzig in das Leben rufen können. –

Richard Wagner:
„Das Kunstwerk der Zukunft" (1849)

Ihr glaubt, mit dem Untergange unsrer jetzigen Zustände und mit dem Beginn der neuen, kommunistischen Weltordnung würde die Geschichte, das geschichtliche Leben der Menschen aufhören? Gerade das Gegenteil, denn dann wird wirkliches, klares geschichtliches Leben erst beginnen, wenn die bisherige sogenannte historische Konsequenz aufhört, welche sich in Wahrheit und ihrem Kerne nach auf Fabel, Tradition, Mythus und Religion begründet, auf Herkommen und Einrichtungen, Berechtigungen und Annahmen, die in ihren äußersten Punkten keineswegs auf geschichtliches Bewußtsein, sondern auf (meist willkürlich) mythischer, phantastischer Erfindung beruhen, wie namentlich die Monarchie und der erbliche Besitz.

Richard Wagner:
„Das Künstlertum der Zukunft"
(Fragment; 1849)

Keine Erscheinung kann ihrem Wesen nach eher vollständig begriffen werden, als bis sie selbst zur vollsten Tatsache geworden ist; ein Irrtum wird nicht eher gelöst, als bis alle Möglichkeiten seines Bestehens erschöpft, alle Wege, innerhalb dieses Bestehens zur Befriedigung des notwendigen Bedürfnisses zu gelangen, versucht und ausgemessen worden sind.

Als ein unnatürliches und nichtiges konnte uns das Wesen der Oper erst klar werden, als die Unnatur und Richtigkeit in ihr zur offenbarsten und widerwärtigsten Erscheinung kam; der Irrtum, welcher der Entwickelung dieser musikalischen Kunstform zugrunde liegt, konnte uns erst einleuchten, als die edelsten Genies mit Aufwand ihrer ganzen künstlerischen Lebenskraft alle Gänge seines Labyrinthes durchforscht, nirgends aber den Ausweg, überall nur den Rückweg zum Ausgangspunkte des Irrtumes fanden, – bis dieses Labyrinth endlich zum bergenden Narrenhause für allen Wahnsinn der Welt wurde.

Die Wirksamkeit der modernen Oper, in ihrer Stellung zur Öffentlichkeit, ist ehrliebenden Künstlern bereits seit lange ein Gegenstand des tiefsten und heftigsten Widerwillens geworden; sie klagten aber nur die Verderbtheit des Geschmackes und die Frivolität derjenigen Künstler, die sie ausbeuteten, an, ohne darauf zu verfallen, daß jene Verderbtheit eine ganz natürliche, und diese Frivolität demnach eine ganz notwendige Erscheinung war. Wenn die Kritik das wäre, was sie sich meistens einbildet zu sein, so müßte sie längst das Rätsel des Irrtumes gelöst und den Widerwillen des ehrlichen Künstlers gründlich gerechtfertigt haben. Statt dessen hat auch sie nur den Instinkt dieses Widerwillens empfunden, an die Lösung des Rätsels aber ebenso befangen nur herangetappt, als der Künstler selbst innerhalb des Irrtumes nach Ausweggängen sich bewegte. (...)

Das Volkstümliche ist von jeher der befruchtende Quell aller Kunst gewesen, solange als es – frei von aller Reflexion – in natürlich aufsteigendem Wachstum sich bis zum Kunstwerke erheben konnte. In der Gesellschaft, wie in der Kunst, haben wir nur vom Volke gezehrt, ohne daß wir es wußten. In weitester Entfernung vom Volke hielten wir die Frucht, von der wir lebten, für Manna, das uns

Privilegierten und Auserlesenen Gottes, Reichen und Genies, ganz nach himmlischer Willkür aus der Luft herab in das Maul fiel. Als wir das Manna aber verpraßt hatten, sahen wir uns nun hungrig nach den Fruchtbäumchen auf Erden um, und raubten diesen nun, als Räuber von Gottes Gnaden, mit keckem, räuberischem Bewußtsein ihre Früchte, unbekümmert darum, ob wir sie gepflanzt oder gepflegt hatten; ja, wir hieben die Bäume selbst um – bis auf die Wurzeln, um zu sehen, ob nicht auch diese durch künstliche Zubereitung schmackhaft oder doch wenigstens verschlingbar gemacht werden könnten. So räudeten wir den ganzen schönen Naturwald des Volkes aus, daß wir mit ihm nun als nackte, hungerleidige Bettler dastehen.

So hat denn auch die Opernmusik, da sie ihrer gänzlichen Zeugungsunfähigkeit und des Vertrocknens aller ihrer Säfte bewußt wurde, sich auf das Volkslied gestürzt, bis auf seine Wurzeln es ausgesogen, und sie wirft nun den faserigen Rest der Frucht in ekelhaften Opernmelodien dem beraubten Volke als elende und gesundheitsschädliche Nahrung hin. Aber auch sie, die Opernmelodie, ist nun ohne alle Aussicht auf neue Nahrung geworden; sie hat alles verschlungen, was sie verschlingen konnte; ohne mögliche neue Befruchtung geht sie unfruchtbar zugrunde: sie kaut nun mit der Todesangst eines sterbenden Gefräßigen an sich selber herum, und dieses widerliche Herumknaupeln an sich selbst nennen deutsche Kunstkritiker „Streben nach höherer Charakteristik", nachdem sie zuvor das Umschlagen jener ausgeplünderten Volksfruchtbäume „Emanzipation der Massen" getauft haben! – (...)

Die Musik ist ein Weib.

Die Natur des Weibes ist die Liebe: aber diese Liebe ist die empfangende und in der Empfängnis rückhaltlos sich hingebende.

Das Weib erhält volle Individualität erst im Momente der Hingebung. Es ist das Wellenmädchen, das seelenlos durch die Wogen seines Elementes dahinrauscht, bis es durch die Liebe eines Mannes erst die Seele empfängt. Der Blick der Unschuld im Auge des Weibes ist der endlos klare Spiegel, in welchem der Mann so lange eben nur die allgemeine Fähigkeit zur Liebe erkennt, bis er sein eigenes Bild in ihm zu erblicken vermag: hat er sich darin erkannt, so ist auch die Allfähigkeit des Weibes zu der einen drängenden Notwendigkeit verdichtet, ihn mit der Allgewalt vollsten Hingebungseifers zu lieben.

Das wahre Weib liebt unbedingt, weil es lieben muß. Es hat keine Wahl, außer da, wo es nicht liebt. Wo es aber lieben muß, da empfindet es einen ungeheuren Zwang, der zum erstenmal auch seinen Willen entwickelt. Dieser Wille, der sich gegen den Zwang auflehnt, ist die erste und mächtigste Regung der Individualität des geliebten Gegenstandes, die durch das Empfängnis in das Weib gedrungen, es selbst mit Individualität und Willen begabt hat. Dies ist der Stolz des Weibes, der ihm nur aus der Kraft der Individualität erwächst, die es eingenommen hat und mit der Not der Liebe zwingt. So kämpft es um des geliebten Empfängnisses willen gegen den Zwang der Liebe selbst, bis es unter der Allgewalt dieses Zwanges inne wird, daß er, wie sein Stolz, nur die Kraftausübung der empfangenen Individualität selbst ist, daß die Liebe und der geliebte Gegenstand eins sind, daß es ohne diese weder Kraft noch Willen hat, daß es von dem Augenblicke an, wo es Stolz empfand, bereits vernichtet war. Das offene Bekenntnis dieser Vernichtung ist dann das tätige Opfer der letzten Hingebung des Weibes: sein Stolz geht so mit Bewußtsein in das Einzige auf, was es zu empfinden vermag, was es fühlen und denken kann, ja, was es selbst ist, – in die Liebe zu diesem Manne. –

Ein Weib, das nicht mit diesem Stolze der Hingebung liebt, liebt in Wahrheit gar nicht. Ein Weib, das gar nicht liebt, ist aber die unwürdigste und widerlichste Erscheinung der Welt. (...)

Durch die Fähigkeit, so durch seine Einbildungskraft alle nur denkbaren Realitäten und Wirklichkeiten nach weitestem Umfange in gedrängter, deutlicher plastischer Gestaltung sich vorzuführen, wird das Volk im Mythos daher zum Schöpfer der Kunst; denn künstlerischen Gehalt und Form müssen notwendig diese Gestalten gewinnen, wenn, wie es wiederum ihre Eigentümlichkeit ist, sie nur dem Verlangen nach faßbarer Darstellung der Erscheinungen, somit dem sehnsüchtigen Wunsche, sich und sein eigenstes Wesen – dieses gottschöpferische Wesen – selbst in dem dargestellten Gegenstande wieder zu erkennen, ja überhaupt erst zu erkennen, entsprungen sind. Die Kunst ist ihrer Bedeutung nach nichts anderes, als die Erfüllung des Verlangens, in einem dargestellten bewunderten oder geliebten Gegenstande sich selbst zu erkennen, sich in den, durch ihre Darstellung bewältigten Erscheinungen der Außenwelt wieder zu finden. Der Künstler sagt sich in dem von ihm dargestellten Gegenstande: „So bist du, so fühlst und denkst du, und so würdest du handeln, wenn du, frei von der zwingenden Willkür der äußeren Lebenseindrücke, nach der Wahl deines Wunsches handeln könntest." So stellte das Volk im Mythos sich Gott, so den Helden und so endlich den Menschen dar. – (...)

Auf ihrem Wege zur praktischen Wirklichkeit streifte auch die Romandichtung immer mehr ihr künstlerisches Gewand ab: die als Kunstform ihr mögliche Einheit mußte sich – um durch Verständlichkeit zu wirken, – in die praktische Vielheit der Tageserscheinungen selbst zersetzen. Ein künstlerisches Band war da unmöglich, wo alles nach Auflösung rang, wo das zwingende Band des historischen Staates zerrissen werden sollte. Die Romandichtung ward Journalismus, ihr Inhalt zersprengte sich in politische Artikel; ihre Kunst ward zur Rhetorik der Tribüne, der Atem ihrer Rede zum Aufruf an das Volk.

Richard Wagner:
„Oper und Drama" (1850/51)

Der Künstler wendet sich an das Gefühl, und nicht an den Verstand: wird ihm mit dem Verstande geantwortet, so wird hiermit gesagt, daß er eben nicht verstanden worden ist, und unsre Kritik ist in Wahrheit nichts andres als das Geständnis des Unverständnisses des Kunstwerkes, das nur mit dem Gefühle verstanden werden kann – allerdings mit dem gebildeten und dabei nicht verbildeten Gefühle. Wen es nun treibt, Zeugnis von seinem Unverständnisse des Kunstwerkes abzulegen, der sollte vernünftigerweise nur eines zu erforschen sich vornehmen, nämlich die Gründe, warum er ohne Verständnis blieb. Hierbei würde er allerdings zuletzt auch bei der Eigenschaft des Kunstwerkes selbst ankommen, jedoch erst wenn er Aufklärung über das Nächste gewonnen hätte, nämlich über die Beschaffenheit der sinnlichen Erscheinung, in welcher sich das Kunstwerk an sein Gefühl wandte. Vermochte diese Erscheinung nicht sein Gefühl zu erregen oder zu befriedigen, so müßte er vor allem sich die Einsicht in eine offenbare Unvollkommenheit des Kunstwerkes zu verschaffen suchen, und zwar in die Gründe einer gestörten Harmonie zwischen der Absicht des Künstlers und der Beschaffenheit der Mittel, durch die er diese Absicht eben dem Gefühle mitteilen wollte. Nur Zweies könnte dann seiner Erforschung sich darbieten, nämlich: ob die Mittel der Darstellung an die Sinne der künstlerischen Absicht entsprechend waren, oder ob diese

Gertrud Kappel in „Tristan und Isolde".

Absicht selbst in Wahrheit eine künstlerische war? Wir sprechen hier nicht von dem Werke der bildenden Kunst, in welchem die Darstellung als technische Arbeit die wesenhafte Schöpfung des Künstlers selbst ist; sondern vom Drama, dessen sinnliche Erscheinung von der Technik des Dichters nur bedingt, nicht aber – wie vom bildenden Künstler – verwirklicht wird, und diese Verwirklichung erst durch eine eigentümliche besondere Kunst, die dramatische Darstellungskunst, gewinnt. (...)

Als ich den „Siegfried" entwarf, fühlte ich, mit vorläufigem gänzlichen Absehen von der musikalischen Ausführungsform, die Unmöglichkeit, aber mindestens die vollständige Ungeeignetheit davon, diese Dichtung im modernen Verse auszuführen. Ich war mit der Konzeption des „Siegfried" bis dahin vorgedrungen, wo ich den Menschen in der natürlichsten, heitersten Fülle seiner sinnlich belebten Kundgebung vor mir sah; kein historisches Gewand engte ihn mehr ein; kein außer ihm entstandenes Verhältnis hemmte ihn irgendwie in seiner Bewegung, die aus dem innersten Quelle seiner Lebenslust jeder Begegnung gegenüber sich so bestimmte, daß Irrtum und Verwirrung, aus dem wildesten Spiele der Leidenschaften genährt, rings um ihn bis zu seinem offenbaren Verderben sich häufen konnten, ohne daß der Held einen Augenblick, selbst dem Tode gegenüber, den inneren Quell in seinem wellenden Ergusse nach außen gehemmt, oder je etwas andres für berechtigt über sich und seine Bewegung gehalten hätte, als eben die notwendige Ausströmung des rastlos quillenden inneren Lebensbrunnens. Mich hatte „Elsa" diesen Mann finden gelehrt: er war mir der männlich verkörperte Geist der ewig und einzig zeugenden Unwillkür, des Wirkers wirklicher Taten, des Menschen in der Fülle höchster, unmittelbarster Kraft und zweifelosester Liebenswürdigkeit. Hier, in der Bewegung dieses Menschen, war kein gedankenhaftes Wollen der Liebe mehr, sondern leibhaftig lebte sie da, schwellte jede Ader und regte jede Muskel des heiteren Menschen zur entzückenden Betätigung ihres Wesens auf. So, wie dieser Mensch sich bewegte, mußte aber notwendig auch sein redender Ausdruck sein; hier reichte der nur gedachte moderne Vers mit seiner verschwebenden, körperlosen Gestalt nicht mehr aus; der phantastische Trug der Endreime vermochte nicht mehr als scheinbares Fleisch über die Abwesenheit alles lebendigen Knochengerüstes zu täuschen, das dieser Verskörper nur als willkürlich dehnbares, hin und her zerfahrendes Schleimknorpelwerk noch in sich faßt. Den „Siegfried" mußte ich geradewegs fahren lassen, wenn ich ihn nur in diesem Verse hätte ausführen können. Somit mußte ich auf eine andre Sprachmelodie sinnen; und doch hatte ich in Wahrheit gar nicht zu sinnen nötig, sondern nur mich zu entscheiden, denn an dem urmythischen Quelle, wo ich den jugendlich schönen Siegfriedmenschen fand, traf ich auch ganz von selbst auf den sinnlich vollendeten Sprachausdruck, in dem einzig dieser

Der Orchestergraben in Bayreuth.

Mensch sich kundgeben konnte. Es war dies der, nach dem wirklichen Sprachakzente zur natürlichsten und lebendigsten Rhythmik sich fügende, zur unendlich mannigfaltigsten Kundgebung jederzeit leicht sich befähigende, stabgereimte Vers, in welchem einst das Volk selbst dichtete, als es eben noch Dichter und Mythenschöpfer war.

Richard Wagner:
„Eine Mitteilung an meine Freunde"

(1853) August Röckel, in den Dresdener Tagen Wagners revolutionärer Gefährte, wurde anders als dieser gefaßt, zunächst zum Tode verurteilt, dann zu lebenslanger Haft begnadigt, schließlich nach 13 Jahren im Kerker vorzeitig entlassen. Wagners Brief vom 8. Juni 1853 an den inhaftierten Kampfgenossen und Musikerkollegen ist ein bewegendes Zeugnis für eine alle Widrigkeiten überdauernde Freundschaft, die allerdings 1868 (aufgrund einer lächerlichen Intrige König Ludwigs II. von Bayern) in die Brüche ging.

Nur so viel muß ich Dir sagen, daß meine Kunst jetzt immer mehr das Lied der geblendeten, sehnsüchtigen Nachtigall wird, und daß diese Kunst plötzlich allen Grund verlieren würde, wenn ich eben die Wirklichkeit des Lebens umarmen dürfte. Ja, wo das Leben aufhört, da fängt die Kunst an: Wir gerathen von Jugend auf in die Kunst, ohne zu wissen wie? und erst wenn wir die Kunst bis an ihr Ende durchdringen, gewahren wir zu unsrem Jammer, daß uns eben das Leben fehlt! – Könnt' ich mich nun mit neuen Täuschungen trösten, so wäre mir's jetzt wahrlich leicht gemacht: könnte ich eitel und stolz sein, wie glücklich dürfte ich mich jetzt fühlen! Mein Ruhm ist im steten Wachsen begriffen: ich werde als eine unerhörte, noch ganz unclassificirbare Erscheinung betrachtet; Broschüren und Journalartikel werden über mich geschrieben massenweise; Unverständniß und Bewunderung erhitzen sich gegenseitig über mich – und wie unsäglich gleichgültig läßt mich das Alles! Mir wäre es nicht möglich mehr, ein Wort zu schriftstellern, so widert mich das trostlose Mißverständniß meiner Schriften an, nachdem der Kern meines Wesens und meiner Anschauungen fast gänzlich unbegriffen geblieben ist. – Wohl könnte mich aber Eines trösten: – ich werde nicht nur bewundert, sondern auch geliebt; wo die Kritik aufhört, da tritt die Liebe ein, und sie hat mir viele Herzen nahe gebracht. Doch diese Liebe muß für mich immer so etwas Fernes bleiben; sie tritt nicht anders als nur höchst vermittelt in mein Leben ein, und – wie nun dieses Leben sich einmal gestaltet hat – kann ich nur wie in weite Ferne in dieses Reich der Liebe blicken. Könnte ich ein richtiger Egoist werden, mir wäre geholfen: nun geht's aber nicht anders, und – wie Du – kann ich mich nur durch Resignation wenigstens in der Wahrheit meiner Natur erhalten. –

(1858) Nachdem Wagner sein „Asyl auf dem grünen Hügel" Zürichs bezogen hatte, verlebte er im Tête-à-tête mit Mathilde Wesendonck zwar eine glückliche Zeit, doch 1858 kam es zum Eklat, als Minna Wagner einen für Frau Wesendonck bestimmten, zärtlich getönten Brief abfing. Die stadtbekannte Liaison fand ein Ende, Wagner verließ das „Asyl" am 17. August, seine Stimmung der Geliebten mitteilend:

Genf.
21. August.

Die letzte Nacht im Asyl legte ich mich nach 11 Uhr ins Bett: andren Morgens um 5 Uhr sollte ich abreisen. Ehe ich die Augen schloss, ging es mir lebhaft durch die Seele, wie ich mich sonst immer an dieser Stelle in Schlaf gebracht durch die Vorstellung, eben da würde ich einst sterben: so würde

Minna Wagner, Richards erste Frau.

ich liegen, wenn Du zum letzten mal zu mir trätest, wenn Du offen vor Allen mein Haupt in Deine Arme schlössest, und mit einem letzten Kusse meine Seele empfängest! Dieser Tod war mir die holdeste Vorstellung, und sie hatte sich ganz an der Localität meines Schlafzimmers ausgebildet: die Thüre nach der Treppe zu war geschlossen, Du tratest durch die Gardine des Arbeitszimmers; so schlangest Du Deinen Arm um mich; so auf Dich blickend starb ich. – Und wie nun? Auch diese Möglichkeit zu sterben war mir entrückt? Kalt, und wie gejagt, verliess ich diess Haus, in welchem ich mit einem Dämon eingeschlossen war, den ich nicht mehr bannen konnte als durch die Flucht. – Wo – wo werde ich nun sterben? – – So entschlief ich. –

Richard Wagner:
Tagebuchblatt vom 21. August 1858

(1869) Zu Wagners Züricher Kunstschriften gehört im weiteren Sinn auch seine Abhandlung „Über das Judenthum in der Musik", die erstmals 1850 unter dem Pseudonym K. Freigedank in der von Franz Brendel zu Leipzig herausgegebenen „Neuen Zeitschrift für Musik" erschien. Als selbständige Veröffentlichung kam sie 1869 heraus (verbunden mit „Aufklärungen über das Judenthum in der Musik"). Mit ihr begründete Wagner seinen Ruf als Antisemit, erwarb er sich ein Image, das wenige Jahrzehnte später von den deutschen Nationalsozialisten propagandistisch ausgenutzt wurde.

Wir haben nicht erst nöthig, die Verjüdung der modernen Kunst zu bestätigen; sie springt in die Augen und bestätigt sich den Sinnen von selbst. Viel zu weit ausholend würden wir auch verfahren müssen, wollten wir aus dem Charakter unsrer Kunstgeschichte selbst diese Erscheinung nachweislich zu erklären unternehmen. Dünkt uns aber das Nothwendigste die Emancipation von dem Drucke des Judenthumes, so müssen wir es vor Allem für wichtig erachten, unsre Kräfte zu diesem Befreiungskampfe zu prüfen. Diese Kräfte gewinnen wir aber nun nicht aus einer abstracten Definition jener Erscheinung selbst, sondern aus dem genauen Bekanntwerden mit der Natur der uns innewohnenden unwillkürlichen Empfindung, die sich uns als instinctmäßiger Widerwille gegen das jüdische Wesen äußert: an ihr, der unbesieglichen, muß es uns, wenn wir sie ganz unumwunden eingestehen, deutlich werden, was wir an jenem Wesen hatten; was wir dann bestimmt kennen, dem können wir die Spitze bieten; ja schon durch seine nackte Aufdeckung dürfen wir hoffen, den Dämon aus dem Felde zu schlagen, auf dem er sich nur im Schutze eines dämmerigen Halbdunkels zu halten vermag, eines Dunkels, das wir gutmüthigen Humanisten selbst über ihn warfen, um uns seinen Anblick minder widerwärtig zu machen.

Der Jude, der bekanntlich einen Gott für sich hat, fällt uns im gemeinen Leben zunächst durch seine äußere Erscheinung auf, die, gleichviel welcher europäischen Nationalität wir angehören, etwas dieser

Nationalität unangenehm Fremdartiges hat: wir wünschen unwillkürlich mit einem so aussehenden Menschen Nichts gemein zu haben. Dies mußte bisher als ein Unglück für den Juden gelten: in neuerer Zeit erkennen wir aber, daß er bei diesem Unglücke sich ganz wohl fühlt; nach seinen Erfolgen darf ihm seine Unterschiedenheit von uns als eine Auszeichnung dünken. Der moralischen Seite in der Wirkung dieses an sich unangenehmen Naturspieles vorübergehend, wollen wir hier nur auf die Kunst bezüglich erwähnen, daß dieses Aeußere uns nie als ein Gegenstand der darstellenden Kunst denkbar sein kann: wenn die bildende Kunst Juden darstellen will, nimmt sie ihre Modelle meist aus der Phantasie, mit weislicher Veredelung oder gänzlicher Hinweglassung alles dessen, was uns im gemeinen Leben die jüdische Erscheinung eben charakterisirt. Nie verirrt sich der Jude aber auf die theatralische Bühne: die Ausnahmen hiervon sind der Zahl und der Besonderheit nach von der Art, daß sie die allgemeine Annahme nur bestätigen. Wir können uns auf der Bühne keinen antiken oder modernen Charakter, sei es ein Held oder ein Liebender, von einem Juden dargestellt denken, ohne unwillkürlich das bis zur Lächerlichkeit Ungeeignete einer solchen Vorstellung zu empfinden. (...)

Fremd und theilnahmlos steht der gebildete Jude inmitten einer Gesellschaft, die er nicht versteht, mit deren Neigungen und Bestrebungen er nicht sympathisirt, deren Geschichte und Entwickelung ihm gleichgiltig geblieben sind. In solcher Stellung haben wir unter den Juden Denker enstehen sehen: der Denker ist der rückwärtsschauende Dichter; der wahre Dichter ist aber der vorverkündende Prophet. Zu solchem Prophetenamte befähigt nur die tiefste, seelenvollste Sympathie mit einer großen, gleichstrebenden Gemeinsamkeit, deren unbewußten Ausdruck der Dichter eben nach seinem Inhalte deutet. Von dieser Gemeinsamkeit der Natur seiner Stellung nach gänzlich ausgeschlossen, aus dem Zusammenhange mit seinem eigenen Stamme gänzlich herausgerissen, konnte dem vornehmeren Juden seine eigene erlernte und bezahlte Bildung nur als Luxus gelten, da er im Grunde nicht wußte, was er damit anfangen sollte. Ein Theil dieser Bildung waren nun aber auch unsre modernen Künste geworden, und unter diesen namentlich diejenige Kunst, die sich am leichtesten eben erlernen läßt, die Musik, und zwar die Musik, die, getrennt von ihren Schwesterkünsten, durch den Drang und die Kraft der größten Genies auf die Stufe allgemeinster Ausdrucksfähigkeit erhoben worden war, auf welcher sie nun entweder, im neuen Zusammenhange mit den anderen Künsten, das Erhabenste, oder, bei fortgesetzter Trennung von jenen, nach Belieben auch das Allergleichgiltigste und Trivialste aussprechen konnte. Was der gebildete Jude in seiner bezeichneten Stellung auszusprechen hatte, wenn er künstlerisch sich kundgeben wollte, konnte natürlich eben nur das Gleichgiltige und Triviale sein, weil sein ganzer Trieb zur Kunst ja nur ein luxuriöser, unnöthiger war. Jenachdem seine Laune, oder ein außerhalb der Kunst liegendes Interesse es ihm eingab, konnte er so, oder auch anders sich äußern; denn nie drängte es ihn, ein Bestimmtes, Nothwendiges und Wirkliches auszusprechen; sondern er wollte gerade eben nur sprechen, gleichviel was, so daß ihm natürlich nur das Wie als besorgenswerthes Moment übrig blieb. (...)

Der Jude hat nie eine eigene Kunst gehabt, daher nie ein Leben von kunstfähigem Gehalte: ein Gehalt, ein allgemeingiltiger menschlicher Gehalt ist diesem auch jetzt vom Suchenden nicht zu entnehmen, dagegen nur eine sonderliche Ausdrucksweise, und zwar eben diese Ausdrucksweise, welche wir oben näher charakterisirten. Dem jüdischen Tonsetzer bietet sich nun als einziger musikalischer Ausdruck seines Volkes die musikalische Feier seines Jehovadienstes dar:

Trotz Wagners Judenhasses arbeitete er durchaus mit Juden zusammen, so mit dem Dirigenten Hermann Levi (links; daneben Hans Richter und Felix Mottl).

die Synagoge ist der einzige Quell, aus welchem der Jude ihm verständliche volksthümliche Motive für seine Kunst schöpfen kann. Mögen wir diese musikalische Gottesfeier in ihrer ursprünglichen Reinheit auch noch so edel und erhaben uns vorzustellen gesonnen sein, so müssen wir desto bestimmter ersehen, daß diese Reinheit nur in allerwiderwärtigster Trübung auf uns gekommen ist: hier hat sich seit Jahrtausenden Nichts aus innerer Lebensfülle weiterentwickelt, sondern Alles ist, wie im Judenthum überhaupt, in Gehalt und Form starr haften geblieben. Eine Form, welche nie durch Erneuerung des Gehaltes belebt wird, zerfällt aber; ein Ausdruck, dessen Inhalt längst nicht mehr lebendiges Gefühl ist, wird sinnlos und verzerrt sich. Wer hat nicht Gelegenheit gehabt, von der Fratze des gottesdienstlichen Gesanges in einer eigentlichen Volks-Synagoge sich zu überzeugen? Wer ist nicht von der widerwärtigsten Empfindung, gemischt von Grauenhaftigkeit und Lächerlichkeit, ergriffen worden beim Anhören jenes Sinn und Geist verwirrenden Gegurgels, Gejodels und Geplappers, das keine absichtliche Caricatur widerlicher zu entstellen vermag, als es sich hier mit vollem, naivem Ernste darbietet? (...)

Aus der genaueren Betrachtung der vorgeführten Erscheinungen, welche wir durch die Ergründung und Rechtfertigung unsres unüberwindlichen Widerwillens gegen jüdisches Wesen verstehen lernen konnten, ergiebt sich uns besonders nun die dargethane Unfähigkeit unsrer musikalischen Kunstepoche. Hätten die näher erwähnten beiden jüdischen Componisten in Wahrheit unsre Musik zu höherer Blüthe gefördert, so müßten wir uns nur eingestehen, daß unser Zurückbleiben hinter ihnen auf einer bei uns eingetretenen organischen Unfähigkeit beruhe: dem ist aber nicht so; im Gegentheile stellt sich das individuelle rein musikalische Vermögen gegen vergangene Kunstepochen als eher vermehrt denn vermindert heraus. Die Unfähigkeit liegt in dem Geiste unsrer Kunst selbst, welche nach einem anderen Leben verlangt, als das künstliche es ist, das ihr mühsam jetzt erhalten wird. Die Unfähigkeit der musikalischen Kunstart selbst wird uns in Mendelssohns, des specifisch ungemein begabten Musikers, Kunstwirken dargethan; die Nichtigkeit unsrer ganzen Oeffentlichkeit, ihr durchaus unkünstlerisches Wesen und Verlangen, wird uns aber aus den Erfolgen jenes berühmten jüdischen Operncomponisten auf das Ersichtlichste klar. Dies sind die wichtigen Punkte, die jetzt die Aufmerksamkeit eines Jeden, welcher es ehrlich mit der Kunst meint, ausschließlich auf sich zu ziehen haben: hierüber haben wir zu forschen, uns zu fragen und zum deutlichen Verständniß zu bringen.

Richard Wagner:
„Über das Judenthum in der Musik"

Aus den Tagebüchern Cosima Wagners

Cosimas Tagebücher, einsetzend am 1. Januar 1869 in Tribschen, schließend am 12. Februar 1883 in Venedig, am Vortag von Wagners Tod, entstanden als Fortsetzung von Wagners Autobiographie „Mein Leben". Eva Chamberlain (1867–1942), die zweite Tochter von Cosima und Richard, verfügte per Testament, sie dürften erst 30 Jahre nach ihrem Tod veröffentlicht werden. Als sie 1976/77 in einer zweibändigen, fast 3000 Seiten starken Ausgabe erschienen, galten sie als Sensation: auch wenn sie in ihrer Mischung aus Privatem und Historischem, aus Universalität und rassistischem Wahn, aus Verlogenheit und Offenheit das Wagner-Bild nicht redigieren konnten, sondern die zwiespältigen Empfindungen um den Komponisten eher verstärkten.

Zur Bestimmung der Tagebücher:
1. Januar 1869

Mit Weihnachten, meinem 31. Geburtstage, sollte dieses Buch beginnen; ich bekam es in Luzern nicht. So soll denn der erste Tag des Jahres auch den Anfang meiner Berichte an euch, meine Kinder, enthalten. Ihr sollt jede Stunde meines Lebens kennen, damit ihr mich dereinst erkennen könnt, denn sterbe ich früh, so werden die anderen gar wenig über mich euch sagen können, sterbe ich alt, so werde ich wohl nur noch zu schweigen wissen. Ihr sollt mir so helfen meine Pflicht erfüllen – ja meine Kinder, meine Pflicht. Was ich damit meine, werdet ihr später erfahren. Alles will euch die Mutter von ihrem jetzigen Leben sagen, denn sie glaubt, daß sie dies kann.

Das Jahr 1868 bezeichnet den äußeren Wendepunkt meines Lebens, in diesem Jahre wurde es mir gegönnt, das zu betätigen, was seit fünf Jahren mich beseelte. Dieser Betätigung habe ich nicht nachgesucht, sie nicht herbeigeführt, das Schicksal hat sie mir auferlegt. Damit ihr mich versteht, muß ich euch bekennen, daß bis zu der Stunde, wo ich meinen wahren innersten Beruf erkannte, mein Leben ein wüster, unschöner Traum war, von welchem ich euch nichts erzählen mag, denn ich begreife ihn selbst nicht und verwerfe ihn mit der ganzen Kraft meiner jetzt geläuterten Seele. Der Anschein war und blieb ruhig, das Innere war verödet, verwüstet, als das Wesen sich mir offenbarte, welches mir rasch erhellte,

Cosima Wagner.

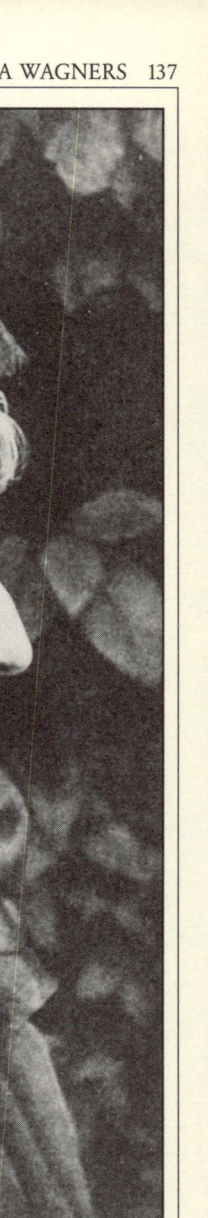

daß ich noch gar nicht gelebt. Eine Wiedergeburt, eine Erlösung, ein Ersterben alles Nichtigen und Schlechten in mir ward mir meine Liebe, und ich schwor mir, sie durch den Tod, durch heiligste Entsagung oder durch gänzliche Hingebung zu besiegeln. Das Werk der Liebe, das an mir geschehen ist, werde ich durch nichts jemals entgelten können. Als die Sterne es fügten, daß Ereignisse, die ihr anderweitig erfahren werdet, den einzigen Freund, den Schutzgeist und Erretter meiner Seele, den Offenbarer alles Edlen und Wahren, einsam, verlassen, freudlos freundlos, in die Einsamkeit trieben, rief ich ihm zu: Ich komme zu dir und will mein höchstes heiligstes Glück darin finden, dir das Leben tragen [zu] helfen. (…)

Alltag und gedrückte Stimmung:
10. Januar 1869
Kleiner Kummer, daß die Feder, die ich von New York für R. habe kommen lassen, nicht gut schreibt. Ich notiere das, weil es mich nachts betrübte und mir der Gedanke kam, daß mein früheres Glück in kleinen wie in großen Dingen mich verlassen habe. Schlaflose Nacht mit vieler Sorge um die Zukunft der Kinder. Schwermütige Gedanken über meine eigene Erziehung, Befürchtung, meine Kinder nicht nach meinen Gedanken erziehen zu können. Richard auch nicht ganz wohl, doch heiter. Mit den beiden Kindern spazieren gegangen, beide wohl. Mit ihnen dann gespeist. Hernach mit Richard zu Tisch, Ankunft der Fortsetzung des Fröbel'schen Aufsatzes über „Oper und Drama", R. verbrennt ihn zwar, bevor wir ihn gelesen, doch verstimmt der bloße Gedanke an die Nichtswürdigkeit der Menschen. Das Schweigen des Königs ist auch merkwürdig und unschön. Große Niedergeschlagenheit R.'s in Bezug auf seine Arbeiten, am liebsten gäbe er die musikalische Vollendung der Nibelungen auf. (…)

Kunstdefinitionen Wagners:
17. Januar 1870
Brief der Mutter, gut und freundlich; mit den Kindern gearbeitet, während R. seinen Nornen-Sang für die zweite Skizze bearbeitet. An Pr. Nietzsche geschrieben. Dieser schickt mir Gervinus über Händel; wie ich bei dieser Gelegenheit R. berichte, daß Gervinus' Buch über Shakespeare jetzt nach 30 Jahren immer [noch] viel gekauft wird, sagt R.: „Das macht der Gegenstand, wenn Shakespeare über Gervinus ein Buch schriebe, würde es wahrscheinlich gar nicht gekauft werden." – „Die Arithmetik ist für die Musik, was das Wort dem Begriff ist." „Der Musiker, der von früh bis abends nichts als Musik treibt, die Begriffswelt gar nicht beachtet, muß ein Vieh sein, es fehlt ihm ungleich mehr als demjenigen, welcher nichts von Musik wissend die übrige Welt beachtet." – „Alle Goethe und Schiller zielen auf die Musik. Was uns in Calderon zuweilen befremdet, ist das italienische Element, welches die Oper hervorbrachte; in unsren Dichtern fühlen wir die Grundlage zum Musikdrama." R. geht spazieren, schreibt dann an Bon Werthern, ihn gebeten, das Berliner Diplom ihm zu schicken. Ich mit den Kindern, Grimm'sche Märchen. Abends Beendigung von „König Lear".

Über das Beckmesser-Lied aus den „Meistersingern":
14. März 1870
Wiederum Schnee! unsere armen Vögelchen! Wir wollen ihnen Brot schicken, allein sie sind fortgeflogen, „das beweist wieder so recht die Idealität von Zeit und Raum, daß die Vögel hier und dort leben". – In der Musikalischen Zeitung ist ein Bericht über die Aufführung der MSinger in Wien. Unter anderem hatten die Juden dort verbreitet, das Lied von Beckmesser sei ein altes jüdisches Lied, welches R. habe persiflieren wollen. Hierauf Zischen im 2ten Akt und die Rufe, wir wollen es nicht weiter hören, jedoch vollständiger Sieg der Deutschen. R. sagt: „Das bemerkt keiner unsrer Herren Kulturhistoriker, daß es jetzt so weit ist, daß die Juden im kaiserlichen Theater zu sagen wagen: Das wollen wir nicht hören." (...)

Zum Deutsch-Französischen Krieg:
17. Juni 1871
Wie ich in den Zeitungen die Zerstörung von Paris lese, bemerke ich mit Erstaunen, daß eigentlich alles künstlerisch Wertvolle gerettet ist, „ja", sagt R. „der Dämon der Menschheit ist zugleich ihr Genius, er drängt nach Erkenntnis, und blind waltend, wie er scheint, verschont er doch, was ihm diese Erkenntnis ermöglicht. Erhaltend wie zerstörend, alles ist bei ihm Tat. Übrigens, daß die Kommunisten wirklich ganz Paris in Brand stecken wollten, ist der eine grandiose Zug; sie sind mir ekelhaft durch ihr Regierungsspiel gewesen, ihre Heuchelei, ihre galonierte pedantische Organisation, der Franzose weiß es nicht anders; daß sie aber den Ekel vor der Pariser Kultur bis zum Brand empfanden, ist grandios. Nun können die Deutschen sich nichts denken, was ohne diese Zivilisation sei; ich habe es mir damals gedacht in meinem ‚Kunstwerk der Zukunft'. Nichts sah ich in Deutschland erstehen, aber ich sah, daß der Boden, von woher alles Schlechte gekommen, das uns überflutet, schwankt, und nun entwarf ich mir eine neue Welt". – Am Morgen hatte mir R. zugerufen: „Weißt du, wie die Note der ganzen neueren Musik heißt? Sie heißt Cis, es ist das Cis des ersten Themas der Eroica; wer hatte vor Beethoven, wer hat nach ihm diesen Seufzer in der völligen Ruhe eines Themas ausgestoßen?" – Föhnsturm, größte Hitze durch ihn herbeigeführt. Brief der Mutter; alles dünkt ihr schwarz. Ich kopiere meinen Brief an Bon Schack und sende ihn ab. Abends Friedrich der Große.

Zum Tod Karl Tausigs (1841–1871), des von Wagner geschätzten Pianisten und Komponisten, der 1869 den Klavierauszug der „Meistersinger" schuf:
20. Juli 1871
Fürchterlich stürmische Nacht; ich schließe kein Auge. Am Morgen bringt mir ein Brief Elisabeth's die Nachricht, daß Tausig nun tot ist; in der Nacht vom Sonntag zum Montag ist er verschieden; wie wir die Nachricht seiner Erkrankung erhielten, war er schon tot. Vollständige Betäubung, dann Rückschau – wieviele Freunde schon dahin, Uhlig, Schnorr, Seroff, wieviele! In T. verlieren wir sicher einen großen Stützpunkt unserer Unternehmung, allein das läßt uns gleichgültig, R. sagt: „Ich sehe dem zu

wie einer Wolkenbildung, die Nebel erheben sich, werden sie zerstreut werden oder sammeln sie sich zur befruchtenden Wolke – Gott weiß; ich sehe nur zu, mein Leben erscheint mir göttlich, denn selbst die Sorge jetzt darin ist schön, ich habe sie um die Kinder." – Betrachtung über Tausig's trauriges Leben; so frühreif, mit 16 Jahren bereits Schopenhauer durchgearbeitet; Fluch des Judentums von ihm empfunden; keine Freude an seiner ungeheueren Virtuosität, der Vater doch größer, und er zu bedeutend, um sich als Schüler zu empfinden, die Ehe mit einer Jüdin, gleich aber abgetan, mit 29 Jahren vollständig fertig, und doch kein Mann; „wie müssen die schlaflosen Nächte eines solchen Menschen sein? Was erfüllt ihn?" frägt R., der die Stupidität des Schicksals mit Achselzucken bemerkt, welches Tausig dahinrafft, im Augenblick, wo eine große Tätigkeit ihm eine innere Freude und Genugtuung gewähren sollte! (...)

Grundsteinlegung für das Bayreuther Festspielhaus an Wagners Geburtstag: 22. Mai 1872
Geburtstag! Ich beglückwünsche R. sehr schlicht diesmal, das große Fest bereitet er sich selber. Daniella sagt ihm ein kleines Gedicht, von Clemens verfertigt, die Kinder schenken eine Bibel; Fidi sehr hübsch in der Blouse, die Gräfin Bassenheim gestickt. Alles schön, aber Regen und Regen, nicht ein Sonnenstrahl wird hervorkommen! – R. erzählt, daß er im Traum Fidi voller Wunden im Gesicht gesehen habe. Was dies wohl bedeutet? – – – Wir fahren zum Platz der Zusammenkunft, dem Hause Feustel's hin, Regen, Regen, doch alles trotzdem heiter. Ankunft des Telegramms des Königs, das mit in die Kapsel eingeschlossen wird. R. begibt sich dann auf den Festplatz, wo trotz des Regens zahllose Menschen – auch Frauen – sich eingefunden, und legt den Grundstein. Im Opernhause aber werden die Reden gehalten. Im Hause des Banquier Feustel halte ich dem Herrn Julius Lang, der mir in einem Brief aus Wien gemeldet, daß er über das Konzert in Wien an Fürst Bismarck telegraphiert, meine Meinung [vor], und zwar über seine 10jährige kompromittierende Tätigkeit in unsrer Angelegenheit. Ich tat es mit Zittern und Beben, doch tat ich es, um fürderhin von solchem Individuum befreit zu sein. – Im Opernhause holt mich R. aus der Loge, um neben ihm mit den fünf Kindern auf der Bühne Platz zu nehmen. Großartiger Eindruck, die ernstesten Männer haben Tränen in den Augen. In Fantaisie Diner mit Standhartner, der, wie alle, der Kinder und besonders Fidi's Haltung beim Feste rühmt. Um 5 Uhr die Aufführung, beginnend mit dem Kaisermarsch. Die 9te Symphonie ganz herrlich, alles im Gefühl, von der Daseins-Wirklichkeit-Last befreit zu sein; erhabene Worte R.'s am Schluß, was ihm diese Feier sei! – – – Dann zum Bankett. Vor dem Konzert hatte eine Frau von Meyendorff, soeben von Weimar angekommen, R. einen Brief des Vaters übergeben, der Brief sehr schön, die Frau aber, leider, sehr unangenehm. Sie benimmt sich kalt und ablehnend. – Beim Souper hält R. die erste Rede auf den König, dann auf Bayreuth; wir entfernen uns gegen halb zehn Uhr. Vorher waren schon

Das Festspielhaus bei den ersten Bayreuther Festspielen.

Niemann und Betz aus gekränkter Eitelkeit gegangen. Ich verbleibe bei Frau von Schl., suche mich mit Frau von Meyendorff zu unterhalten; dies geschieht – durch die Obstination dieser Frau – auf französisch, R. tritt während des Gespräches ein und ist empört über die Fratze, die hier hinein spielt; heftige Laune seinerseits, Kummer meinerseits. Schließlich kehrt er zum Bankett zurück, ich verbleibe bei Marie Schl. mit Marie Dönhoff und Graf Hohenthal. Um 12 Uhr heim. (Graf Krockow schenkt R. einen Leoparden, den er in Afrika erschossen.)

Die ersten Bayreuther Festspiele mit der Uraufführung des „Rings":
5. bis 31. August 1876
Sonnabend 5ten Um Mitternacht holt R. den König ein, ich begleite ihn bis zu der Station vor Eremitage, dann fährt R. mit dem Könige und kehrt spät, aber sehr entzückt von seiner Freundlichkeit heim.

Sonntag 6ten Mehrere Ankünfte, unter andren auch Fürst Liechtenstein's; heitres Mittagessen, abends Generalprobe ohne Publikum, der König befiehlt mich auch zu sich und sagt mir, ich hätte doch nie daran gezweifelt, daß er uns treu bliebe.

Die Probe geht sehr gut. Große Illumination für den König und Hochrufe.

Montag 7ten Die Probe zur Walküre vor Publikum, da die Akustik dadurch besser ist. Viel Mißbrauch mit den Billets. 8ten und 9ten auch öffentliche Proben, R. immer bei dem König; bei der Abreise will er eine Art Verstimmung merken, der König verbietet alle Ovationen, und doch scheint er verwundert, wenn sie nicht stattfinden. – Am 12ten Ankunft des Kaisers, des Großherzogs von Schwerin mit Gemahlin und Tochter, der Großherzogin von Baden,

Der Orchestergraben im Festspielhaus Bayreuth 1882.

Anhalt-Dessau, Schwarzburg-Sondershausen etc. etc.; R. empfängt auch den Kaiser, welcher sehr freundlich gestimmt vom Nationalfest spricht. Endlich.

13ten August Sonntag erste Rheingold-Aufführung mit vollständigem Unstern, Betz verliert den Ring, läuft zweimal in die Kulissen während des Fluches, ein Arbeiter zieht den Prospekt zu früh bei der ersten Verwandlung heraus und man sieht die Leute in Hemdärmeln da stehn und die Hinterwand des Theaters, alle Sänger befangen etc. etc. – Jeder kehrt seinerseits heim, R. zuerst sehr verstimmt, heitert nach und nach auf, und der plötzliche Besuch des Kaisers von Brasilien bringt die Stimmung wieder in herrliches Gleise. Wir gehen in sehr guter Stimmung zur Ruhe.

Montag 14ten Walküre, diesmal ohne Not; außer einem Zwischenfall, welcher R. sehr erschreckt. Er wird vom Kaiser berufen, dieser rühmt alles sehr, sagt scherzend, wenn er Musiker gewesen, hätte ihn R. nicht dahinein bekommen (in das Orchester), bedauert, nicht länger als die [...] ist nicht an Zeit und Raum gebunden; die Großherzogin sagt aber, sie bliebe, R.: Dann dehnen Sie die Gnade aus; der Kaiser scherzend: Das war ein Hieb. Er nimmt Abschied, geht einen Schritt zurück, merkt die Schwelle nicht, strauchelt so arg, daß R. nur mit dem größten Kraftaufwand ihn zurückhalten kann und überzeugt ist, daß dieser Fall rücklings der Tod des kaiserlichen Herrn gewesen wäre!...

Dienstag 15ten Herr Betz läßt Siegfried absagen! Er wäre heiser, große Verstimmung; die Zeitungen, schon ungemein bösartig, werden Folgerungen daraus ziehen. – Andrássy, Radowitz, Keudell, allerlei Große und Kleine hier, eigentlich alles! – R. merkwürdig gefaßt.

Mittwoch 16ten Siegfried geht gut vonstatten, man will behaupten, daß Herr Betz gar nicht heiser gewesen! Solche Wesen mögen andre ergründen, wir verstehen sie nicht.

Donnerstag 17ten Götterdämmerung geht auch gut; am Morgen Besuch des Großherzogs von Schwerin mit Frau und Tochter (Großfürstin Wladimir) bei uns. Auch der Großherzog von Weimar beehrt uns mit einem Abend- und Morgenbesuch. Er frägt u. a. Pr. Helmholtz, ob dieser hier dirigiere!

Freitag 18ten Besuche, Diners, unerhörtes Hin und Her, abends Bankett; R., ohne jede Vorbereitung, spricht wundervoll, paraphrasiert den letzten Chor vom „Faust", alles Vergängliche ist nur ein Gleichnis! Die Idee: Das ewig Weibliche zieht uns hinan. Sehr unglücklich spricht der Reichstagsabgeordnete, man könne nicht wissen, was die Zukunft von der Sache halten würde, das Streben aber sei anerkennenswert! Darauf Graf Apponyi in herrlicher Weise, vergleicht R. mit Siegfried, er habe die Tragödie wieder erweckt, weil er das Fürchten nicht gelernt. Ganz herrlich. Dann R. wundervoll meinem Vater ein Hoch gebracht, ohne ihn wüßte keiner etwas von ihm, R. – Sehr sehr schöner Abend! Alle Sänger aber mit Ausnahme Hill's, Frau Grün's, Reichenberg's, Herrn Siehr's (als Hagen ausgezeichnet) abwesend! Nach drei Monaten Arbeit mit R. halten sie es nicht für notwendig, bei einer solchen Gelegenheit sich um ihn zu scharen;

sie sollen böse sein, daß man nicht in unserem Theater herausruft.

Sonnabend 19ten Ruhe, das heißt Abschieds- und Empfangstag; das Publikum der ersten Serie geht nun fort, es kommt das zweite. Abends über 200 Personen bei uns. Man erzählt, daß die Zeitungen ganz nichtswürdig berichten, die deutschen nämlich.

Sonntag 20ten Der König schreibt ganz wundervoll über seinen Eindruck der Aufführungen und kündigt seinen Besuch für den 3ten Zyklus [an]. – Besuch des Herzogs von Meiningen mit seiner Gattin. Abends Rheingold, diesmal sehr gut, nur daß Herr Betz ungemein leblos ist.

Montag 21ten 22, 23 Walküre, Siegfried, Götterdämmerung nehmen ungestört ihren Fortgang; von der Walküre versäume ich den ersten Akt, weil zu übermüdet; für den 2ten holt mich R. selbst ab, indem er es nicht aushalten kann, daß ich nicht dabei sei.

Donnerstag 24ten Der Herzog von Meiningen speist bei uns, er hat Frau Materna dekoriert, abends großer Empfang bei uns, Saint-Saëns spielt. Marie Dönhoff und ihre Mutter, Mme Minghetti, letztere sehr begabt.

Freitag 25ten Königs Geburtstag, Diner beim Regierungspräsidenten, abends Abschied von Lusch, welche in das Stift zurückkehrt, sehr schmerzlich in vieler Hinsicht, die Eigenschaften des Kindes erregen mir Besorgnis. Ich gehe abends nicht zu Mimi, welche mir hier sehr fremd erscheint.

Sonnabend 26ten Die Franzosen (Mr. Laurent vom Orchester, und Bovet) geben uns ein Déjeuner, am Schluß einer Matinée bei Frau Eckert, abends bei uns Künstlerabend; Fürst R. Liechtenstein wird auch die dritte Serie nicht erleben, da er abermals krank ist.

Sonntag 27ten R. hat den König nachts wiederum abgeholt. Am Morgen Besuch des Prinzen Georg. Abends Rheingold. Darauf bei Marie Dönhoff. Andrang zu der dritten Serie groß, die schlechten Gerüchte haben Zeit gehabt, sich zu widerlegen. Herr Betz immer nachlässiger.

Montag 28ten Walküre geht sehr gut, nur daß Herr Betz ganz offen gegen seine Partie rebelliert, er lacht laut auf, wie nach einem Applaus der größte Teil des Publikums Ruhe gebietet, um zuhören zu können. R. bittet um den Michaelsorden für ihn und Herrn Niemann, der König gewährt ihn.

Dienstag 29 und Mittwoch 30 Siegfried und Götterdämmerung, so wäre denn in erstaunlichster Weise das Programm eingehalten worden, von dem kein Mensch annehmen wollte, daß es möglich sei. Am Schluß richtet R. einige schöne Worte an das Publikum und stellt seine Künstler vor, indem er sagt, daß sie es gewesen seien, die ihm Mut gemacht hätten, indem sie an ihn geglaubt. R. nimmt Abschied vom König. Ich einsam mit meinem Vater. Schöner Abend.

Donnerstag 31ten Viele Abschiede, nichtsdestoweniger aber unser Empfangs-Abend sehr überfüllt; viele Engländer, unter andrem ein Reverend, der, sehr jesuitisch, nichtsdestoweniger sich entzückt erklärt.

Die zweiten Bayreuther Festspiele mit der Uraufführung des „Parsifal":
26. – 28. 7. 1882
Mittwoch 26ten R. hat eine unruhige Nacht, ich höre ihn leise im Traum sagen: „Kinder, ich scheide, leide." – – Auch ist er nicht zufrieden mit der gestrigen Wendung der Toaste, hat übrigens alles vergessen, was er gesagt, erkennt es nicht in den Zeitungsbericht[en]. Um halb vier, bei leider nicht gutem Wetter, fahren wir fort. Gleich beim Eingang erregt seinen Ärger das Begucktwerden. Der erste

Aufführung des „Parsifal" unter Wieland Wagner.

Akt geht noch so ziemlich nach seinem Wunsch, nur das viele „Komödiantische" ist ihm zuwider. Wie nach dem zweiten Akt stark gelärmt und gerufen wird, tritt R. an die Brüstung, sagt, daß die Beifallsbezeugungen seinen Künstlern und ihm zwar sehr willkommen, daß sie aber übereingekommen seien, sich, um den Eindruck nicht zu stören, nicht zu zeigen, also das „sogenannte Herausrufen" fände nicht statt. Nachdem wir gespeist haben, sind R. und ich zusammen in der Loge! Große Rührung überkommt uns. Doch am Schluß ärgert R. das stumme Publikum, welches ihn mißverstanden hat, er redet es noch einmal von der Galerie an, und wie darauf der Beifall sich entladet und immer wieder gerufen wird, tritt R. vor den Vorhang und erklärt, er habe seine Künstler versammeln wollen, aber diese seien schon halb entkleidet. Die Heimfahrt, mit diesem Thema erfüllt, ist ärgerlich. Gar lange Zeit bedarf es auch zu Hause, um R. zu beruhigen, da die allerverschiedenartigsten Eindrücke sich bei ihm kreuzen. Auch unter andrem, daß Schnapp. vom Dr. von Liszt zu ihm spricht, ärgert ihn. Endlich bringe ich meine kleine Gabe an (ein Kissen), und allmählich tritt eine Diversion ein, 20 Minuten vor eins begeben wir uns zur Ruhe.

Donnerstag 27ten Das Thema des ersten Gesprächs ist wiederum das Verhältnis zum Publikum und wie dies zu regeln sei, damit auch die Künstler nicht durch das Ausbleiben des Beifalls verstimmt würden. Wir haben ein sehr heiteres Mittagessen mit den Kindern, welche durch das Alles-Sehen R. sehr erheitern. Abends Empfang in Wahnfried; H. Schnappauf meint 300, ich glaube 200 Menschen. (R. liest in der französischen Übersetzung von Hume's Geschichte von England.)

Freitag 28ten R. hat gut geschlafen. Beim Mittagstisch zerstreuen ihn die Kinder durch das an den Gästen erlebte Vielerlei. Wir fahren früh in das Theater. Das Vorspiel wird geschleppt. Nach dem ersten Akt entsteht ein wohltuendes Schweigen der Andacht. Aber nach dem zweiten wirkt es peinlich, daß die Beifall-Spendenden wieder [aus]gezischt werden. Am Schluß, sich nur unter Patronen wähnend, hält R. ihnen eine kleine Anrede, indem er seine Künstler vorführt und ihnen den Dank des Publikums zuweist, nachdem er allen – auch besonders dem Kapellmeister – seine Anerkennung, ja seine Rührung ausgesprochen. (Im Zwischen-Akt des 2. – 3. Aktes besucht uns H. v. Bürkel.) Über diese seine Sänger sagt mir R., daß sie ihn zu gleicher Zeit ergriffen und ärgerten. Doch ist die Stimmung eine weit friedlichere als beim ersten Male; wir haben noch ein ruhig-freundliches Zusammensein mit meinem Vater. Ein Sonett im Tagblatt macht einen artigen Eindruck, so wie auch einzelne Berichte.

Cosima Wagner:
„Die Tagebücher"

Wagner im Urteil seiner Zeitgenossen

Trotz des Wandels, die die Wagner-Exegese von ihren Anfängen bis heute durchlaufen hat, blieb ihr eines stets immanent: die Gleichzeitigkeit von Verehrung und Anfeindung, von Anziehungskraft und Haß – ein simulantes Vorhandensein extrem stark auseinanderklaffender Urteile, das Wagner und sein Werk von Beginn an hervorriefen.

Giacomo Meyerbeer (1791–1864), von Wagner zunächst angebetet, dann gehaßt, empfahl den jüngeren Kollegen an den Generalintendanten des Dresdener Hoftheaters, Freiherr Wolf August von Lüttichau – in einem Schreiben vom 18. März 1841:

Ihre Excellenz werden mir vergeben, wenn ich Sie mit diesen Zeilen belästige, ich erinnere mich aber Ihrer steten Güte für mich zu lebhaft, um einem jungen interessanten Landsmann es abschlagen zu dürfen, wenn er, mit vielleicht zu schmeichelhaftem Vertrauen auf meine Einwirkung auf E. E., mich bittet, sein Anliegen mit diesen Zeilen zu unterstützen. Herr Richard Wagner aus Leipzig ist ein junger Komponist, der nicht allein eine tüchtige musikalische Bildung, sondern auch viel Phantasie hat, außerdem auch eine allgemeine literarische Bildung besitzt und dessen Lage wohl überhaupt die Theilnahme in seinem Vaterlande in jeder Beziehung verdient. Sein größter Wunsch ist, die Oper „Rienzi", deren Text und Musik er verfaßt hat, auf der neuen königlichen Bühne zu Dresden zur Aufführung zu bringen. Einzelne Stücke, die er mir daraus vorgespielt, fand ich phantasiereich und von vieler dramatischer Wirkung. Möge der junge Künstler sich des Schutzes E. E. zu erfreuen haben und Gelegenheit finden, sein schönes Talent allgemeiner anerkannt zu sehen.

Giacomo Meyerbeer.

Robert Schumann (1810–1856), in dessen „Neuer Zeitschrift für Musik" Wagner des öfteren federführend vertreten war, berichtete dem Kollegen Felix Mendelssohn-Bartholdy über seine „Tannhäuser"-Eindrücke – in Briefen vom 22. Oktober und 12. November 1845:

(22.10.1845) Da hat Wagner wieder eine Oper fertig – gewiß ein geistreicher Kerl voll toller Einfälle und keck über die Maßen – die Aristokratie schwärmt noch vom Rienzi her – aber er kann wahrhaftig nicht vier Takte schön, kaum gut hintereinander wegschreiben und denken. Eben an der reinen Harmonie, an der vierstimmigen Choralgeschicklichkeit – da fehlt es ihnen allen. Was kann da für die Dauer herauskommen! Und nun liegt die ganze Partitur schön gedruckt vor uns – und die Quinten und Octaven dazu – und ändern und radiren möchte er nun gern – zu spät! – Nun genug! Die Musik ist um kein Haar besser als Rienzi, eher matter, forcirter! Sagt man aber so etwas, so heißt es gar „ach, der Neid", darum sag' ich es nur Ihnen, da ich weiß, daß Sie es längst wissen.

(12.11.1845) Über Tannhäuser vielleicht bald mündlich; ich muß manches zurücknehmen, was ich Ihnen nach dem Lesen der Partitur darüber schrieb; von der Bühne stellt sich alles ganz anders dar. Ich bin von Vielem ganz ergriffen gewesen.

Gottfried Keller (1819–1890), der Schweizer Dichter, der 1855 von Berlin nach Zürich zurückgekehrt war, verkehrte hier regelmäßig mit Wagner.

Gottfried Keller an Lina Duncker, 13. Januar 1856:

Hier in Zürich geht es mir bis dato gut, ich habe die beste Gesellschaft und sehe vielerlei Leute, wie sie in Berlin nicht so hübsch beisammen sind. Auch eine rheinische Familie Wesendonck ist hier, ursprünglich aus Düsseldorf, die aber eine Zeitlang in Neuyork waren. Sie ist eine sehr hübsche Frau, namens Mathilde Luckemeier, und machen diese Leute ein elegantes Haus, bauen auch eine prächtige Villa in der Nähe der Stadt, diese haben mich freundlich aufgenommen. Dann gibt es bei einem eleganten Regierungsrat feine Soupers, wo Richard Wagner, Semper, der das Dresdner Theater und Museum baute, der Tübinger Vischer und einige Züricher zusammenkommen und wo man morgens um zwei Uhr nach genugsamem Schwelgen eine Tasse heißen Tee und eine Havannazigarre bekommt. Wagner selbst verabreicht zuweilen einen soliden Mittagstisch, wo tapfer pokuliert wird, so daß ich, der ich glaubte aus dem Berliner Materialismus heraus zu sein, vom Regen in die Traufe gekommen bin.

Gottfried Keller an Hermann Hettner, 16. April 1856:

Ich gehe viel mit Richard Wagner um, welches ein genialer und auch guter Mensch ist. Wenn Sie Gelegenheit finden, seine Nibelungentrilogie zu lesen, welche er für Freunde hat drukken lassen, so tun Sie es doch. Sie werden finden, daß eine gewaltige Poesie urdeutsch, aber von antik-tragischem Geiste geläutert, darin weht. Auf mich hat es wenigstens diesen Eindruck gemacht.

Charles Baudelaire (1821–1867), französischer Dichter und Symbolist, trat nach dem Pariser „Tannhäuser"-Skandal für Wagner ein, ihn 1861 mit der Schrift „Richard Wagner et le Tannhauser à Paris" verteidigend. Er war einer der ersten Vertreter des „Wagnérisme" in Frankreich, wie auch sein Brief vom 17. Februar 1860 an Wagner belegt:

Als ich zum ersten Male in das Théâtre des Italiens ging, um Ihre Werke zu hören, war ich sehr schlecht aufgelegt und, ich gestehe es, auch voller schlechter Vorurteile. Aber ich hatte dafür Entschuldigungsgründe: ich war ja so oft gefoppt worden; ich hatte so oft Musik von Scharlatanen mit großen Pretentionen erleben müssen. Von Ihnen wurde ich sogleich besiegt. Was ich empfand, ist nicht zu beschreiben, und – bitte, lachen Sie mich nicht aus! – ich versuche dies zu erklären. Zunächst schien es mir, als ob ich diese Musik kannte; doch später, als ich darüber nachdachte, verstand ich, wie ich zu dieser Täuschung gekommen war: Es war mir so, als ob diese Musik meine Musik wäre, und ich erkannte sie so wieder, wie jeder Mensch die Dinge wiedererkennt, die er zu lieben bestimmt ist. Für einen ganz andern als einen Mann von Geist wäre diese Phrase unglaublich lächerlich, besonders wenn sie einer schreibt, der, wie ich, nichts von der Musik versteht und dessen ganze Erziehung sich darauf beschränkt (tatsächlich mit großem Vergnügen), einige schöne Stücke von Weber und Beethoven gehört zu haben.

Das was mich sodann hauptsächlich betroffen hat, war die Größe. Dies stellt das Große dar, und es zielt auf das Große hin. Überall in Ihren Werken haben ich die Feierlichkeit der großen Klänge, der großen Naturaspekte gefunden und die Feierlichkeit der großen menschlichen Leidenschaften. Man fühlt sich sogleich fortgetragen und in Bann geschlagen. Eine der sonderbarsten Erscheinungen, die mir eine neue musikalische Sensation vermittelt hat, war die, eine religiöse Ekstase wiederzugeben. Die Wirkung, die durch den Einzug der Gäste und das Hochzeitsfest hervorgerufen wird, ist ungeheuer. Ich empfand dabei die Majestät eines viel weiter gespannten Lebens, als es das unsre ist. Dann noch etwas anderes: ich habe oft ein Gefühl ganz seltsamer Natur erlebt: den Stolz und die Freude, zu verstehen, mich durchdringen, forttragen zu lassen, eine wahrhaft sinnliche Wollust, die jener gleicht, in die Lüfte zu steigen oder auf dem Meere gewiegt zu werden. Und gleichzeitig atmete die Musik zuweilen Lebensstolz. Ganz allgemein schienen mir diese tiefgründigen Harmonien jenen Reizmitteln zu ähneln, welche den Puls der Phantasie beschleunigen. Endlich habe ich auch – bitte, lachen Sie nicht darüber! – Erlebnisse empfunden, die wahrscheinlich meiner Geisteshaltung und meinen häufigen Voreingenommenheiten entspringen. Überall ist etwas Entrücktes, Entrückendes, etwas, das höher hinaus geht, etwas Äußerstes, Superlatives. So zum Beispiel, um einen Vergleich mit der Malerei zu wagen, entsteht vor meinen Augen eine weite Ebene aus dunklem Rot. Wenn dieses Rot Leidenschaft darstellt, sehe ich es gradweise übergehen in alle Tönungen von Rot zu Rosa bis zur Weißglut im Schmelzofen. Es erschiene schwierig, ja unmöglich, zu etwas noch Lohenderem zu steigern; und doch: eine letzte Rakete wird einen noch weißeren Lichtstrahl über das Weiß werfen, das ihm als Untergrund dient. Das wäre, wie man sagen könnte, der äußerste Schrei der zu ihrem Paroxysmus gesteigerten Seele.

Ich habe einige Bemerkungen über das, was wir von Tannhäuser und Lohengrin gehört haben, zu schreiben begonnen; aber ich habe dabei die Unmöglichkeit erkannt, alles zu sagen. Ich könnte auf diese Weise diesen Brief endlos fortsetzen. Wenn Sie hier dies zu lesen vermochten, danke ich Ihnen. Nur noch einige Worte möchte ich hinzufügen. Seit dem Tage, da ich Ihre Musik gehört habe, sage ich mir unaufhörlich, besonders in trüben Stunden: Wenn ich doch wenigstens heute abend etwas Wagner hören könnte. Ohne Zweifel gibt es noch andere, die so beschaffen sind wie ich. Alles in allem haben Sie mit dem Publikum zufrieden sein können, dessen Instinkt über das mangelhafte

„Tannhäuser"-Inszenierung von Cosima Wagner 1891, Bühnenbild von Brückner im Stil Böcklins.

Wissen der Journalisten hinausgeht. Weshalb wollen Sie nicht einige weitere Konzerte geben mit zusätzlichen neuen Stücken? Sie haben uns einen Vorgeschmack für neue Erlebnisse vermittelt; haben Sie das Recht, uns das Übrige vorzuenthalten? – Nochmals Dank, verehrter Herr; Sie haben mich in schlechten Stunden an mich und an das Große zurückerinnern lassen.

Ch. Baudelaire

Ich füge nicht meine Anschrift an, da Sie sonst vielleicht glauben möchten, ich wolle Sie um etwas bitten.

Friedrich Hebbel (1813–1863), deutscher Dramatiker, der mit seiner „Nibelungen"-Trilogie (1861) Wagner voranging, äußerte sich über den Komponisten äußerst kritisch, als dieser 1863 in Wien Konzerte gab:

Der Held des Tages ist hier jetzt Richard Wagner, der in Concerten, die er selbst dirigirt, Fragmente aus seinen unvollendeten Opern zum Besten giebt. Jedoch hat er sich keineswegs eines ungetheilten oder auch nur großen Beifalls zu erfreuen, so lärmend es auch im Theater an der Wien, wo das Experiment stattfindet, hergeht, und so oft er auch gerufen wird. Seine Anhänger, meistens persönliche Schüler, sagen über den „Walküren-Ritt", es sei eine Musik von Blut und Eisen, die Händel und Gluck, Mozart und Beethoven weit hinter sich lasse. Seine Gegner behaupten, er habe die Trompeten von Jericho wieder entdeckt, und es sei nur zu beklagen, daß er nicht etwas früher in Wien eingetroffen sei; dann hätte der Magistrat viel Geld sparen können, denn die Basteien wären gewiß von selbst zusammen gestürzt. Das unbefangene Publicum, dem in musicalischen Dingen ohne Zweifel die erste Stimme in Deutschland zusteht, urtheilt weniger excentrisch. Es verkennt nicht, daß der Walküren-Ritt ein höchst characteristisches Musikstück ist, welchem der Eindruck nirgends fehlen kann, es übersieht aber auch nicht, daß die materiellen Mittel darin auf eine Weise verwerthet sind, die noch weit über Spontini hinaus geht. Ich selbst wage nicht zu entscheiden, ob die Musik mehr die Seele ergreift oder das Rückenmark schüttelt. Dem Auge wird die Oper, der dieser Walküren-Ritt angehört, Erstaunliches bieten, viel mehr, als irgend eine von Meyerbeer, was einigermaßen befremdet, da Wagner es dem Verfasser des „Propheten" so bitter vorwarf, daß er nicht einmal die Effecte von Schlittschuhbahnen und Sonnenaufgängen verschmähe. Aber was sind Schlittschuhbahnen und Sonnenaufgänge gegen die theatralischen Effecte, welche das Programm des Wagner'schen Musikstücks in Aussicht stellt! Immerhin ist der Walküren-Ritt eine vortreffliche Ouvertüre zum Wiener Carneval. Das pfeift, zischt, klingelt, rauscht, stürmt, als ob der Moment gekommen wäre, wo auch die Steine Ton und Stimme erhalten sollen, und man wundert sich nur noch, daß man bei'm letzten Tactstrich nicht sammt dem Componisten und dem ganzen Theater in die Luft fliegt.

ZEUGNISSE UND DOKUMENTE

Franz Grillparzer (1791–1872), Dichter des Wiener Burgtheaters, schickte Wagner Mitte der 1860er Jahre einen Vierzeiler nach München:

Wäre Richard Wagner ein Alt-Bayer,
Wäre der König in seiner Vorliebe
  freier;
Doch jetzt in seinem Sturm gegen
  Altgewohntes
Ist er für München ein Lolo Montes.

Franz Liszt (1811–1886) zollte dem Komponisten Wagner zeitlebens anerkennenden Tribut, setzte sich für sein Schaffen stets vorbehaltlos ein. Dem Menschen Wagner aber stand er distanziert gegenüber, vor allem, nachdem seine Tochter Cosima die eheliche Gemeinschaft mit Hans von Bülow aufgekündigt hatte. Liszts zwiespältige Haltung geht auch aus einem Brief an seinen Noch-Schwiegersohn hervor:

Franz Liszt als Hofkapellmeister zu Weimar.

Liebster Freund!
Der Brief von Wagner würde mich weder überraschen noch verletzen können. Schon lange fühle ich mich ihm gegenüber in zweierlei Unrecht, das ebenso unfreiwillig ist wie es sich mir schwer verzeihen läßt.

Das erste: jenes, nicht zu der sehr schätzenswerten Klasse der Rentiers (eines großen Kalibers) zu gehören, mich infolgedessen überhaupt nicht in der Lage zu befinden, seinen Geldverlegenheiten, die ihm die Nerven heftig aufregen und ihn alles geistige Gleichgewicht verlieren lassen, vorzubeugen. – Das zweite: daß es mir an dem Einfluß und den Überzeugungsmitteln fehlt, die bei den besagten Rentiers so sehr unentbehrlich sind wie bei noch höher gestellten Persönlichkeiten, die fähig wären, sein Los dauerhaft zu verbessern.

Man weiß, daß ich nicht versäumt habe, für seine Interessen einzutreten, und ich könnte sogar sagen, zu arbeiten, soweit das Maß seiner Würde, die ich bewahren mußte, es zuließ. Aber unglücklicherweise haben meine Bemühungen bis jetzt nur zu sehr geringfügigen Ergebnissen geführt, im Vergleich zu den Ansprüchen, die er stellt. –

Abgesehen von diesen beiden Nachteilen, an denen ich an erster Stelle zu leiden habe, könnte ich mich Wagner gegenüber keines anderen mit Bewußtsein schuldig bekennen. Wenn es ihm beliebt, die zu edlen Freundschaften passende Gesinnungsart ganz und gar anzuwenden (–und vielleicht auch ein wenig von diesem „Schamgefühl" zu empfinden, das er mir mit einer Art entgegenkommender Großzügigkeit beimißt), dann wird er bemerken, worauf er jetzt nicht kommt: daß man den sehr unerquicklichen Ärger, der mir infolge des Mißerfolges meiner Verwendung für ihn geblieben ist, ebenso wie die Zurückhaltung, die mich der geringe Nutzen meiner Opferwilligkeit zu wahren verpflichtet, mehr berücksichtigen könnte.

Um nichts im Unklaren zu lassen, muß ich noch einmal auf den Vorfall der verspäteten Sendung meiner „Dante-Sinfonie" zurückkommen. Zu diesem Thema glaube ich Ihnen schon anvertraut zu haben, daß meine scheinbare Nachlässigkeit durch mehrere Briefe und Telegramme, die mir Wagner zur Zeit der Veröffentlichung meiner Partitur aus Venedig schickte, veranlaßt und motiviert worden war. – Diese Briefe und Telegramme sagten alle mit einem Rinforzando, das nichts Einschmeichelndes für das Ohr hatte: – „Daß der Teufel alle Gefühle der Bewunderung, Begeisterung, Anhänglichkeit und Zuneigung hole, die man geistig strebt, mir von rechts und links zu bezeugen. Was habe ich mit dem Ruhm, den Erfolgen, mit meinen Freunden und ihren Phrasen zu schaffen? Geld ist es, was ich brauche; schicken Sie mir schnell Geld, viel Geld und nichts als das!" –

Sie werden zugeben, daß dergleichen Geständnisse die künstlerischen Mitteilungen wenig fördern und sich besonders gegen Herzensbeziehungen richten.

Hans von Bülow (1830–1894), Dirigent der Uraufführungen von „Tristan und Isolde" (1865) und von den „Meistersingern" (1868), schwärmte in einem Brief von der „Tristan"-Partitur:

… Mit dem Erscheinen von „Tristan und Isolde" tritt die äußerliche Situation der neudeutschen Schule in eine ganz neue Phase. Da die „Nibelungen" von der Hand in Wagners Pulte ruhen bleiben, so tritt diese einabendige Oper an die Stelle. Hier ist die Verwirklichung von Wagners Tendenzen, und zwar in ganz ungeahnter Weise. Solche Musik hat niemand von Wagner erwartet. Das knüpft direkt an den letzten Beethoven an – keine Analogie mehr zu Weber oder Gluck. Zum „Lohengrin" verhält sich „Tristan", wie „Fidelio" zur „Entführung aus dem Serail", wie das cis-moll-Quartett zum ersten in F-dur, op. 18. Ich gestehe, aus einer Überraschung des Entzückens in die andere geraten zu sein. Welcher Musiker hier noch nicht an den Fortschritt glauben will, der hat keine Ohren. Auf jeder Seite schlägt Wagner durch sein gewaltiges, reinmusikalisches Wissen. Von dieser Architektonik, dieser musikalischen

München.

Königl. Hof- und National-Theater.

Samstag den 10. Juni 1865.
Außer Abonnement.
Zum ersten Male:

Tristan und Isolde

von Richard Wagner.

Personen der Handlung:

Tristan	. . . .	Herr Schnorr von Carolsfeld
König Marke	. . . .	Herr Zottmayer.
Isolde	. . . .	Frau Schnorr von Carolsfeld.
Kurwenal	. . . .	Herr Mitterwurzer.
Melot	. . . .	Herr Heinrich.
Brangäne	. . . .	Fräulein Deinet.
Ein Hirt	. . . .	Herr Simons.
Ein Steuermann	. . . .	Herr Hartmann

Schiffsvolk. Ritter und Knappen. Isolde's Frauen.

Textbücher sind, das Stück zu 12 kr., an der Kasse zu haben.

Regie: Herr Sigl.

Neue Decorationen:

Im ersten Aufzuge: Zeltartiges Gemach auf dem Verdeck eines Seeschiffes, vom K. Hoftheatermaler Herrn Angelo Quaglio.
Im zweiten Aufzuge: Park vor Isolde's Gemach, vom K. Hoftheatermaler Herrn Döll.
Im dritten Aufzuge: Burg und Burghof, vom K. Hoftheatermaler Herrn Angelo Quaglio.

Neue Costüme
nach Angabe des K. Hoftheater-Costümiers Herrn Seitz.

Der erste Aufzug beginnt um sechs Uhr, der zweite nach halb acht Uhr, der dritte nach neun Uhr.

Preise der Plätze:

Eine Loge im I. und II. Rang	15 fl. — kr.		Eine Loge im IV. Rang	9 fl. — kr.
Ein Vorderplatz	2 fl. 24 kr.		Ein Vorderplatz	1 fl. 24 kr.
Ein Rückplatz	2 fl. — kr.		Ein Rückplatz	1 fl. 12 kr.
Eine Loge im III. Rang	12 fl. — kr.		Ein Balconlogen-Sitz	2 fl. 24 kr.
Ein Vorderplatz	2 fl. — kr.		Ein Parterre	2 fl. — kr.
Ein Rückplatz	1 fl. 36 kr.		Parterre	— fl. 48 kr.
			Galerie	— fl. 24 kr.

Heute sind alle bereits früher zur ersten Vorstellung von Tristan und Isolde gelösten Billets giltig.

Die Kasse wird um fünf Uhr geöffnet.

Anfang um sechs Uhr, Ende nach zehn Uhr.

Der freie Eintritt ist ohne alle Ausnahme aufgehoben und wird ohne Kassabillet Niemand eingelassen.

Repertoir:

Sonntag den 11. Juni: (Im K. Hof- und National-Theater) Martha, Oper von Flotow.
Montag den 12. „ : (Im K. Hof- und National-Theater) Elisabeth Charlotte, Schauspiel von Paul Heyse.
Dienstag den 13. „ : (Im K. Hof- und National-Theater) Auf außerordentliches Abonnement: Zum ersten Male wiederholt: Tristan und Isolde, von Richard Wagner.
Donnerstag den 15. „ : (Im K. Hof- und National-Theater) Czar und Koseck, Oper von Johann Lortz.

Der einzelne Zettel kostet 2 kr.   Druck von Dr. C. Wolf & Sohn

Detailarbeit können Sie sich keinen zu hohen Begriff machen. An Erfindung ist „Tristan" Wagners potentestes Werk. Nichts ist so erhaben als zum Beispiel dieser zweite Akt. An verschiedenen, speziell nicht zu unserer Partei gehörigen Musikern, denen ich Fragmente mitteilte, habe ich Erfahrungen gemacht. Einer zum Beispiel war sprachlos vor Erstaunen: „Nie hätte ich so etwas von Wagner erwartet – das ist bei weitem das schönste, was er geschrieben – er erreicht hier das Höchste im Idealen, was die Gegenwart denken kann." – Nach „Tristan" gibt es nur noch zwei Parteien – die Leute, die etwas gelernt und die, welche nichts gelernt haben. Wen diese Oper nicht bekehrt, der hat keine Musik im Leibe. So reiche, klare und originale Polyphonie gibts in nicht allzuvielen früheren Partituren. Sie kennen mich zu gut, als daß Sie meinen sollten, ich wäre in überspannte Schwärmerei verfallen: Sie wissen, daß mein Herz erst bei der Behörde des Kopfes um Erlaubnis fragt, sich zu begeistern. Nun, mein Kopf hat hier unbedingte Genehmigung erteilt. Populär kann „Tristan und Isolde" kaum werden, aber jeder einigermaßen poetisch begabte Laie wird gepackt werden müssen von der Erhabenheit und Gewalt des Genies, die sich in diesem Werke offenbaren. Abgesehen von allem übrigen: – ich versichere Ihnen, die Oper ist der Gipfelpunkt bisheriger Tonkunst!

Hans von Bülow
an Franz Brendel,
nach der Uraufführung von
„Tristan und Isolde"

Eduard Hanslick (1825–1904), Wiener Musikkritiker, Urbild Beckmessers in den „Meistersingern", gehörte zu den prominentesten Gegnern Wagners.

Für unseren Zusammenhang ist nur scharf hervorzuheben, daß der Hauptgrundsatz Wagners, wie er ihn im ersten Band von „Oper und Drama" ausspricht: „Der Irrtum der Oper als Kunstgenre besteht darin, daß ein Mittel (die Musik) zum Zweck, der Zweck (das Drama) aber zum Mittel gemacht wird", – auf falschem Boden steht. Denn eine Oper, in der die Musik immer und wirklich nur als Mittel zum dramatischen Ausdruck gebracht wird, ist ein musikalisches Unding.

Eine Konsequenz des Wagnerschen Satzes (von Mittel und Zweck) wäre u. a. auch, daß alle Komponisten schweres Unrecht getan haben, wenn sie zu mittelmäßigen Texten und Situationen mehr als mittelmäßige Musik zu machen suchten, und wir ebenso schweres Unrecht begehen, jene Musik zu lieben.

Die Verbindung der Poesie mit der Musik und der Oper ist eine Ehe zur linken Hand. Je näher wir diese morganatische Ehe betrachten, welche die musikalische Schönheit mit dem ihr bestimmt vorgeschriebenen Inhalt eingeht, desto trügerischer dünkt uns ihre Unauflöslichkeit.

Eduard Hanslick:
*„Vom Musikalisch-Schönen.
Ein Beitrag zur Revision
der Ästhetik der Tonkunst"*

Gustav Freytag (1816–1895), Kulturhistoriker, Schriftsteller, deutscher Liberaler, warf in seiner Rezension von Wagners Abhandlung „Über das Judenthum in der Musik" dem Autor vor, selbst – im Sinne seiner eigenen Broschüre – der größte Jude zu sein:

Wir haben gar nicht die Absicht, zu untersuchen, ob jüdische Componisten und Virtuosen, welche dem Zuge der Zeit ebenso folgten wie die Christen, der modernen Musik mehr Segen oder Unsegen gebracht haben. Denn wir Nichtjuden haben auch in der Musik das Recht verloren, unseren jüdischen Künstlern Einseitigkeiten vorzuwerfen, und zwar befürchten wir, daß gerade Herr Wagner in seinen eigenen Werken die Eigenthümlichkeiten und Schwächen, welche nicht selten an jüdischen Künstlern getadelt worden sind, in höchst ausgezeichneter Weise an den Tag gelegt hat, wenn er dieselben auch ein wenig anders drapirt zeigt, als seine Vorgänger. Im Sinne seiner Broschüre erscheint er selbst als der größte Jude. Die Effecthascherei, das prätentiöse und kalt überlegte Streben nach Wirkungen, welche nicht durch sicheren Kunstgeschmack regulirt werden, der Mangel an Fähigkeit, musikalischer Empfindung ihren melodischen und harmonischen Ausdruck rein und voll zu geben, die übergroße, nervöse Unruhe, Freude am Seltsamen und Gesuchten, das Bestreben, durch witzigen Einfall und äußerliche Kunstmittel die gelegentliche Schwäche seiner musikalischen Erfindung zu decken, dazu selbst das große Talent für raffinirte Regie der Effecte, endlich hinter Allem statt eines sicheren, starken Künstlergemüths, in welchem die Form mit dem Inhalt mühelos sich ausbildet, unerzogene Prätension eines eigenwilligen Dilettanten, welcher begehrlich über die Grenzen seiner Kunst hinausfährt und Gesetzen der Schönheit auch deshalb widerspricht, weil er ihnen zu folgen außer Stande ist; ein abenteuerlicher Sinn, der im Ungeheuerlichen Befriedigung sucht, unbekümmert darum, ob durch seine Arbeit Sänger, Orchester und der schöne Organismus des musikalischen Drama's verwüstet werden. Solche Schwäche und Unart finden wir überall in seinen Werken neben Fragmenten von wahrhaft schöner, zuweilen wahrhaft hinreißender Erfindung. Diese Beschaffenheit seines merkwürdigen und für unsere Musik verhängnißvollen Talentes scheint uns gerade eine solche zu sein, welche in seinem Sinne als eine dem Judenthum eigenthümliche aufgefaßt werden müßte. Da nun Herr Wagner keineswegs der Meinung sein wird, daß er selbst zu dem Judenthum in der Musik gehöre, so haben wir Andern zuverlässig alles Recht verloren, von Beschränktheiten der jüdischen Musiker zu sprechen. Und das scheint uns der Humor bei diesem langen Streit um Kaisers Bart.

Gustav Freytag:
„Der Streit über das Judenthum in der Musik"

Friedrich Nietzsche (1844–1900), seit seiner ersten Begegnung mit Wagner im Jahr 1868 dem Komponisten schicksalhaft verbunden, bewunderte anfangs den Schöpfer des „Rings" noch vorbehaltlos – um sich später in einer Art Befreiungsakt in heftigen, bohrenden Attacken von dem einst bewunderten Übervater zu lösen.

Das Dramatische im Werden Wagners ist gar nicht zu verkennen, von dem Augenblicke an, wo die in ihm herrschende Leidenschaft ihrer selbst bewußt wird und seine ganze Natur zusammenfaßt: damit ist dann das Tastende, Schweifende, das Wuchern der Nebenschößlinge abgetan, und in den verschlungensten Wegen und Wandlungen, in dem oft abenteuerlichen Bogenwurfe seiner Pläne waltet eine einzige innere Gesetzlichkeit, ein Wille, aus dem sie erklärbar sind, so verwunderlich auch oft diese Erklärungen klingen werden. Nun gab es aber einen vordramatischen Teil im Leben Wagners, seine Kindheit und Jugend, und über den kann man nicht hinwegkommen, ohne auf Rätsel zu stoßen. Er selbst scheint noch gar nicht angekündigt; und das, was man jetzt, zurückblickend, vielleicht als Ankündigungen verstehen könnte, zeigt sich doch zunächst als ein Beieinander von Eigenschaften, welche eher Bedenken als Hoffnungen erregen müssen: ein Geist der Unruhe, der Reizbarkeit, eine nervöse Hast im Erfassen von hundert Dingen, ein leidenschaftliches Behagen an beinahe krankhaften hochgespannten Stimmungen, ein unvermitteltes Umschlagen aus Augenblicken seelenvollster Gemütsstille in das Gewaltsame und Lärmende. Ihn schränkte keine strenge erb- und familienhafte Kunstübung ein: die Malerei, die Dichtkunst, die Schauspielerei, die Musik kamen ihm so nahe als die gelehrtenhafte Erziehung und Zukunft; wer oberflächlich hinblickte, mochte meinen, er sei zum Dilettantisieren geboren. Die kleine Welt, in deren Bann er aufwuchs, war nicht derart, daß man einem Künstler zu einer solchen Heimat hätte Glück wünschen können. Die gefährliche Lust an geistigen Anschmecken trat ihm nahe, ebenso der mit dem Vielerlei-Wissen verbundene Dünkel, wie er in Gelehrten-Städten zu Hause ist; die Empfindung wurde leicht erregt, ungründlich befriedigt; so weit das Auge des Knaben schweifte, sah er sich von einem wunderlich altklugen, aber rührigen Wesen umgeben, zu dem das bunte Theater in lächerlichem, der seelenbezwingende Ton der Musik in unbegreiflichem Gegensatze stand. Nun fällt es dem vergleichenden Kenner überhaupt auf, wie selten gerade der moderne Mensch, wenn er die Mitgift einer hohen Begabung bekommen hat, in seiner Jugend und Kindheit die Eigenschaft der Naivität, der schlichten Eigen- und Selbstheit hat, wie wenig er sie haben kann; vielmehr werden die Seltenen, welche, wie Goethe und Wagner, überhaupt zur Naivität kommen, diese jetzt immer noch eher als Männer haben, als im Alter der Kinder und Jünglinge. Den Künstler zumal, dem die nachahmende Kraft in besonderem Maße angeboren ist, wird die unkräftige Vielseitigkeit des modernen Lebens wie eine heftige Kinder-Krankheit befallen müssen; er wird als Knabe

und Jüngling einem Alten ähnlicher
sehen als seinem eigentlichen Selbst.
Das wunderbar strenge Urbild des
Jünglings, den Siegfried im Ring des
Nibelungen, konnte nur ein Mann
erzeugen, und zwar ein Mann, der
seine eigne Jugend erst spät gefunden
hat. Spät, wie Wagners Jugend, kam
sein Mannesalter, so daß er wenigstens hierin der Gegensatz einer vor-
wegnehmenden Natur ist.

Friedrich Nietzsche:
„Richard Wagner in Bayreuth"
IV. Unzeitgemäße Betrachtung (1876)

– Ich erzähle noch die Geschichte des
„Rings". Sie gehört hierher. Auch sie
ist eine Erlösungsgeschichte: nur daß
diesmal Wagner es ist, der erlöst wird.
– Wagner hat, sein halbes Leben lang,
an die Revolution geglaubt, wie nur
irgendein Franzose an sie geglaubt
hat. Er suchte nach ihr in der Runen-
schrift des Mythus, er glaubte in Siegfried den typischen Revolutionär zu
finden. – „Woher stammt alles Unheil
in der Welt?" fragte sich Wagner. Von
„alten Verträgen": antwortete er,
gleich allen Revolutions-Ideologen.
Auf deutsch: von Sitten, Gesetzen,
Moralen, Institutionen, von alledem,
worauf die alte Welt, die alte Gesellschaft ruht. „Wie schafft man das
Unheil aus der Welt? Wie schafft man
die alte Gesellschaft ab?" Nur dadurch, daß man den „Verträgen" (dem
Herkommen, der Moral) den Krieg
erklärt. Das tut Siegfried. Er beginnt
früh damit, sehr früh: seine Entstehung ist bereits eine Kriegserklärung
an die Moral – er kommt aus Ehebruch, aus Blutschande zur Welt ...
Nicht die Sage, sondern Wagner ist
der Erfinder dieses radikalen Zugs;

an diesem Punkte hat er die Sage kor-
rigiert ... Siegfried fährt fort, wie er
begonnen hat: er folgt nur dem ersten
Impulse, er wirft alles Überlieferte,
alle Ehrfurcht, alle Furcht über den
Haufen. Was ihm mißfällt, sticht er
nieder. Er rennt alten Gottheiten
unehrerbietig wider den Leib. Seine
Hauptunternehmung aber geht dahin,
das Weib zu emanzipieren – „Brünnhilde zu erlösen" ... Siegfried und
Brünnhilde; das Sakrament der freien
Liebe; der Aufgang des goldnen Zeitalters; die Götterdämmerung der alten
Moral – das Übel ist abgeschafft ...
Wagners Schiff lief lange Zeit lustig
auf dieser Bahn. Kein Zweifel,
Wagner suchte auf ihr sein höchstes
Ziel. – Was geschah? Ein Unglück.
Das Schiff fuhr auf ein Riff; Wagner
saß fest. Das Riff war die Schopenhauersche Philosophie; Wagner saß
auf einer konträren Weltansicht fest.
Was hatte er in Musik gesetzt? Den
Optimismus. Wagner schämte sich.
Noch dazu einen Optimismus, für
den Schopenhauer ein böses Beiwort
geschaffen hatte – den ruchlosen
Optimismus. Er schämte sich noch
einmal. Er besann sich lange, seine
Lage schien verzweifelt ... Endlich
dämmerte ihm ein Ausweg: das Riff,
an dem er scheiterte, wie? wenn er es
als Ziel, als Hinterabsicht, als eigentlichen Sinn seiner Reise interpretierte?
Hier zu scheitern – das war auch ein
Ziel. Bene navigavi, cum naufragium
feci ... Und er übersetzte den „Ring"
ins Schopenhauersche. Alles läuft
schief, alles geht zugrunde, die neue
Welt ist so schlimm wie die alte – das

Friedrich Nietzsche.

Nichts, die indische Circe winkt ... Brünnhilde, die nach der ältern Absicht sich mit einem Liede zu Ehren der freien Liebe zu verabschieden hatte, die Welt auf eine sozialistische Utopie vertröstend, mit der „alles gut wird", bekommt jetzt etwas anderes zu tun. Sie muß erst Schopenhauer studieren; sie muß das vierte Buch der „Welt als Wille und Vorstellung" in Verse bringen. Wagner war erlöst ... Allen Ernstes, dies war eine Erlösung. Die Wohltat, die Wagner Schopenhauer verdankt, ist unermeßlich. Erst der Philosoph der décadence gab dem Künstler der décadence sich selbst – –

Friedrich Nitzsche:
„Der Fall Wagner.
Ein Musikanten-Problem" (1888)

Die Absicht, welche die neuere Musik in dem verfolgt, was jetzt, sehr stark, aber undeutlich, „unendliche Melodie" genannt wird, kann man sich dadurch klar machen, daß man ins Meer geht, allmählich den sicheren Schritt auf dem Grunde verliert und sich endlich dem Elemente auf Gnade und Ungnade übergibt: man soll schwimmen. In der älteren Musik mußte man, im zierlichen oder feierlichen oder feurigen Hin und Wider, Schneller und Langsamer, etwas ganz anderes, nämlich tanzen. Das hierzu nötige Maß, das Einhalten bestimmter gleich wiegender Zeit- und Kraftgrade erzwang von der Seele des Hörers eine fortwährende Besonnenheit – auf dem Widerspiele dieses kühleren Luftzuges, welcher von der Besonnenheit herkam, und des durchwärmten Atems der Begeisterung ruhte der Zauber aller guten Musik. –

Richard Wagner wollte eine andre Art Bewegung – er warf die physiologische Voraussetzung der bisherigen Musik um. Schwimmen, Schweben – nicht mehr Gehn, Tanzen ... Vielleicht ist damit das Entscheidende gesagt. Die „unendliche Melodie" will eben alle Zeit- und Kraft-Ebenmäßigkeit brechen, sie verhöhnt sie selbst mitunter – sie hat ihren Reichtum der Erfindung gerade in dem, was einem älteren Ohre als rhythmische Paradoxie und Lästerung klingt. Aus einer Nachahmung, aus einer Herrschaft eines solchen Geschmacks entstünde eine Gefahr für die Musik, wie sie größer gar nicht gedacht werden kann – die vollkommne Entartung des rhythmischen Gefühls, das Chaos an Stelle des Rhythmus ... Die Gefahr kommt auf die Spitze, wenn sich eine solche Musik immer enger an eine ganz naturalistische, durch kein Gesetz der Plastik beherrschte Schauspielerei und Gebärdenkunst anlehnt, die Wirkung will, nichts mehr ... Das espressivo um jeden Preis und die Musik im Dienste, in der Sklaverei der Attitüde – das ist das Ende ...

Friedrich Nietzsche:
„Nietzsche contra Wagner.
Aktenstücke eines Psychologen" (1889)

*Otto von Bismarck (1815–1898), in den
Jahren von 1870/71 der Architekt des
Deutschen Kaiserreichs, später von
Wagner erfolglos um Unterstützung der
Bayreuther Festspielidee angegangen,
bedankte sich beim Komponisten für das
Gedicht „An das deutsche Heer vor
Paris":*

Versailles 21. Februar 1871

Hochgeehrter Herr
Ich danke Ihnen, daß Sie dem deutschen Heere ein Gedicht gewidmet, und dass Sie mir dasselbe soeben überreichen lassen. So sehr ich mich geehrt fühle, daß Sie dieses vaterländische Gedicht, wie mir gesagt wird, für mich allein bestimmen, so sehr würde ich mich freuen es veröffentlicht zu sehen.

Auch Ihre Werke, denen ich von jeher mein lebhaftes, wenn auch zuweilen mit Neigung zur Opposition gemischtes Interesse zugewandt, haben nach hartem Kampfe den Widerstand der Pariser überwunden, und ich glaube und wünsche, daß denselben noch viele Siege, daheim und draußen, beschieden sein werden.

Genehmigen Sie die Versicherung meiner ausgezeichneten Hochachtung.

v. Bismarck

*Georges Bizet (1838–1875) mußte
nolens-volens als Antipode Wagners
herhalten, erwählte Nietzsche doch
„Carmen", die Erfolgsoper des Franzosen, als Medikament gegen den Bayreuther Bazillus. Bizet selbst urteilte äußerst
positiv über Wagners Musik:*

Ich bin kein Freund Wagners und schätze ihn nur mittelmäßig; aber ich kann die unermeßlichen Genüsse nicht vergessen, die ich diesem genialen Neuerer verdanke. Der Reiz seiner Musik ist unbeschreiblich. Sie ist die Wollust, die Zärtlichkeit, die Liebe selbst! – Wenn ich Ihnen eine Woche davon vorspielen würde, so wären Sie vernarrt darin!... Übrigens haben die Deutschen, die uns leider in der Musik gut aufwiegen, begriffen, daß Wagner eine ihrer stärksten Stützen ist. Der deutsche Geist des 19. Jahrhunderts ist in diesem Mann verkörpert. Sie wissen gut, gerade Sie, daß Geringschätzung für einen großen Künstler schmerzlich ist. Wagner ist zu seinem Glück so unverschämt hochmütig, daß Kritik sein Herz nicht berühren kann – vorausgesetzt, daß er ein Herz hat, was ich bezweifle.

Georges Bizet an seine
Schwiegermutter, 29. Mai 1871

*Hermann Levi (1839–1900), Dirigent
der Uraufführung des „Parsifal", berichtete über die letzte Vorstellung der
Bayreuther Festspiele 1882:*

Die letzte Vorstellung war herrlich. Während der Verwandlungsmusik kam der Meister in's Orchester, krabbelte bis zu meinem Pult hinauf, nahm mir den Stab aus der Hand und dirigierte die Vorstellung zu Ende. Ich blieb neben ihm stehen, weil ich in Sorge war, er könne sich einmal versehen, aber diese Sorge war ganz unnütz – er dirigierte mit einer Sicherheit, als

„Parsifal", Produktion von Cosima Wagner
1883.

ob er sein ganzes Leben immer nur Kapellmeister gewesen wäre. Am Schlusse des Werkes brach im Publikum ein Jubel los, der jeder Beschreibung spottet. Aber der Meister zeigte sich nicht, blieb immer unter uns Musikanten sitzen, machte schlechte Witze und als nach 10 Minuten der Lärm im Publikum noch immer nicht aufhören wollte, schrie ich aus Leibeskräften: Ruhe, Ruhe! Das wurde oben gehört, man beruhigte sich wirklich, und nun fing der Meister (immer vom Pulte aus) an, zu reden, erst zu mir und dem Orchester, dann wurde der Vorhang aufgezogen, das ganze Sänger- und technische Personal war oben versammelt, der Meister sprach mit einer Herzlichkeit, daß Alles zu weinen anfing – es war ein unvergeßlicher Moment!

Hermann Levi an seinen Vater,
31. August 1882

Franz Liszt überwindet nach den Ereignissen des Jahres 1882 wohl auch den letzten Groll gegen seinen Schwiegersohn, bringt dem verehrten Kollegen einmal mehr ungetrübte Bewunderung entgegen:

Es versteht sich von selbst, dass Wagner als legitimer Monarch herrschen und regieren soll, bis zur vollständigen äusseren Realisirung seiner Bayreuther Idee: die Mustervorstellung seiner Gesammtwerke, unter seiner Aegide und Anordnung in Bayreuth.

Dieses Ziel anzustreben gebührt allen Theilnehmenden an der historisch-civilisirten Cultur der Kunst in den nächsten Jahren des endenden 19ten Jahrhunderts.

Franz Liszt an Hans von Wolzogen,
24. November 1882

Literarische Reflexe auf Wagners Werk

Walter Benjamin erhob in seinem „Passagen-Werk" Paris zur Hauptstadt des 19. Jahrhunderts. In der Tat: die französische Metropole lieferte ihrer Epoche entscheidende Impulse, an Paris kam keiner vorbei. Bekanntlich ja auch Richard Wagner nicht, der es schließlich nach seinen hier erlittenen Mißerfolgen brennen sehen wollte. Aber auch an Wagner kam und kommt niemand vorbei, der sich grundlegend mit dem 19. Jahrhundert beschäftigen will. Konzentrieren sich in seinem Werk doch fokusartig die philosophischen, geschichtlichen, politischen, literarischen und musikalischen Entwicklungen seiner Zeit, eine Tatsache, die sich in den unübersehbar vielen literarischen Auseinandersetzungen mit seinem Werk spiegelt.

Heinrich Heine (1797–1856), der in den „Memoiren des Herrn von Schnabelewopski" den Stoff zum „Fliegenden Holländer" lieferte, griff in einem Anfang der 1850er Jahre entstandenen Gedicht die von Liszt und Wagner propagierte Programm-Musik an, die er als „Poesie-Musik" verteufelte. Den äußeren Anlaß für die Schmähung gab wahrscheinlich die Pariser Erstaufführung der „Tannhäuser"-Ouvertüre (November 1850) ab. Der tiefere Grund lag vermutlich jedoch in Wagners 1850 erschienem Aufsatz „Über das Judenthum in der Musik", der einen bösen Seitenhieb gegen Heine vorbringt.

Heinrich Heine.

Jung-Katerverein für Poesie-Musik

Der philharmonische Katerverein
War auf dem Dache versammelt
Heut nacht – doch nicht aus Sinnenbrunst;
Da ward nicht gebuhlt und gerammelt.

Es paßt kein Sommernachthochzeitstraum,
Es passen nicht Lieder der Minne
Zur Winterjahrzeit, zu Frost und Schnee;
Gefroren war jede Rinne.

Auch hat überhaupt ein neuer Geist
Der Katzenschaft sich bemeistert;
Die Jugend zumal, der Jung-Kater ist
Für höheren Ernst begeistert.

Die alte frivole Generation
Verröchelt; ein neues Bestreben,
Ein Katzenfrühling der Poesie
Regt sich in Kunst und Leben.

Der philharmonische Katerverein,
Er kehrt zur primitiven
Kunstlosen Tonkunst jetzt zurück,
Zum schnauzenwüchsig Naiven.

Er will die Poesiemusik,
Rouladen ohne Triller,
Die Instrumental- und Vokalpoesie,
Die keine Musik ist, will er.

Er will die Herrschaft des Genies,
Das freilich manchmal stümpert,
Doch in der Kunst oft unbewußt
Die höchste Staffel erklimpert.

Er huldigt dem Genie, das sich
Nicht von der Natur entfernt hat,
Sich nicht mit Gelehrsamkeit brüsten will
Und wirklich auch nichts gelernt hat.

Dies ist das Programm des Katervereins,
Und voll von diesem Streben
Hat er sein erstes Winterkonzert
Heut nacht auf dem Dache gegeben.

Doch schrecklich war die Exekution
Der großen Idee, der pompösen –
Häng dich, mein teurer Berlioz,
Daß du nicht dabeigewesen!

Das war ein Charivari, als ob
Einen Kuhschwanzhopsaschleifer
Plötzlich aufspielen, branntweinberauscht,
Drei Dutzend Dudelsackpfeifer.

Das war ein Tauhu-Wauhu, als ob
In der Arche Noah anfingen,
Sämtliche Tiere unisono
Die Sündflut zu besingen.

Oh, welch ein Krächzen und Heulen und Knurr'n,
Welch ein Miau'n und Gegröle!
Die alten Schornsteine stimmten ein
Und schnauften Kirchenchoräle.

Zumeist vernehmbar war eine Stimm',
Die kreischend zugleich und matte,
Wie einst die Stimme der Sontag war,
Als sie keine Stimme mehr hatte.

Das tolle Konzert! Ich glaube, es ward
Ein großes Tedeum gesungen,
Zur Feier des Sieges, den über Vernunft
Der frechste Wahnsinn errungen.

Vielleicht auch ward vom Katerverein
Die große Oper probiert,
Die Ungarns großer Pianist
Für Charenton komponiert.

Es hat bei Tagesanbruch erst
Der Sabbat ein Ende genommen;
Eine schwangere Köchin ist dadurch
Zu früh in die Wochen gekommen.

Die sinnebetörte Wöchnerin
Hat ganz das Gedächtnis verloren;
Sie weiß nicht mehr, wer der Vater ist
Des Kindes, das sie geboren.

„War es der Peter? War es der Paul?
Sag, Liese, wer ist der Vater?"
Die Liese lächelt verklärt und spricht:
„Oh, Liszt! du himmlischer Kater!"
Heinrich Heine

In seiner 1880, also noch vor der Uraufführung des „Parsifal", publizierten Erzählung „L'Adultera" beleuchtete Theodor Fontane (1819–1898) schlaglichtartig die aktuelle Wagner-Mode:

Und wer ist euer Abgott? Der Ritter von Bayreuth, ein Behexer, wie es nur je einen gegeben hat. Und an diesen Tannhäuser und Venusberg-Mann setzt ihr, als ob ihr wenigstens die Voggenhuber wäret, eurer Seelen Seligkeit und singt und spielt ihn morgens, mittags und abends. Oder dreimal täglich, wie auf euren Pillenschachteln steht. Und euer Elimar immer mit. Und sein ewiger Samtrock wird ihn auch nicht retten. Nicht ihn und nicht euch. Oder wollt ihr mir das alles als himmlischen Zauber kredenzen? Ich sag' euch, fauler Zauber. Und das ist es, was ich zweierlei Maß genannt habe. Den Murillo-Zauber möchtet ihr zu Hexerei stempeln, und die Wagner-Hexerei möchtet ihr in Zauber verwandeln. Ich aber sag' euch, es liegt umgekehrt, und wenn es nicht umgekehrt liegt, so sollt ihr mir wenigstens keinen Unterschied machen. Denn es ist schließlich alles ganz egal und, mit Permission zu sagen, alles Jacke...
Theodor Fontane:
„L'Adultera"

Mark Twain (1835–1910), der Autor der zur Weltliteratur gehörenden Romane „Tom Sawyer" (1876) und „Die Abenteuer des Huckleberry Finn" (1884), brachte von seinen Europareisen Wagner-Impressionen mit:

Drei oder vier Stunden! Das ist eine schrecklich lange Zeit, wenn man auf einer Stelle sitzen muß, ob man nun auffällt oder nicht. Und einige von Wagners Opern toben sechs volle Stunden lang! Aber die Leute sitzen still und freuen sich daran, ja sie wünschen sogar, es möchte noch länger dauern. Eine deutsche Dame in München setzte mir auseinander, daß man Wagners Musik nicht von vornherein lieben könne; man müsse sich erst aus freien Stücken dem Prozeß unterziehen, sie lieben zu lernen – dann würde man aber auch sicher belohnt; denn wer sie einmal lieben gelernt hätte, hungerte danach und bekäme nie genug davon. Sie meinte, sechs Stunden Wagner wären durchaus nicht zuviel. Sie erklärte mir, dieser Komponist hätte die Musik vollständig revolutioniert und die alten Meister einen nach dem andern zu Grabe getragen. Wagners Opern unterschieden sich von allen andern besonders dadurch, daß sie nicht nur hier und da von Musik durchsprenkelt wären, sondern daß bei ihnen alles, vom ersten bis zum letzten Ton, reinste Musik wäre. Das überraschte mich, und ich sagte ihr, daß ich seiner Revolution einmal beigewohnt, aber außer dem Hochzeitschor kaum irgend etwas von Musik gemerkt hätte. Da erwiderte sie mir, „Lohengrin" wäre geräuschvoller als die andern Opern von Wagner, und wenn ich sie weiter besuchte, würde ich schon nach und nach entdecken, wie stark alles Musik wäre, und meine Freude daran haben. Am liebsten hätte ich gesagt: Möchten Sie einem Menschen den Rat geben, ein paar Jahre lang Zahnschmerzen in der Magengegend auszuhalten, damit er schließlich so weit kommt, sich darüber zu freuen? Aber ich unterdrückte diese Bemerkung.

Mark Twain:
„Ein Bummel durch Europa"

Peter Hille (1854–1904), in Berlin lebender Dichter, Bruder im Geiste von Else Lasker-Schüler, die er den „schwarzen Schwan Israels" nannte, widmete Wagner einen seiner Aphorismen, der – an die Haltung Nietzsches erinnernd – ein Gegenmittel zum feuchten Bayreuther Nebel empfiehlt:

Wagner: Richard der Große: nicht fort von ihm, aber eine Gegenhygiene ist für uns notwendig, eine Ergänzung des Lebens: „Bach".

Der Musikologe und Schriftsteller Romain Rolland (1866–1944), der mit der Wagner-Freundin Malwida von Meysenbug 1891 die Bayreuther Festspiele besuchte, erhielt 1915 den Nobelpreis für seine Romantrilogie „Jean-Christophe". In dieser fiktiven Musikerbiographie verknüpfte er Lebensstationen von ihm geschätzter Komponisten: von Ludwig van Beethoven und Richard Wagner. So findet sich Jean-Christophe (Johann Christof) wie der Schöpfer des „Rienzi" in Paris ein – nach einer Flucht, ohne Geld und Beziehungen:

„Dann weißt du also", fuhr Christof fort, „daß ich nicht zum Vergnügen hier bin. Ich habe fliehen müssen. Ich habe nichts. Ich muß leben."

Diener war auf einen Pump gefaßt. Er nahm ihn entgegen mit einem Gemisch von Befriedigung (denn er erlaubte ihm, sich Christof wieder überlegen zu fühlen) und Verlegenheit (denn er wagte nicht, ihn diese Überlegenheit so, wie er gern gewollt hätte, empfinden zu lassen).

„Ach", meinte er voller Wichtigkeit, „das ist sehr ärgerlich, höchst ärgerlich. Das Leben ist hier schwierig. Alles ist teuer. Wir haben riesige Unkosten. Und alle diese Angestellten..."

Christof unterbrach ihn verachtungsvoll:

„Ich bitte dich nicht um Geld."

Diener kam aus der Fassung. Christof fuhr fort:

„Dein Geschäft geht gut? Du hast eine anständige Kundschaft?"

„Ja, ja, nicht allzu schlecht, Gott sei Dank...", sagte Diener vorsichtig. (Er war mißtrauisch.)

Christof warf ihm einen wütenden Blick zu und fuhr fort:

„Du kennst viele Leute in der deutschen Kolonie?"

„Ja."

„Nun also, sprich von mir. Sie werden musikalisch sein. Sie haben Kinder. Ich werde Stunden geben."

Diener zeigte ein verlegenes Gesicht.

„Was gibt's noch?" meinte Christof. „Zweifelst du etwa daran, daß ich für einen solchen Beruf genug kann?"

Er bat um einen Dienst, aber es war so, als ob er es sei, der ihn leistete. Diener, der für Christof höchstens etwas um des Vergnügens willen getan hätte, ihn als seinen Schuldner zu wissen, war fest entschlossen, nicht den kleinen Finger für ihn zu rühren.

„Du kannst tausendmal mehr, als man dazu braucht... Nur..."

„Nun?"

„Nun ja, es ist schwierig, sehr schwierig, siehst du, deiner Lage wegen."

„Meine Lage?"

„Ja... nämlich die gewisse Geschichte... wenn man etwas davon erführe... es wäre... sehr peinlich für mich. Das kann mich in ein sehr schlechtes Licht bringen."

Er hielt inne, denn er sah, wie sich Christofs Gesicht vor Zorn verzerrte; und er beeilte sich hinzuzufügen:

„Es ist nicht meinetwegen... ich habe keine Furcht... Ach, wäre ich allein! Aber mein Onkel... Du weißt, das Haus gehört ihm, ohne ihn kann ich überhaupt nichts tun..."

Christofs Gesicht und die Explosion, die sich darauf vorbereitete, erschreckten ihn mehr und mehr, und er sagte hastig (er war im Grunde nicht schlecht; Geiz und Eitelkeit kämpften in ihm: er hätte Christof ganz gern verpflichtet, aber billig):

„Willst du fünzig Francs?"

Christof wurde purpurrot. Er trat so drohend an Diener heran, daß sich dieser schleunigst bis an die Tür zurückzog, sie öffnete und im Begriff stand, um Hilfe zu rufen. Christof aber begnügte sich damit, sein verzerrtes Gesicht an ihn heranzubringen.

„Schwein!" sagte er mit hallender Stimme.

Er stieß ihn aus dem Wege und schritt, zwischen den Angestellten hindurch, hinaus. Auf der Schwelle spie er voller Ekel aus.

Romain Rolland:
„Johann Christof"

Auch Hermann Hesse (1873–1962), in dessen Gedankenwelt der Musik eine bedeutende Rolle zugewiesen war, beschäftigte sich wiederholt mit dem Phänomen Wagner – am intensivsten in seiner Erzählung „Klein und Wagner": Friedrich Klein, in dem sich Hesse selbst portraitiert, liebte als 20jähriger Wagner, schwärmte für „Lohengrin", später allerdings wurde er mißtrauisch, ja, steigerte er sich in Haß gegen den einst Verehrten, weil dessen Musik ihm geeignet erschien, die Massen zu verblenden, ihren Geist auszuschalten:

In einem Traume, von dem nur wenige Bruchstücke ihm nachher erinnerlich waren, sah er folgendes: An einem Tor, das wie der Eingang zu einem Theater aussah, hing ein großes Schild mit einer riesigen Aufschrift: sie hieß (das war unentschieden) entweder „Lohengrin" oder „Wagner". Zu diesem Tore ging er hinein. Drinnen war eine Frau, die glich der Wirtsfrau von heute nacht, aber auch seiner eigenen Frau. Ihr Kopf war entstellt, er war zu groß, und das Gesicht zu einer fratzenhaften Maske verändert. Widerwille gegen diese Frau ergriff ihn mächtig, er stieß ihr ein Messer in den Leib. Aber eine andere Frau, wie ein Spiegelbild der ersten, kam von hinten über ihn, rächend, schlug ihm scharfe, starke Krallen in den Hals und wollte ihn erwürgen.

Beim Aufwachen aus diesem tiefen Schlaf sah er verwundert Wald über sich und war steif vom harten Liegen, doch erfrischt. Mit leiser Beängstigung klang der Traum in ihm nach. Was für seltsame, naive und negerhafte Spiele der Phantasie! dachte er, einen Augenblick lächelnd, als ihm die Pforte mit der Aufforderung zum Eintritt in das Theater „Wagner" wieder einfiel. Welche Idee, sein Verhältnis zu Wagner so darzustellen! Dieser Traumgeist war roh, aber genial. Er traf den Nagel auf den Kopf. Und er schien alles zu wissen! Das Theater mit der Aufschrift „Wagner", war das nicht er selbst, war es nicht die Aufforderung, in sich selbst einzutreten, in das fremde Land seines wahren Innern? Denn Wagner war er selber – Wagner war der Mörder und Gejagte in ihm, aber Wagner war auch der Komponist, der Künstler, das Genie, der Verführer, die Neigung zu Lebenslust, Sinnenlust, Luxus – Wagner war der Sammelname für alles Unterdrückte, Untergesunkene, zu kurz Gekommene in dem ehemaligen Beamten Friedrich Klein. Und „Lohengrin" – war nicht auch das er selbst, Lohengrin, der irrende Ritter mit dem geheimnisvollen Ziel, den man nicht nach seinem Namen fragen darf?

Hermann Hesse:
„Klein und Wagner"

Das Leben und Werk von Thomas Mann (1875–1955) berührte sich laufend mit dem Namen Richard Wagners. So notierte der Schriftsteller wenige Jahre vor seinem Tod (Brief an Friedrich Schramm vom 25. August 1951): „Wie viele Bekenntnisse über Wagner, zu Wagner, für und gegen Wagner, habe ich schon abgelegt – es scheint kein Ende damit nehmen zu sollen." Doch Mann äußerte sich nicht nur in Reden oder Aufsätzen zu Wagner, sondern reflektierte ihn auch in seinen künstlerischen Produktionen wie der Novelle „Tristan" – oder seinem 1901 publizierten Erfolgsroman „Buddenbrooks – Verfall einer Familie":

Es war Sonntag gewesen, und nachdem er sich mehrere Tage hintereinander von Herrn Brecht hatte malträtieren lassen müssen, hatte er zur Belohnung seine Mutter ins Stadttheater begleiten dürfen, um den „Lohengrin" zu hören. Die Freude auf diesen Abend hatte seit einer Woche schon sein Leben ausgemacht. Beklagenswert war nur, daß stets vor solcherlei Festen soviel des Widerwärtigen lagerte und bis zum letzten Augenblick die freie und freudige Aussicht darauf verdarb. Aber endlich war doch am Sonnabend die Schulzeit überstanden gewesen, und die Tretmaschine hatte zum letzten Male in seinem Munde mit schmerzhaftem Summen gebohrt... Nun war alles beiseite geschafft und überwunden gewesen, denn die Schulaufgaben hatte er kurz entschlossen jenseits des Sonntagabends geschoben. Was hatte der Montag bedeutet? War es wahrscheinlich gewesen, daß er jemals anbrechen würde? Man glaubt an keinen Montag, wenn man am Sonntagabend den „Lohengrin" hören soll... Er hatte am Montag frühzeitig aufstehen wollen und diese albernen Sachen erledigen – damit genug! Nun war er frei umhergegangen, hatte die Freude seines Herzens gepflegt, am Flügel geträumt und alle Widrigkeiten vergessen.

Und dann war das Glück zur Wirklichkeit geworden. Es war über ihn gekommen mit seinen Weihen und Entzückungen, seinem heimlichen Erschauern und Erbeben, seinem plötzlichen innerlichen Schluchzen, seinem ganzen überschwenglichen und unersättlichen Rausche... Freilich, die billigen Geigen des Orchesters hatten beim Vorspiel ein wenig versagt, und ein dicker, eingebildeter Mensch mit brotblondem Vollbarte war im Nachen ein wenig ruckweise herangeschwommen. Auch war in der Nachbarloge sein Vormund Herr Stephan Kistenmaker zugegen gewesen und hatte gemurrt, daß man den Jungen auf solche Weise zerstreue und von seinen Pflichten ablenke. Aber darüber hatte ihn die süße und verklärte Herrlichkeit, auf die er lauschte, hinweggehoben...

Thomas Mann:
„Buddenbrooks"

Max Brod (1884–1968), Nachlaßverwalter von Franz Kafka, Entdecker von Franz Werfel, Apologet des großen tschechischen Komponisten Leoš Janáček, Autor einer Gustav-Mahler-Biographie und einer Musikgeschichte Israels, kam in seinem 1931 veröffentlichten Roman „Stefan Rott oder Das Jahr der Entscheidung" auf Wagner zu sprechen. Brods Titelheld, der die gegensätzlichen Pole von asketischem Geist und sinnlichem Genießen aufheben will, stemmt sich gegen seinen Erzieher, den alles Fleischliche verachtenden Altphilologen Werder, indem er auf die schwelgerische Schönheit der Wagnerschen Musik verweist:

Dem ganzen Himmelreich Werders und seinem heiligen Thomas, der mich zerschmettern will, stelle ich nichts entgegen als ein paar Akkorde – wenig genug; mit dem großen Aufwand der Gegenseite verglichen, könnte man es ein Atopon nennen, fast lächerlich wie Karyatiden-Schnickschnack – aber das scheint nur so – diese Akkorde sind ja doch allen Ernstes etwas, dessen Wirkung auf irdische Art nicht mehr erklärbar ist – Genie sagt man, aber das ist ein bloßes Wort – und die merkwürdige Tatsache besteht darin, daß ich dieses Wunder in den Fingern halte und nun von ihm, von dem angeschlagenen Akkord, dem Nonen-E Wagners völlig verläßliche Aussagen machen kann. Hier greife ich ohne alle Phrase ans Herz der Welt! Da ist mein Glaube! Von da aus kann ich mir überhaupt erst eine Vorstellung davon bilden, welcher Art denn das Göttliche und Vollkommene sei, über das andere so ausführlichen und genauen Bericht zu haben behaupten. Mein Bericht ist kurz und dabei absonderlich, zugegeben, aber er ist absolut verläßlich und bis ins Letzte ernst gemeint. Das mache ich als einzigen, freilich nicht unwesentlichen Vorzug gegen Professor Werder und sein ungeheures Lehrgebäude geltend, gegen die Summa contra gentiles und Summa theologica. Andern hat sich Gott auf dem Sinai oder auf dem Berg Tabor geoffenbart; mir (ich muß es zugeben) nur in Wagners Nonenakkord.

Dabei ist Wagner ein so umstrittener Meister. Und das macht die Sache noch peinlicher, als sie ohnehin ist. Soll ich denn sterben vor Eitelkeit, daß ich sehe, was keiner sieht? Ich will ja aber nicht eitel sein...

Stefans Bett glühte vor Fieber und Lust der Gedanken, die, auch vordem oft durchlebt, jetzt unter dem Zwang der Notwehr gegen Professor Werders Lebenszerstörung zum erstenmal zu präziser Form zusammenrannen. – Wagner umstritten? Aber das zeigt nur, daß keiner der Streitenden auch nur eine ferne Ahnung von dem hat, was das eigentlich Wichtige an Wagner, an dieser Enthüllung göttlicher Geheimnisse ist, die den Namen „Richard Wagner" trug. Nicht seine Gesinnung, gegen die manches zu erinnern wäre, nicht die Frage, ob er den guten oder den schlimmen Typ des Deutschen repräsentiert und wie sich seine Kunst zu Kraftmeierei und Reaktion um 1871 und den protzigen Karyatiden und all den Dingen verhält, die mein Anton vorbringt; und selbst wenn wir das Politische ausschalten und uns auf das Musikalische beschränken, auch da handelt es sich wieder nicht um die sogenannten „großen" Fragen, um Musikdrama kontra Nummernoper, nicht um all diese Theorien, die Wagner selbst für die Hauptsache erklärt hat (denn die göttlichen Geheimnisse, deren Träger er war, muß er wohl gefühlt, doch kann er sie in größtem Umfang begrifflich mißdeutet haben;) ja nicht einmal um den Text der „Meistersinger" handelt es sich und um die Stimmung dieser Szene und den blühenden Flieder, wiewohl wir damit schon eng an das „Geniale" heranrücken und wiewohl alle diese Dinge, auch ihr Falsches, selbstverständlich in einem Lebenszusammenhang mit dem Träger des „göttlichen Geheimnisses" stehen. Aber man lasse doch endlich einmal kuragiert alles Unwesentliche weg. Als wesentlich und unbestreitbar göttlich bleibt dann nur Eines übrig – das E, das durch 7 Takte erklingende E als None des Grundtones. Das ist das Offenbarte, das neu Geschaffene, das vordem nicht Dagewesene und jetzt mit göttlicher Gnadenkraft Hervorgesprungene dieser Stelle. Hier ist der Logos Fleisch geworden. Nur hier. Anders und anderswo habe ich es nicht erlebt. Hier aber – in aller Wahrheit. Als Blutzeuge würde ich dafür einstehen: Verbum caro factum est. Man mache den Gegenbeweis. Alles an Wagner soll bleiben, wie es ist, seine politische Gesinnung und seine von Nietzsche und heute wieder ganz besonders getadelte Nebelmystik und Theaterei, auch alle seine Vorzüge mögen bleiben und die besondere Stimmung dieser Szene (soweit sie freilich nicht auf jenem E beruht), auch der Flieder soll blühen und die Hörner sollen erklingen, mit allen Assoziationen von träumerischer echt deutscher Dürerscher Sehnsucht und Melancholie, die sie wecken, und das Fenster des Schusters mag nach getanem Tagwerk geöffnet werden. Los! Das Orchester aber setze mit einer ganz kleinen Änderung ein, statt des E ein D, das übliche, in den Septimenakkord seit je hineingehörige Oktaven-D, das die Terzenreihe abschließt, statt sie über None, allenfalls Undezime zu erweitern, jenes D also, wie es eben ein durchschnittlicher Komponist, kein Träger göttlicher Geheimnisse hineingesetzt hätte:

Sofort ist die Stelle – nicht um einen Grad schlechter geworden – nein, sondern gänzlich wertlos, gänzlich ohne metaphysischen Hinweis, nicht dem Rang, sondern der ganzen Gattung nach etwas anderes als vorhin, – obwohl im ganzen Habitus und in einer Art oberflächlicher „Poesie" ähnlich geblieben, ist sie doch innerlich etwas vollkommen anderes, vorhin eine Offenbarung des Göttlichen und jetzt ohne jede Bedeutung, jetzt nur ein Werk menschlicher Hände, die an der Welt der Vollkommenheit unsinnig vorbeiarbeiten wie immer, nichtig und null.

Max Brod:
*„Stefan Rott
oder Das Jahr der Entscheidung"*

Arnold Zweig (1887–1968), Autor des Romans „Der Streit um den Sergeanten Grischa", von 1950 bis 1953 Präsident der Deutschen Akademie der Künste in Berlin (Ost), streift in seiner 1925 entstandenen Künstlernovelle „Pont und Anna" das Problem aktueller, von Bayreuth losgelöster Wagner-Interpretationen:

Von Anna Maréchals Isolde riefen Pariser Journalisten, die kein Blatt vor den Mund nahmen, aber viele sehr treffend vollzuschreiben wußten: die Maréchals hätten Isolde erlöst – da das Problem der Erlösung von Wagner nun einmal unabtrennbar sei (aber das hatten sie von Nietzsche). Erlöst von der schweren Marter, einer in wallender Reformrobe dick daherwankenden Matrone zuschreiben und glauben zu sollen, was an dunklem, orphisch treibendem Wühlen, brennender Süße, neuen Abschattungen und tödlicher Verbindung von Seele und Sinnen auf den Wogen der Musik den Hörer benommen mache. Man brauche nicht mehr die Augen zu schließen, man dürfe es wagen, Isolde für ein lebendes Wesen zu halten und sich gelöst dem Tiefsten der zermürbten und entbrannten Seele Wagners und der deutschen Musik hinzugeben – man verstehe jetzt endlich „Tristan", weil ein Verstehen auf der Szene vom Sinnlichen, vom Sehen schlechterdings abhänge. Diese Isolde, Irin, Elfe, Zauberfrau, mächtig durch nichts als den Reiz des kindlichen Weibes, wie Chrestien sie dem keltischen Genius abgehorcht, die der Elsässer Gottfried mit fränkischer Anmut und deutscher Skepsis bereichert und Wagner in seiner durchaus zerschatteten und überreifen décadence ins Unerhörte vertieft habe – diese Isolde sei leibhaft aufgetaucht, sie habe ihren Liebeszauber ausgestreut in einen Saal voll zunächst Ablehnender, ihnen einen Sieg und, im Liebestod, eine Erschütterung sondergleichen abgerungen, und niemand habe ihren Gegenspieler Tristan vermißt, weil jeder Mann voll Sehnsucht und Begierde sich selbst für ihn eingetauscht habe. Und dann nahmen neue, begeisterte Zergliederungen des Gesanges von Mlle. Angèle Maréchal eine weitere Zahl Zeilen ein, die dank geschickter Transposition sowohl Brangänens Alt wie Isoldes Sopran mit einer stets maßvollen, überaus innigen, weil von der Last der Darstellung freien, und wunderbar reinen Stimme dargeboten habe – eine Kammerkunst der Oper, die von den Riesenausmaßen der Musikbühnen unmöglich gemacht, von musikalischen Menschen aber sonst immer leidvoll vermißt werde. Wie schön aber dieser Wagner musiziere, wenn er einmal nach Mozartschen Regeln gesungen werde, sei keine schlechte Entdeckung nebenbei, und vielleicht belehre sich Bayreuth und München bei günstiger Gelegenheit einmal über den Wert der „Leidenschaft", lies: des Ungefähr-richtig-Intonierens.

Arnold Zweig:
„Pont und Anna"

Franz Werfel (1890–1945), verheiratet mit Alma Mahler, der Witwe Gustav Mahlers, beendete 1924 sein Buch „Verdi. Roman der Oper", in dem er die küstlerischen Konflikte Giuseppe Verdis analysiert. Der italienische Maestro litt laut Werfel unter der mächtigen Figur seines deutschen Kollegen, sich stets an ihm messend:

„Sie kennen doch Richard Wagner, Signor Maestro?"

„Ich kenne ihn nicht. Ich kenne sehr wenig Menschen."

„Schade! Schade!"

Einen Moment lang lag ein Nachdenken im Auge des jungen Mannes:

„Aber die Musik, diese ewige Musik müssen Sie doch kennen und lieben?"

Der Senator lachte auf.

Verdi wurde eiskalt, und als ob der Fragesteller viel zu geringfügig für eine Antwort sei, wandte er sich an eine nicht vorhandene Person im Zimmer, um Rechenschaft zu geben:

„Ich kenne von Wagners Musik Tannhäuser und Lohengrin, von den späteren Werken nur einige Bruchstücke. Wir sind Italiener. Das Prinzip unserer Musik ist grundverschieden von dem der deutschen. Die deutsche Musik beruht auf dem sogenannten temperierten Instrument, wie es das Klavier und die Orgel ist, auf der abstrakten, fast nur gedachten Note. Die italienische, unsere, auf dem frei schwingenden Gesangston, auf der Vokalität. Wir müssen wissen, wohin wir gehören." (…)

So einzig erklärt es sich, daß in der Zeit schwersten persönlichen Erlebens Italo von einer anderen Seite sich mächtig binden ließ. Durch den Maler Wolkow, der, seinerseits mit Joukowsky befreundet, in die Nähe Wagners gezogen wurde, war Italo dem Meister eines Tages vorgestellt worden. Unauslöschlich blieb dieser Tag in seine Erinnerung gebannt, die Heiterkeit, Güte Wagners, sein weiser Witz.

Reife Menschen, Menschen von eigener Triebkraft haben sich der magischen Lebendigkeit Richard Wagners nicht entziehen können. Man denke an Peter Cornelius, der immer wieder aus der „schwülen Atmosphäre dieses Menschen" floh, um ihr von neuem zu verfallen. Und ein Knabe, dessen Bewußtsein von verwirrenden, unerledigten Trieben vollgesogen war, er sollte nicht erliegen?

Wagner – dies sein Geheimnis – wirkte nicht nur als der große Mensch, der er war, als der immer überraschend zupackende Geist, als der in jeder Sekunde elevierte, durchtönte Künstler, über diese Gaben hinaus wirkte er, man kann es nicht anders nennen, als Weib! Wie von einem Weibe höchster Art, das trotz leidvollster Erlebnisse doch niemals eine Niederlage, einen Mißerfolg, eine Einbuße erlebt hatte, ging von ihm ungebrochen erotische Strahlung aus, jener elektrische Strom aus Anziehung und Abstoßung, der alle Formen von unglücklicher Liebe erzeugt. Je älter er wurde, je mehr seiner sicher, je mehr die unerträgliche Notwendigkeit von ihm abfiel, sein Auge auf andere richten zu müssen, die mächtiger, gleichgültiger waren als er und die er noch nicht unterworfen hatte –

um so reiner strömte aus ihm die bezaubernde Kraft. In diesen Tagen gar schien es, daß das herrliche Weib seines Wesens am sichersten regierte, und es ist mehr als ein Zufall, daß er zur Zeit an einer Schrift arbeitete, die den Titel trug: „Über das Weibliche im Menschen."

Franz Werfel:
„Verdi. Roman der Oper"

Der Autor Rolf Schneider legte 1989 die Novelle „Kapellmeister Levi" vor, ein von Paul Flora ebenso meisterhaft wie böse illustriertes Buch, das Levis Seelenleben zu deuten versucht: Warum stellte sich der hochkarätige Dirigent in den Dienst des Antisemiten Wagner?

Es waren anwesend Liszt, Cosima, Wagner und Levi. Es waren anwesend Judith Gautier und Carrie Pringle. Wagner hielt eine kurze, etwas wirre Rede, die mit der Feststellung abschloß, jetzt habe er zu schweigen gelernt. Schweigen worüber? Richard Wagner, der Schweiger? Danach begann der Bayreuther Bürgermeister eine längere Ansprache voller Lobpreisungen und hochgemuter Worte, aber die galten nicht, wie man hätte annehmen können, dem Schöpfer der Festspiele und Autor der morgigen Uraufführung, Richard Wagner, vielmehr galten sie Richard Wagners anwesendem Schwiegervater Franz Liszt. Wagner war über den Vorfall sichtbar und in höchstem Maße verärgert.

Er nahm den Ärger mit nach Wahnfried, wohin ihm Levi folgen mußte. Die Gereiztheiten zwischen Wagner und Liszt, Wagner und Cosima gingen dort weiter. Wagner redete plötzlich von den Attraktionen des jüdischen Fleisches, von den hyperpotenten jüdischen Männern, diesen haarigen Kopuliermaschinen, die sich über arglose Arierinnen hermachten, mit ihrem Geld, oder auch gewaltsam, um ihren ekelhaften Samen in den unschuldigen Kreislauf des abendländischen Blutes zu spritzen und es damit zu vergiften. Auch das umgekehrte gelte, es gebe diese großen jüdischen Huren, denen bloß widerstehen könne, wem die Drüsen verdorrt seien, oh, er wisse es alles von sich selber und nur zu gut. Eigentlich müsse man hier vorgehen wie bei der Hundezucht, wo man einen Rüden, der eine Bastard-Hündin besprungen habe, alsbald abschieße, da er zur artgerechten Fortpflanzung nun nicht länger zu gebrauchen sei.

Das waren wüste Sätze, und die Zuhörer waren sämtlichst befremdet. Wagner sah es. Wagner genoß es. Einige würden jetzt fieberhaft darüber nachdenken, man sah das ihren Gesichtern an, ob sich Wagner selbst unter die abschußreifen Rüden rechnete. Oder gab es für ihn keinen Anlaß? Oder galten für ihn gänzlich andere Gesetze? Am schlimmsten hatte seine Rede Cosima getroffen, die ihren Kopf leidend schräg hielt, als wollte sie zu wimmern beginnen, und nur ihre Würde, unterstützt durch einen Mangel an Kraft, hinderten sie an einer entsprechenden Laut-Äußerung.

Ihr Anblick veranlaßte Wagner zu einer Fortsetzung seiner Attacken. Höhnisch wies er jetzt mit weit ausgestreckter rechter Hand auf die Hohe Frau: Sie, Cosima, gehöre auch dazu. Vater ihrer Mutter sei der bekannte Frankfurter Finanzjude Bethmann gewesen. Schon deswegen hätte es mit Cosimas Reinheit und Keuschheit nie weit her sein können, Jud bleibe Jud, und Jüdisches schlage immer wieder durch.

Er hatte sich mittlerweile in einen großen Eifer geredet. Sein Kopf war gerötet, das Barett verrutschte, seine Augen glänzten, und vielleicht wußte er überhaupt nicht mehr genau, was er da sagte. Er sprach einfach bloß immer so weiter, wie es aus ihm herausquoll in einem hemmungslosen oratorischen Rausch.

Es werde immer schlimmer, rief er. Was man vor zwanzig Jahren noch über Juden laut hätte sagen können,

sei heute nicht mehr zu äußern. Die jüdische Macht wachse. Er spüre das an sich selbst. An seinen Gefühlen, seiner Kunst, es sei wohl kein Geheimnis, daß er sich gegen die Uraufführung seines „Parsifal" durch einen Juden immer gewehrt habe. Aber er sei einfach gezwungen worden, und inzwischen habe man ihm außerdem zugesteckt, Cosima betrüge ihn mit Levi!

Wagner kreischte hier. Es war nicht auszumachen, ob er aus Empörung kreischte oder weil er so erheitert war. Also, kreischte er, natürlich glaube er nicht daran. Das sei womöglich auch bloß ein jüdisches Gerücht, um ihn zu verletzen. Die beiden seien außerdem für so was viel zu feig. Indessen denke er gerne zurück, wie beim Brand des Wiener Ringtheaters vor einem Jahr an die vierhundert Menschen in einer Offenbach-Vorstellung verbrannt seien. Häufig träume er seither davon, daß ein Theater voller Juden bei der Vorstellung von Lessings „Nathan" verbrenne. Sie seien nämlich nichts anderes als die Fliegen. Je mehr man sie vertreibe, desto lästiger würden sie.

Man saß jetzt atemlos da. Man war wie versteinert. Wagner wischte sich Feuchtigkeit aus den Mundwinkeln und griff nach seinem Bierglas. Als erster erholte sich Liszt. Er kicherte, klatschte dazu in die Hände und sagte, das sei doch mal eine famose Rede gewesen. Levi stand leise auf und ging.

Er ließ sich seinen Mantel geben und verließ Wahnfried. Er ging über den Gartenweg bis auf die Straße. Er stapfte durch den in Windstößen heftig auf ihn einschlagenden Regen hin zu seiner Unterkunft, wo er sofort damit begann, seine Wäsche und seine Papiere zu ordnen, um es alles miteinander in Koffer zu tun. Eine einzelne Reisetasche nahm er an sich. Das restliche Gepäck (zusätzliche Dinge hatten sich angehäuft während seines Aufenthaltes in der Stadt) konnte man ihm später nachschicken.

Rolf Schneider:
„Kapellmeister Levi"

Wagner, Hitler und der Nationalsozialismus

Die zwischen Wagner und dem Nationalsozialismus gespannten Fäden sind so zahlreich, daß sie sich schon bei nur oberflächlicher Betrachtungsweise zu festen Strängen verdicken.

So zählen Mitglieder der Familie Wagner zu den prominentesten Vertretern einer schaurigen Seilschaft, die Bayreuther Kunst und Vernichtungsideologie zu koppeln suchte: Houston Stewart Chamberlain (1855–1927), seit 1908 mit Eva, Wagners zweiter Tochter, verheiratet, veröffentlichte 1895 eine Biographie über seinen Schwiegervater (8. Auflage 1933), in der er dessen Antisemitismus und Rassenwahn bedenkenlos glorifizierte – kein Wunder, daß der noch unbekannte Adolf Hitler dem bewunderten Rassisten schon früh seine Aufwartung machte, ihn 1923 im Bayreuther Heim besuchend. Und Winifred Wagner (1897–1980), seit 1915 Ehefrau von Richards und Cosimas einzigem Sohn Siegfried, hofierte den Führer, trat 1926 in die NSDAP ein und brachte, nach Hitlers eigener Aussage, Bayreuth mit dem Nationalsozialismus zusammen. Aber Chamberlain und Winifred Wagner sind nicht ursächlich, fungieren vielmehr als austauschbare Kulturverwalter, als abgefeimte Resteverwerter. Ursächlich für die Vereinnahmung seines Werks durch die Nationalsozialisten ist ohne Zweifel Wagner selbst, bot er doch den Vertretern dieses Kalibers eine breite Palette von Nutzungsmöglichkeiten, stellte er ihnen doch ein Arsenal von „Kampfstoffen" zur Verfügung. Zu Recht konstatiert Jochen Kirchhoff in seiner 1990 erschienenen Untersuchung, „Nietzsche, Hitler und die Deutschen":

Hitler eröffnet die Festspiele 1938 in Bayreuth.

Hitler war Wagnerianer – daran kann kein Zweifel bestehen. Wagner gehört nicht nur zu den „ideologischen Schlüsselfiguren seiner Formationsjahre" in Wien, sondern er hat die Hitlersche Denk- und Vorstellungswelt auch in späteren Jahren maßgeblich mitbestimmt. Man kennt die zentrale Bedeutung der Bayreuther Festspiele für das Kulturleben des Dritten Reiches, Hitlers freundschaftliche Beziehung zum Hause Wahnfried, insbesondere zu Winifried Wagner, sowie die starken Impulse, die der Veranstaltungsstil des NS-Regimes durch die Wagnerschen Musikdramen empfangen hat. Hitlers inszenatorische Fähigkeiten, seine virtuose Beherrschung der Massenpsychologie sowie seine Neigung zu pathetischem Ritual sind ohne Wagner genauso wenig vorstellbar wie seine „eigentlich unpolitische, theatralische Beziehung zur Welt". Schon als Jugendlicher hat sich Hitler, wie August Kubizek berichtet, „in jene mythische Welt emportragen" lassen, „die für ihn viel wirklicher war als die reale Welt". Das ist gute deutsche Tradition, und fraglos liegen gerade hier Größe und Tragik des deutschen Geistes verborgen.

Jochen Kirchhoff:
„Nietzsche, Hitler und die Deutschen.
Die Perversion des Neuen Zeitalters.
Vom unerlösten Schatten
des Dritten Reiches"

Gewiß: Wagner begründete die Kausalität selbst. Aber war er schuldig an der nationalsozialistischen Ausbeutung seiner geistig-künstlerischen Hinterlassenschaft oder gar an deren Greueltaten? Sicher ist: Die Protagonisten des Tausendjährigen Reichs überblickten nicht den ganzen Wagner, eliminierten seine sozialen und demokratischen Aspekte, entnahmen seinem Werk nur die zu ihrem weltanschaulichen Gebäude passenden Steine, um sie eilfertig mit ihrem Überbau zu verklittern – ein Verfahren, das, an Wagner geübt, schon Tradition hatte. Bereits Nietzsche vermerkte 1888 in „Der Fall Wagner":

Daß man sich in Deutschland über Wagner betrügt, befremdet mich nicht. Das Gegenteil würde mich befremden. Die Deutschen haben sich einen Wagner zurechtgemacht, den sie verehren können: sie waren noch nie Psychologen, sie sind damit dankbar, daß sie mißverstehn.

Friedrich Nietzsche:
„Der Fall Wagner"

August Kubizek, ein Jugendfreund Hitlers, berichtete, wie stark für diesen das frühe „Erlebnis Wagner" war. Hitlers rührselige Bindung an Wagner blieb denn auch bestehen: Nach 1933 besuchte er die Festspiele nicht nur, sondern unterstützte sie darüber hinaus mit 50 000 Mark aus seiner Privatschatulle und ließ Bayreuth während der Festspiele gar zum Luftsperrgebiet erklären.

Von der Stunde an, da Richard Wagner in sein Leben trat, ließ ihn der Genius dieses Mannes nicht mehr los. In Richard Wagners Leben und Werk sah er nicht nur eine Bestätigung des Weges, den er selbst mit seiner geistigen „Übersiedlung" in die deutsche Vorzeit eingeschlagen hatte, vielmehr bestärkte ihn das Wirken Wagners in der Ansicht, daß diese längst verflossene Epoche für die Gegenwart nutzbar zu machen sei, ja, daß sie, wie sie für Richard Wagner zur Heimat seiner Kunst, für ihn dereinst zur Heimat seines Wollens werden könne.

Ich habe in den Jahren meiner Freundschaft mit Adolf Hitler die erste Phase dieser sein ganzes Leben erfüllenden Entwicklung miterlebt. Mit unglaublicher Zähigkeit und Konsequenz machte er sich das Werk und das Leben dieses Mannes zu eigen. Ich hatte so etwas noch nicht erlebt. Als begeisterter Musiker hatte ich ja auch meine großen Vorbilder, denen ich nachzueifern strebte. Aber was mein Freund in Richard Wagner suchte, war viel mehr als nur Vorbild und Beispiel. Ich kann nur sagen: Er eignete sich die Persönlichkeit Richard Wagners an, ja, erwarb ihn so vollkommen für sich, als könnte dieser ein Teil seines eigenen Wesens werden.

Er las mit fieberndem Herzen alles, was er über diesen Meister erlangen konnte, Gutes wie Schlechtes, Zustimmendes wie Ablehnendes. Insbesondere verschaffte er sich, wo er nur konnte, biographische Literatur über Richard Wagner, las seine Aufzeichnungen, Briefe, Tagebücher, seine Selbstdarstellung, seine Bekenntnisse.

Immer tiefer drang er in das Leben dieses Mannes ein. Selbst über scheinbar nebensächliche und belanglose Episoden wußte er Bescheid. Es konnte geschehen, daß Adolf auf unseren Wanderungen plötzlich innehielt, das Thema, das ihn eben beschäftigt hatte – etwa die Versorgung leistungsschwacher Provinzbühnen mit dem für gute Aufführungen notwendigen Inventar aus einem staatlichen von Fall zu Fall zur Entleihung bereitgestellten Fundus – unvermittelt abbrach, mir auswendig den Text eines Briefes oder einer Aufzeichnung von Richard Wagner vortrug oder mir eine seiner Schriften, beispielsweise „Kunstwerk und Zukunft" oder „Die Kunst und die Revolution" vorlas. Obwohl es mir nicht immer leichtfiel, diesen Ausführungen zu folgen, hörte ich doch aufmerksam zu; denn ich freute mich schon auf den Schluß, der immer der gleiche war. „Siehst du", hieß es dann, „auch Richard Wagner ist es so ergangen wie mir. Zeit seines Lebens mußte er gegen die Verständnislosigkeit seiner Umwelt ankämpfen."

August Kubizek:
„Adolf Hitler – Mein Jugendfreund"

Im olympischen Jahr 1936 besuchte John Knittel (1891–1970) die Bayreuther Festspiele. Der schweizerische Autor, der mit seinen Abenteuer- und Gesellschaftsromanen wie „Terra magna" oder „Via Mala" ein Millionenpublikum erreichte, erwies sich auch auf dem „Hügel" als exakter Chronist und Beobachter. Den mit ihm befreundeten Wilhelm Furtwängler verehrte er, die Nazi-Größen aber, Hitler, Göring, Goebbels und ihre Chargen, durchbohrte er mit seinem geübten Röntgenblick:

Aufzeichnungen von John Knittel über einen Besuch in Bayreuth 1936.

17. Juli – Ankunft in Bayreuth, Parsifalstraße 16 – Lohengrin. Das Festspielhaus – ich nenne es Wagner-Fabrik – ist wie ein Bienenstock. Bayreuth könnte eine kleine Stadt im Norden Englands sein.

Besetzt von SA, SS, Nazi-„Würdenträgern" – riesige Mercedes-Autos – Hitler – Göring – Goebbels – Streicher und Papen. Und noch Hunderte mehr. Demonstrationen von „Heil" allüberall. Göring wohnt unmittelbar neben uns mit seiner Frau und seinen schönen Autos. Er trägt Generalsuniform in der Oper und ein riesiges Schwert mit goldenem Knauf. Hitler, Goebbels und andere im Frack mit weißer Fliege um 4 Uhr nachmittags.

Furtwängler, Tietjens und Prätorius haben mit Lohengrin Wunder vollbracht. 500 Personen auf der Bühne.

Am Morgen ging ich mit F. (Furtwängler) Forellen fischen, wir fingen zwei schöne, die Helene wunderbar zum Lunch kochte. Wenn jemand um 5 Uhr gestern nachmittag das Festspielhaus in die Luft gesprengt hätte, wäre Schluß gewesen mit dem „Neuen Deutschland" – und wahrscheinlich auch mit mir. Göring hatte eine Loge für sich selbst. Hitler und Goebbels eine andere, zusammen mit Frau Winifred Wagner, eine jungenhafte, wichtigtuerische, bombastische Geschäftelhuberin zwischen den beiden. Von Papen hatte ebenfalls eine Loge für sich und sah aus wie ein diplomatischer Schimpanse.

Frances zählte in der Pause die Autos mit ausländischen Nummern. Englische, holländische und tschechische – der Rest deutsche Wagen. Wenig Besucher von außerhalb Deutschlands. Wenn die Olympischen Spiele keine größeren Ausmaße an fremdem Andrang zeigen sollten...!

Ich entdecke ein ausgezeichnetes frühes Werk von Luther in der Pension, das mir über die langen Perioden von Langeweile, wie sie große Festspiele auf mich ausüben, hinweghalf. Bei derartigen Gelegenheiten fühle ich mich ständig vergewaltigt. Ich kann nur in der Einsamkeit gute Arbeit leisten. In der Masse bin ich hoffnungslos verloren. Bob (Robert Hichens) genießt hier alles in vollen Zügen. Er liebt Opern, ist ein geborener Opernliebhaber.

22. Juli 1936
Wieder Göring in seiner Loge: In Generalsuniform. Wenn er erscheint, nimmt er seinen Säbel ab mit dem goldenen H. und goldenen Knauf und stellt ihn gegen die Balustrade. Er lehnt sich in seinen Sessel zurück, im Halbdunkel leuchtet sein Gesicht hochrot. In seiner Loge sind Frauen und Adjutanten ... „wer kennt ihre Zahl..."? Er hält sich seine eigene

John Knittel.

Prätorianergarde, junge Giganten des Vaterlandes in SS-Uniform. Sie alle scheinen sich ihrer „Würde" und der „Wichtigkeit" ihrer Aufgabe mehr als bewußt, die hauptsächlich darin besteht, lange Absperrseile zu halten, um die Gaffer fern zu halten.

Loge in der Mitte (von li. nach re.). Goebbels sitzt sehr ruhig (undurchdringlich), seine Arme über der Brust gekreuzt. Seine Augen schweifen überall umher. Kein besonderer Ausdruck auf seinem Vogelgesicht. Mitleid gibt es nicht in dieser kleinen Person. – Daneben Winifred Wagner, die Chefin des Wagner-Clans; die kleinsten, „fuchsigsten" Bourgeois, die ich je gesehen habe. Falls sie kein Talent für Musik hat, besitzt sie doch etwas von jenem angeborenen englischen praktischen Sinn. Sie ist die Managerin der Wagner-Fabrik.

Dann kommt A. H. Seine Haar-Tolle fein über die Stirn gekämmt; der typische Dorfbräutigam! Dann folgt Frau Goebbels, Deutschlands First Lady: „die Teutsche Frau". Ich kann nicht sagen, ob sie sich schminkt oder raucht.

Hinter dieser vordersten Reihe von Macht-Personen gibt es einen Stab von Ober... dies und Ober... das. Zwei Logen weiter von Papen und von Neurath mit Freunden, die die ganze Bonhomie und Unbekümmertheit der niederen Adelsklasse ausstrahlen. „Well, here we are" – Reihen kolossaler Mercedes-Wagen in Schwarz und Silber, Bajonette, SS-Riesen und Wagner-Opern dazwischen. Frau Winifred schwimmt im Glück...

Was ich von Wagner denke, ich wage es nicht zu sagen. Aber ich weiß, daß Parsifal scheußlich ist. Kein Wunder, daß Nietzsche alles in den falschen Hals bekam. Und was das deutsche Publikum anbelangt: Viele tragen das „Swastica" am Knopfloch, P.G.'s etc. Wenn ich sie näher betrachte, so sehe ich überall den gleichen berühmten deutschen „Spießer".

Und ich traf Prinz Auwi von Hohenzollern, der um 4 Uhr nachmittags im Smoking herumrannte. Eine Menge Herren (das Triumvirat mit eingeschlossen) trugen Frack mit weißer Fliege. Mir kommt dies vor, wie wenn man vor dem Frühstück Whisky trinkt.

So ist das also: im Theater singt Lohengrin und draußen das Publikum im Chorus: „Wir wollen unsern

Führer sehen." Krieg muß sehr nahe an den Fersen eines solchen Volkes sein. Ich denke, es hat einen Messias nötig.

Aber die Aufführung von Lohengrin unter Tietjens Regie und Furtwängler war zweifellos ein Wunder von überwältigender Schönheit. Ein großes Erlebnis, selbst für alte Wagnerianer (was ich nicht bin). Und jetzt werde ich mich ein wenig erfrischen, indem ich Gottfried Keller lese.

John Knittel:
"Aufzeichnungen von John Knittel über einen Besuch in Bayreuth 1936",

<small>zitiert aus Schriften vor: John Knittel, die er seiner Tochter Margaret Furtwängler-Knittel für eine biographische Arbeit geschenkt hat und die von ihr aus dem Englischen übersetzt wurden.</small>

In seiner pseudowissenschaftlichen Schrift „Musik und Rasse" (1. Auflage 1932, 2. verbesserte und vermehrte Auflage 1937) versuchte der Rassist Richard Eichenauer, ein Studienrat aus Bochum, in Wagner und seinem Werk „nordische Züge" zu finden. Sein typisches Nazideutsch, das heute (trotz Auschwitz und des Zweiten Weltkriegs) nicht ohne unfreiwillige Komik ist, seine „hochtrachtenden" Erkenntnisse sprechen der wesentlich intelligenteren Analyse von Gustav Freytag Hohn (s. o. dessen Rezension von Wagners „Über das Judenthum in der Musik"), der in dem Komponisten (nach dessen eigener Definition) einen Juden erkennt.

Versteht man dagegen unter „Pathos" die hohe Erschütterung der Seele, so ist es der eigentlich kennzeichnende Zug der großen nordischen Kunst. Und man müßte kein Musiker sein, wollte man nicht gestehen, daß Wagners Töne die Macht der echten Erschütterung kennen. Da schlägt sein nordisches Herz. Wenn im Vorspiel zum dritten Akt der „Meistersinger" aus den trübe spinnenden Fäden des Wahnmotivs sich der Sonnenaufgang der Wachaufweise losringt – wer empfände da nicht eine ähnliche tiefinnere Beseligung wie beim Beginn des Schlußsatzes von Beethovens c-Moll-Symphonie? Wenn die Orchestereinleitung zu Brünhildes Tagbegrüßung mit ihren herb-feierlichen Akkordfolgen erklingt – wer fühlte nicht, daß Wagner hier an die übermenschliche Hoheit der Eddastrophe heranreicht, die ihm als Vorbild für sein „Heil dir, Sonne" gedient hat? Sucht man nach ähnlichen Stellen, so wird man zwei überraschende Entdeckungen machen: Erstens handelt es sich oft um Stellen, die das alte Beethoven-Thema „Durch Nacht zum Licht" umschreiben (…); zweitens sind es häufig ganz oder fast ganz instrumentale Stellen. Diese beiden Züge bestätigen, wieviel Nordisches doch in Wagners Seele sein mußte.

Richard Eichenauer:
„Musik und Rasse"

Bereits 1939 untersuchte Peter Viereck in der amerikanischen Zeitschrift „Common Sense" die Genese des Nationalsozialismus – und entdeckte dabei dessen „Urquell": die politischen Schriften Wagners.

Der Referent ist Thomas Mann, der nobelste und größte deutsche Hitler-Gegner. Was er darlegt, ist seine Liebe und Bewunderung nicht nur für den Musiker, sondern auch für den Denker Wagner. Mann über Wagners Prosa: „Essays von erstaunlicher Intelligenz". Schwenk zurück nach Deutschland: Hitlers „Lieblingslektüre" sind „die politischen Aufsätze Richard Wagners".

Diese unfaßbar einflußreichen Prosastücke Wagners sind den Amerikanern ebenso unbekannt wie den meisten Deutschen. Aber wie können sie dann so einflußreich sein? Und welche der beiden Seiten beruft sich rechtens auf Wagner als ihren Schutzheiligen? Das von mir zusammengetragene Beweismaterial zeigt dieses böse Genie als die wohl wichtigste Einzelquelle, ja schlechthin als den Urquell der Nazi-Ideologie. Zwar wurden seine in den offiziellen Bayreuther Blättern erschienenen politischen Tiraden den Massen kaum bekannt. Doch seit seinem Tode 1883 speisten seine Ideen das Volk indirekt durch seine Popularisierer.

Die Popularisierer seiner Ideen und der seines Busenfreundes Gobineau waren jene, die man den „Wagner-Kreis" nannte. Daraus wurde nach seinem Tode der „Bayreuther Kreis". Die bekanntesten Figuren des Wagner- und Bayreuther Kreises sind Wagners Witwe Cosima, Wagners Schwiegersohn Houston Stewart Chamberlain und beider Freunde Alfred Rosenberg und Dietrich Eckart. Dieser Alfred Rosenberg ist heute der offizielle Nazi-Philosoph. Eckart war ein aufgekratzter Saufpoet aus Münchens Bohème. Wenn er nüchtern war, unterwies er als führendes Gründungsmitglied der NSDAP seinen jungen Schüler Hitler in der Chamberlain-Wagnerschen Lehre der arischen Rassenreinheit. 1923 führte Eckart Hitler in Frau Wagners Bayreuther Kreis ein.

Folgende Stimuli, die Hitler samt und sonders kombinierte, um die Massen zu gewinnen, lagen schon dem gesellschaftlichen Denken Wagners zugrunde: pangermanischer Nationalismus, Wirtschaftssozialismus, fanatischer Antisemitismus (abgeleitet aus der mittelalterlichsozialistischen Anti-Wucherer-Tradition), Auflehnung gegen den Legalismus, Kampf gegen die Vernunft, insbesondere gegen „artfremden" Intellektualismus, das „Führerprinzip", Schaffung eines organischen Volksstaates ohne Klassenunterscheidung, Haß auf die Freiheit der Rede, die parlamentarische Demokratie und die „internationalen Bankiers", die angeblich die Demokratie kontrollieren, sentimentaler nordischer Primitivismus der Sagen von Siegfried und den Nibelungen.

Nun hat Wagner keine dieser Doktrinen in die Welt gesetzt. Seine historische Bedeutung liegt in Folgendem: Er ist der Brennpunkt, in dem alle diese kontradiktorischen Doktrinen sich zu einem einzigen demagogischen Programm vereinigen. Das Glaubensbekenntnis Nazi-Deutschlands – besonders sein ökonomischer Nationalbolschewismus – wurde in Amerika total mißverstanden. Diese scheinbar fernen Nazi-Ideen bedeuten eine größere Bedrohung unseres „way of life", als wir uns vorstellen. Können wir dadurch, daß wir ihre emotionalen und intellektuellen Wurzeln bei einem einzelnen, Wagner nämlich, psychoanalytisch untersuchen, ihre Anziehungskraft auf seine deutschen Volksgenossen oder sogar auf Amerikaner besser verstehen? In diesem Fall könnten wir diese Faszination besser bekämpfen.

Peter Viereck:
*„Hitler und Wagner.
Zur Genese des Nationalsozialismus."*

Gemäß dem Motto „Kraft durch Freude" lud „unser Führer" Adolf Hitler während des Zweiten Weltkriegs nach Bayreuth zu den sogenannten Kriegsfestspielen ein – vorzugsweise Rüstungsarbeiter und Kriegsverwundete. Diese konnten 1943 als Liebesgabe eine Festschrift („Richard Wagner und seine Meistersinger") entgegennehmen, die ein Dr. Richard Wilhelm Stock zusammengestellt hatte, ein Rassist übelster Sorte, wie sein Vorwort auf Schritt und Tritt dokumentiert:

„Nur wenigen Gottbegnadeten hat zu allen Zeiten die Vorsehung die Mission aufgegeben, wirklich unsterblich Neues zu gestalten. Damit sind diese aber die Wegweiser für die lange Zukunft, und es gehört mit zur Erziehung einer Nation, den Menschen vor diesen Großen die nötige Ehrfurcht beizubringen; denn sie sind die Fleischwerdung der höchsten Werte eines Volkes." Diese Worte des Führers aus seiner Kulturrede auf dem Reichsparteitag „Sieg des Glaubens" treffen so recht auf das Schaffen des großen Genius von Bayreuth Richard Wagner zu.

Die Werke dieses deutschen Meisters sind ganz aus dem Blut und Leben des deutschen Volkes herausgewachsen. Sie bilden einen nicht mehr wegzudenkenden Bestandteil der ewigen Kulturwerte des Deutschtums. Von den Werken Wagners strömt die unendliche Kraft deutschen Geistes, Wesens und Heldentums aus. Keine der gewaltigen Schöpfungen des Meisters aber atmet so viel Gemüt und biederen Volkssinn wie seine „Meistersinger von Nürnberg". In diesem Werk sind Ton und Dichtung in herrlicher Harmonie vereinigt zu einem gigantischen Gemälde des deutschen Menschen.

Richard Wagner wollte die Urauffführung dieses Werkes in Nürnberg haben. Er wußte, daß das Nürnberg eines Hans Sachs und Albrecht Dürer von jeher ein Hort des Deutschtums und die Stadt der mittelalterlichen Kunsthandwerke und weltberühmten deutschen Kaufleute ein gewaltiges Bollwerk gegen jüdisches Schmarotzertum und jüdischen Händlergeist war. Aber gerade in jener Zeit, als Richard Wagner der Stadt der Meistersinger eine hohe Ehre erweisen wollte durch Übertragung der Uraufführung seines Werkes an das Nürnberger Stadttheater, waren die maßgebenden Persönlichkeiten und zuständigen Stellen durch den antideutschen Geist der seit 1848 wieder zugelassenen Juden bereits so angekränkelt und beeinflußt, daß der edle Wunsch des als Judengegner verhaßten Meisters der Ablehnung verfiel. Man brachte es in jener Zeit sogar fertig, in umittelbarer Nähe des dem größten deutschen Volksdichter Hans Sachs errichteten Denkmals eine Synagoge „reinsten orientalischen Stils" zu erbauen. Um für den fremdstiligen Judentempel inmitten der urdeutschen Altstadt den von der jüdischen Kultusgemeinde gewünschten Bauplatz freizubekommen, genehmigte der Stadtmagistrat sogar den Abbruch des wertvollen historischen Patriziergebäudes „Harsdörfer-Hof".

Aus diesem Geist der damaligen verantwortlichen Leitung der Stadt Nürnberg heraus kann man es ja verstehen, daß man der Uraufführung der „Meistersinger von Nürnberg" in Nürnberg ablehnend gegenüberstand oder gegenüberstehen mußte. Die Stadt hatte es ja nicht einmal der Mühe wert gefunden, zur Enthüllung des Hans-Sachs-Denkmals im Jahre 1874 den großen Meister von Bayreuth, der in seinen „Meistersingern" dem Nürnberger Schuster-Poeten ein ewiges lebendiges Denkmal gesetzt hat, einzuladen. Diese Kulturschande des damaligen durch den jüdisch-demokratischen Geist verseuchten Bürgertums auszulöschen und das dem großen deutschen Genius zugefügte Unrecht wieder gutzumachen, blieb Adolf Hitler vorbehalten. Er machte Bayreuth zu einem Wallfahrtsort deutscher Kultur, durch tatkräftigste Förderung des Bayreuther Gedankens und der Wagner-Festspiele. Den größten Ausdruck gab der Führer seiner Verehrung für Richard Wagner und sein Werk aber dadurch, daß er den Namen des Meisters durch die Bestimmung der „Meistersinger von Nürnberg" zum Festspiel und feierlichen Auftakt der Reichsparteitage an die Spitze der größten

Feiertage der Deutschen stellte. Es ist eine wundersame Fügung, daß diesem großen Genius im Reiche der Kunst, dem von Juden und Judengenossen in der niederträchtigsten Art bekämpften und bespieenen Judengegner gerade in Nürnberg diese Ehre zuteil wurde, in jener Stadt, von der aus seit Jahrhunderten bis in unsere Tage ein zäher Kampf gegen das Weltjudentum geführt wird und wo der Führer zur Krönung dieses Kampfes auf dem „Reichsparteitag der Freiheit" im Jahre 1935 die Gesetze zum Schutze des deutschen Blutes, die Nürnberger Gesetze, verkündete. So haben auch die weltanschaulichen Lebensziele Richard Wagners in der Stadt seiner „Meistersinger" eine herrliche Erfüllung gefunden.

Richard Wilhelm Stock:
*„Richard Wagner
und seine Meistersinger"*

In dem gleichen von Dr. Stock besorgten Pamphlet scheute sich Winifred Wagner nicht (sie leitete die Festspiele von 1930 bis 1944), die „Meistersinger" per Grußwort zum antikommunistischen Bollwerk, zur Wunderwaffe umzufunktionieren: das Künstlerdrama ihres Schwiegervaters auf eine Stufe mit dem aktuellen von Zarah Leander kreierten Schlager „Ich weiß, es wird einmal ein Wunder gescheh'n" stellend:

Wenn für die Kriegsfestspiele 1943 gerade „Die Meistersinger von Nürnberg" ausgewählt wurden, so hat das eine tiefe und symbolische

Bedeutung. Zeigt uns doch dieses Werk in eindrucksvollster Form den schaffenden deutschen Menschen in seinem völkisch bedingten Schöpferwillen, dem der Meister in der Gestalt des Nürnberger Schuhmachers und Volksdichters Hans Sachs eine unsterbliche Verkörperung gegeben hat und der im gegenwärtigen Kriege der abendländischen Kulturwelt mit dem destruktiven Geist des plutokratisch-bolschewistischen Weltkomplotts unseren Soldaten die unüberwindliche Kampfkraft und den fanatischen Glauben an den Sieg unserer Waffen verleiht.

In einem Gespräch mit Hans Mayer markierte Heinz-Klaus Metzger, Co-Herausgeber der „Musik-Konzepte", das Ende der Bayreuther Festspiele im Dritten Reich und ihren Neubeginn nach 1945:

Und dann folgte Wagner im Dritten Reich (...), wo diese Bayreuther Institution ihren Höhepunkt erlebt hat und zugleich ihr Ende; denn es war ja so, daß in jenem Moment, wo die Kriegsgeschichte des Nationalsozialismus den Punkt erreicht hatte, da es mit der Götterdämmerung für die Nazis ernst wurde, die Bayreuther Festspiele aufhören mußten. (...) Und dann begann nach der Befreiung jene Rehabilitation Wagners und das Wiederaufleben der Bayreuther Institution unter allmählich anderen Vorzeichen. Es hat hier Rettungsversuche gegeben für den durch die politische Geschichte inzwischen so tief kompromittierten Wagner, und vor allem Rettungsversuche von zweierlei Art: Das eine war die systematische Verdrängung seines Antisemitismus, so daß jetzt, nachdem die Cosima-Tagebücher erschienen sind, unendlich viele Leute überrascht sind, was Wagner für ein Mensch war, als ob man das nicht vorher schon gewußt hätte, wenn auch vielleicht nicht so genau, aber immerhin: gewußt hat man es. Diese Überraschung, die jetzt durch die Lande geht und die man in Gesprächen, auch in Artikeln über die Cosima-Tagebücher zu spüren bekommen hat, ist ja nur zu erklären aus der Verdrängung wohlbekannter Sachverhalte, nämlich der ganzen antisemitischen Seite, ja ich möchte sagen: des antisemitischen Kerns Wagners. Und da man einiges davon doch gespürt hat, gab es außer der Verdrängung noch einen anderen Versuch der Rettung, nämlich die Reinigung. Die „Entrümpelung" Bayreuths durch Wieland Wagner hatte ja diesen Charakter einer gewissen Tempelreinigung...

Hans Mayer/Heinz-Klaus Metzger/ Rainer Riehn:
„Diskussion über Recht, Unrecht und Alternativen"

Wagner in der Sicht des 20. Jahrhunderts

Die im 20. Jahrhundert verlautbarten Äußerungen über Wagner zerfallen in zwei Gruppen, werden durch die Katastrophe des „Tausendjährigen Reichs" dividiert: Nach 1945 und den vorangegangenen, durch die deutschen Nationalsozialisten verursachten Katastrophen kann Wagners unverhohlener Antisemitismus nicht mehr naiv geleugnet werden, stellt sich den über Wagner arbeitenden Autoren hartnäckig die von Heinz-Klaus Metzger bissig formulierte Frage: Wie antisemitisch darf ein Künstler sein?

George Bernard Shaw (1856–1950), irischer Schriftsteller, Dichter und Sozialist, publizierte 1898 unter dem Titel „The Perfect Wagnerite" (deutsche Übersetzung: 1908) einen „Ring"-Kommentar, der den Nebel aus den Niederungen deutscher Wagnerianer vertrieb und zu einer erfrischenden, auch und gerade heute noch aktuellen Wertung gelangte. So verglich er – ohne den Tatbestand verbal zu verbrämen – den im Besitz des Rheingolds befindlichen Alberich und sein Verhältnis zu den für ihn sich abrackernden Nibelungen mit Strukturen einer kapitalistischen Gesellschaft:

Welche Mächte gibt es nun in der Welt, die Alberich, unserem Zwerg, in seiner neuen Eigenschaft als eingeschworener Plutokrat widerstehen könnten? Er begibt sich sogleich ans Werk, die Macht des Goldes zu nutzen. Für seinen Vorteil sind von nun an Horden seiner Artgenossen dazu verdammt, sich unter und über der Erde jämmerlich zu schinden, an die Arbeit gepeitscht von der unsichtbaren Geißel des Hungertodes. Sie sehen ihn nie, ebensowenig wie die Opfer unserer lebensgefährlichen Arbeitsplätze jemals die Aktionäre sehen, deren Macht nichtsdestoweniger allgegenwärtig ist und sie ins Verderben treibt. Der gleiche Reichtum, den sie mit ihrer Arbeit schaffen, wird zu einer zusätzlichen Kraft, sie auszusaugen; denn kaum von ihnen geschaffen, gleitet er aus ihren Händen in die ihres Herrn und macht ihn mächtiger denn je. Diesen Vorgang kann man heute in jedem zivilisierten Land beobachten, wo Millionen Menschen sich in Not und Krankheit abarbeiten, um mehr Reichtümer für

unsere Alberiche aufzuhäufen, und nichts anderes für sich selbst anzusammeln als dann und wann grauenhafte und qualvolle Krankheit und die Gewißheit eines vorzeitigen Todes. Dieser ganze Teil der Handlung ist erschreckend wirklich, erschreckend aktuell und erschreckend modern; und seine Auswirkungen auf unser soziales Leben sind so entsetzlich und ruinös, daß wir vom Glücklichsein gar nicht mehr genügend wissen, um dadurch aus der Fassung gebracht zu werden. Nur dem Dichter mit seiner Vision von dem, was das Leben sein könnte, sind diese Dinge unerträglich. Wären wir ein Volk von Dichtern, machten wir dem ein Ende, bevor dieses elende Jahrhundert zu Ende geht. Da wir statt dessen ein Volk von moralischen Zwergen sind, halten wir diese Dinge für höchst achtenswert, angenehm und richtig und lassen zu, daß das Unheil, das sie anrichten, sich vermehrt und nach allen Richtungen ausbreitet. Gäbe es keine höhere Macht auf der Welt, Alberich entgegenzuwirken, das Ende wäre völlige Vernichtung.

George Bernard Shaw:
„Ein Wagner-Brevier.
Kommentar zum Ring des Nibelungen"

Thomas Mann (1875–1955) litt ein Künstlerleben lang an Wagner: dessen Werk verehrend, den Menschen aber verachtend – wie zwei drastisch kontrastierende Dokumente verdeutlichen:

Selten, denke ich, wird auf einen Nicht-Musiker – und entschiedeneren Nicht-Dramatiker – der Einfluß Wagners so stark und bestimmend gewesen sein, wie ich es von mir zu bekennen habe. Nicht als Musiker, nicht als Dramatiker, auch nicht als „Musikdramatiker" wirkte er auf mich, sondern als Künstler überhaupt, als der moderne Künstler par excellence, wie Nietzsche's Kritik mich gewöhnt hatte ihn zu sehen, und im besonderen als der große musikalisch-epische Prosaiker und Symboliker, der er ist. Was ich vom Haushalt der Mittel, von der Wirkung überhaupt – im Gegensatz zum Effekt, dieser „Wirkung ohne Ursache" –, vom epischen Geist, vom Anfangen und Enden, vom Stil als einer geheimnisvollen Anpassung des Persönlichen an das Sachliche, von der Symbolbildung, von der organischen Geschlossenheit der Einzel-, der Lebenseinheit des Gesamtwerkes, – was ich von alldem weiß und zu üben und auszubilden in meinen Grenzen versucht habe, ich verdanke es der Hingabe an diese Kunst.

Thomas Mann:
„Einkehr. Betrachtungen eines
Unpolitischen"

George Bernard Shaw.

Tietjen, Furtwängler, Eberhardt, Emil Preetorius und Winifred Wagner.

Ach, diese Sache! Ich wollte, wir könnten bei Tee und Zigaretten drei Stunden darüber mündlich dischkurieren. Wir würden uns gut verstehen in unserem Enthusiasmus, – und in seinen skeptischen Brechungen. In Ihrem Essay glauben Sie Wagnern allzuviel, lassen unwillkürlich und notwendigerweise zuviel weg von dem, was gräßlich an ihm war, und verklären noch seinen Welterfolg, daß es fast schon ans Unerlaubte grenzt. Glauben Sie ernsthaft – Sie können es ja gar nicht glauben! – daß dieser Siegeszug über die bourgeoise Welt der Sehnsucht zu danken ist, „zurückzutauchen in den wiedervereinenden Abgrund und die heilige Nacht", – und nicht vielmehr der deutschen Mischung aus Barbarismus und Raffinement, mit der ja auch Bismarck Europa unterworfen hat, – plus einem Erotizismus, wie er in Gesellschaft noch nie exhibiert worden war? Können Sie die Pariser Venusbergmusik noch gut hören? Es ist ja wirklich zuweilen unappetitlich. Und, wieder anders: Können Sie Hans Sachsens Theatersinnigkeit noch recht vertragen, die Gans, Evchen traut, den „Juden im Dorn", Beckmesser? Dabei ist dessen Pantomime, bis er das Lied findet, einfach glänzend, das Vorspiel zu dem Akt ganz herrlich, das Quintett ein wunderschönes Stück. Überhaupt ein Können, ein Talent, eine Vortragskunst – nicht zu sagen. Aber Manieren dabei, ein Anspruch, eine Selbstverherrlichung und mystagogische Selbstinszenierung – auch nicht zu sagen und zu ertragen. Warum nun gerade dieses Werk, das er, bei persönlichster Synthese, doch überallher hat, volkschaffend und welterlösend sein soll, das wissen die Götter. Es ist da, in Wagners Bramarbasieren, ewigem Perorieren, Allein-reden-Wollen, über alles Mitreden-Wollen eine namenlose Unbescheidenheit, die Hitler vorbildet, – gewiß, es ist viel „Hitler" in Wagner, und das haben Sie ausgelassen, mußten es natürlich auslassen, – wie sollten Sie das Werk, dem Sie dienen, mit Hitler in Verbindung bringen! Es hat lange genug mit ihm in Verbindung gestanden.

Brief an den Bühnenbildner Emil Preetorius
Pacific Palisades, Calif. den 6. Dez. 49

Theodor W. Adorno (1903–1969), 1934 aus Deutschland emigrierter Philosoph, Komponist, Musikschriftsteller und Berater Thomas Manns bei dessen Musikerroman „Dr. Faustus", reflektierte in seinem Ende der 30er Jahre entstandenen, aber erst Jahrzehnte später veröffentlichten „Versuch über Wagner" den im „Ring" dargestellten Verfall des Bürgertums.

So emphatisch Wagners Musik als Stil durchgebildet ist, so wenig ist dieser Stil dafür System im Sinn der konsequenzlogischen Geschlossenheit, des reinen Immanenzzusammenhangs von Ganzem und Teilen. Das aber gerade hat seinen revolutionären Aspekt. In der Kunst nicht weniger als in der Philosophie trachten die Systeme, die Synthesis des Mannigfaltigen aus sich hervorzubringen. Dabei richten sie in Wahrheit stets an einer vorgegebenen, aber fragwürdig gewordenen Totalität sich aus, deren unmittelbares Daseinsrecht sie bestreiten, um sie vermittelt aus sich selber nochmals zu erzeugen. Damit ist es bei Wagner zu Ende. Seine apologetisch rückwärtsgewandte Stellung zum Bürgertum hat die Kehrseite, daß er den Kosmos der bürgerlichen Formen ungebrochen nicht mehr akzeptiert. Nichts Vorgegebenes wird geduldet, keine „Typen", von den Gesamtformen angefangen, die den Namen der Oper verschmähen, bis zur Anlage der Motive, die alles an Figuration Gemahnende idiosynkratisch sich verwehren. Gegenüber der Wagnerschen décadence bahnt heute ein Verfall sich an insofern, als eben diese Empfindlichkeit den Musikern abhanden kam, ja sie geradezu nach den Fesseln des Typischen lechzen, die Wagner abzuwerfen trachtete.

Wenig bezeichnet den Impuls seiner Verfahrungsart besser als seine Äußerung, er höre zuweilen bei Mozart im Geist das Klappern des Geschirrs zur Tafelmusik. Das gegenwärtige Verhältnis zum musikalischen „Erbe" laboriert vorab daran, daß keiner mehr solche Respektlosigkeit sich zutraut. Die typenfeindliche, mit Typen bloß noch spielende Formbildung Wagners hat nicht bloß die feudalen Restbestände des musikalischen Materials fortgeräumt, sondern darüber hinaus das Material dem Komponisten unvergleichlich viel fügsamer gemacht, als es je zuvor war. Die Maxime dieser Formgesinnung ist im ästhetischen Gespräch der Meistersinger lapidar definiert: „Wie fang ich nach der Regel an? – Ihr stellt sie selbst und folgt ihr dann." In den gleichen Zusammenhang fällt die Forderung Wagners nach sinngerechter Deklamation. Sie ist antiromantisch und antifeudal: die Idee der musikalischen Prosa wirft ihren Schatten voraus, indem der Zauberbann der Symmetrie gebrochen wird. Die Sprachähnlichkeit der Musik, der sie so viel von ihrem metaphysischen Anspruch verdankt, schlägt um in ein Mittel musikalischer Aufklärung, freilich in Wagners Kompositionsweise noch in Schranken gehalten durch die Vorherrschaft der symmetrischen Periode. Die Forderung des „natürlichen" Deklamierens weist ebenso auf die Wagnersche Typenfeindschaft wie auf das Bedürfnis nach Verschmelzung der Medien; gleich der Konzeption des Leitmotivs aber bereitet auch jene das technische, rationale Kunstwerk vor.

Theodor W. Adorno:
„Versuch über Wagner"

Der Literaturwissenschaftler Hans Mayer (*1907) erregte 1959 durch eine Wagner-Biographie Aufsehen, in der er die Lebensgeschichte des Dichterkomponisten als Auseinandersetzung eines bürgerlichen Künstlers mit der Gesellschaft seiner Zeit schilderte.

War Richard Wagner ein Revolutionär? Er selbst hat den gesamten Vorgang später nach Kräften bagatellisieren wollen. Seine Beteiligung am Dresdner Mai-Aufstand wurde als theatralische Ekstase eines leicht entflammten, aber eigentlich unpolitischen Künstlers hingestellt. Cosima und das Haus Wahnfried haben in diesem Sinne weitergewirkt. So entstand das Bild eines Künstlers, königlich-sächsischen Kapellmeisters, der eigentlich ohne Schuld auf die Barrikade geriet, flüchten muß, sehr schnell im Exil seine Taten bereut und schließlich, trotz offenbarer Reue, spät erst und unter großen Schwierigkeiten die wohlverdiente Amnestie erhält.

Von alldem kann in Wahrheit keine Rede sein. Die Behauptungen in „Mein Leben" sind nicht haltbar. Wagner stellt es so dar, als habe er zuerst noch tief beschäftigt mit der Vollendung des „Lohengrin", gleichsam blinzelnd aufgeschaut, den Ausbruch der Revolution gewahrt und sich nunmehr ein bißchen für das Politische interessiert.

Hans Mayer:
„Richard Wagner in seiner Zeit"

Carl Dahlhaus (1928–1989), in dessen beeindruckender Reihe von Publikationen Wagner eine zentrale Stellung einnimmt, monierte in seiner Schrift „Richard Wagners Musikdramen" (1971) eine Lücke in der Wagner-Literatur:

Die Geschichte von Wagners Ruhm ist noch nicht geschrieben worden. Es scheint jedoch, als sei es in den 1850er Jahren entscheidend gewesen, daß der Erfolg von „Tannhäuser" und „Lohengrin", der sich zunächst zögernd, dann aber stetig ausbreitete, mit der intellektuellen Herausforderung zusammentraf, die von Wagners Schriften, „Das Kunstwerk der Zukunft" und „Oper und Drama", ausging. (Das Leben der Musik ist von der Literatur über Musik nicht so unabhängig, wie die Verächter der Reflexion unter den Musikern meinen.) Nicht, daß es vor Wagner an Traktaten zur Opernreform gemangelt hätte; die Unsicherheit und Schwäche der deutschen Oper bildete vielmehr einen ständigen Anreiz zu einer Reflexion, die sich bemühte, das Elend der Opernwirklichkeit in der Idee „aufzuheben". Neu aber war, daß der Eifer und Ehrgeiz des Theoretikers, der den Umsturz der Oper plante, nicht in der Abstraktion verharrte, sondern sich in Werken dokumentierte, die sich beim Publikum durchsetzten. Nichts wäre falscher, als zu vermuten, Wagner sei „verkannt" worden (wie Schubert oder Bruckner). Er begegnete zwar einer manchmal gehässigen Polemik, niemals jedoch dem bösen Schweigen des Boykotts.

Carl Dahlhaus:
„Richard Wagners Musikdramen"

Pierre Boulez (*1925), französischer Komponist, machte (wie Wagner das Subjekt seiner Interessen) durch (scheinbare?) Widersprüche von sich reden: Forderte er einst, die Opernhäuser in die Luft zu sprengen, so betätigte er sich von 1976 bis 1980 als Dirigent der Bayreuther Festspiele.

Wagner, in die romantische Idealisierung eines mythischen Mittelalters vertieft, überlagert die politisch-kulturelle Reaktion des 19. Jahrhunderts mit den Vorurteilen eines militanten Christentums gegenüber einem Volk, das Jesus ans Kreuz geschlagen hatte. Wenn er auch keine Ausnahme im Antisemitismus der Intellektuellen ist, so repräsentiert er doch ein Amalgam von Vorstellungen, aus dem sich nur allzu leicht herausholen ließ, was ihn zum Schirmherrn eines besonders unerbittlichen Kreuzzugs macht. Von diesem Schirmherrn hat er übrigens etwas an sich gehabt: Er wurde das Opfer seines eigenen Bildes, denn man zwängte die nordischen Mythen, zu deren Wiederbelebung er beitrug, ob sie wollten oder nicht, in einen ideologischen Panzer, für den sie ursprünglich gewiß nicht bestimmt waren. Von der griechischen Tragödie zum rassistischen Manifest vollzog sich ein Abstieg, für den man ihn nur teilweise verantwortlich machen kann; verantwortlich aber doch. So erweist es sich als schwer, wo nicht unmöglich, diesen Nebel zu zerstreuen, diese Schatten, diese Nacht zu vertreiben.

Pierre Boulez:
„Divergenzen: vom Wesen zum Werk"

Der Philosoph Ernst Bloch (1885–1977) erkannte im Werk Wagners Kategorien des Vulgären:

Frage der Paradoxa

Wer vieles bringt, wird jedem etwas bringen, dieser Spruch ist auch bedenklich. Besonders wenn das Gebrachte recht verschiedene Güte zeigt, laufend nebeneinander, wie sich's trifft. So gibt es bei Wagner zweifellos viel vulgäre Stellen, und dicht dabei staunt der Fachmann, während der Laie sich mehr an die alten Perlen hält. Doch selbst der Laie kann dann sagen: oft nimmt es Wagner in der Erfindung, wo er es findet. Das gilt nicht nur für das Lied an den Abendstern, diese banale, doch immerhin gemütvolle Romanze; es gilt weit verantwortlicher für das kleinbürgerliche Ferien-Juhu im Hojotoho oder in Sachsens Jerum mit anschließendem Geklopfe. Gilt vermehrt für Siegfrieds brutale Schmiedelieder und auch für alles Reißerische, was Musik für Unmusikalische genannt worden ist. Das ist das eine und ist auch nicht aufzuheben, am wenigsten, wie sich von selbst versteht, durch Bel canto; einzige Auskunft ist die des Kaspar aus dem „Freischütz" (falls sie helfen sollte): „So etwas sieht ein Gescheiter gar nicht." Und der Fachmann, dann auch der Laie legt desto weniger Gewicht auf dies irreparable Wesen, als er den weit überwiegenden Wagner kennt, erkennt, bei dem es so durchaus anders kommt und hergeht, als der Vulgäre denkt. Sonst wäre der Widerstand auch der stumpfen Welt, nicht nur der gebildeten, wegen Wagner schwerlich so groß gewesen; überwiegendes Hojotoho hätte gleich das Rennen gemacht. Doch feines, auch mächtiges Überraschen ist hier größer als das Durchkomponierte. So steht – was eben das Erstaunliche neben dem Familiären Wagners betrifft – dicht neben dem Preislied Walthers (auch einer Art Abendstern im Grunde) nichts Geringeres als die Musik Beckmessers, gewiß nicht sein jämmerliches Ständchen, doch viel aus seinem anderen, stachligen Gesangsduktus und vor allem die Musik seiner Pantomime, die ohne diesen seinen Gesangsduktus nicht möglich wäre und eine der besten, kühnsten der „Meistersinger" ist. Sie ist – schon ganz wider das Verabredete – gerade bedeutend „moderner", schwimmt bedeutend mehr gegen den herkömmlichen Strom als das Preislied Walthers. Das ist dramaturgisch betrachtet ein Fehler, musikalisch aber ein ausgemachtes Paradox, und zwar eines, das gewiß nicht nur mit dem Vulgären unvereinbar ist.

Ernst Bloch:
„Paradoxa und Pastorale bei Wagner"

Der Germanist Peter Wapnewski (*1922), der sich in seinen zahlreichen Studien vor allem dem Mittelalter und dessen mächtigstem Mittler, Richard Wagner, widmete, erkannte Wotan als die wichtigste Figur des Dichterkomponisten, drohten sich doch beide im Gewirr der Widersprüche zu verfangen, spürten doch beide hinter diesem Geschick den drohenden Untergang der Welt.

Sein Schöpfergott hat Wagner, den Gottschöpfer, zwei Jahrzehnte begleitet, in Wahrheit aber sehr viel länger. 1848 entworfen und 1869 mit zerbrochenem Speer von der Bühne genommen, ist er doch auch 1874 hörbar präsent im Finale der „Götterdämmerung" mit „seinem", mit dem Walhall-Thema. Wotan, verwirrt im Geflecht seiner Schuld und seiner Schulden, Erfinder des Weltenplans und sein Opfer zugleich. Die Politik ist von je ein reizvolles Sujet für das nach Aktion, großen Szenen und explosiven Rencontres suchende Opern-Libretto gewesen, Degen und Mantel sind politische Instrumente. Aber nie zuvor und hernach ist sie als handelnde Macht in einer einzigen Figur derart vollkommen aufgegangen. Wotan, mehr als bloß Exponent oder Allegorie, ist „die Politik". So wird man es denn auch nicht als Zufall werten, daß in diesem unseren von der Politik zutiefst versehrten Jahrhundert ein deutscher Dichter, von Haus aus dem politischen Geschäft fern und gegen dessen peinliche Aktualitäten „bürgerlich" abgesichert, im Zeichen Wagners von seinem Lande sich trennt, von ihm getrennt wird. Es war Thomas Manns Vortrag vom Februar 1933, Dokument seiner „Passion für Wagners zaubervolles Werk", den das damals neue Deutschland zum Anlaß nahm, sich von ihm loszusagen. Ein von Tragik nicht freier Akt der schrecklichen Ironie, denn da handelte die Macht, die den Künstler Wagner nicht verstand, in seinem Namen gegen den Einzelnen, der ihn verstanden hatte. Der Fall Wagner ist, wie immer man ihn sieht, ein deutscher Fall.

Peter Wapnewski:
„Der traurige Gott.
Richard Wagner in seinen Helden"

Die Autorin Sabine Zurmühl (*1947) deckte in ihrem 1989 veröffentlichten Essay „Brünnhilde – Tochter im Tode im Leben. Eine feministische Interpretation" eine bis dato wenig beachtete Schicht in Wagners „Ring" auf. Sie deutete Brünnhilde als weibliche Ergänzung von Wotan, mit dem zusammen die Walküre eine zärtliche Einheit bilde – der Traum Wagners vom zweiten Ich, der „Männer-Traum einer Epoche, in der noch zunehmend das Autoritäre, Geschäftstüchtige, selbstverleugnende Mutige zum Männlichkeitsdrill gehörte": Wagner-Wotan als Befreier aus den Geschlechterrollen der postrevolutionären Zeit! Um so größer die Enttäuschung des Gottes, als Brünnhilde gegen seinen erklärten Willen ihrem Bruder Siegmund im Kampf gegen Hunding zur Hilfe eilen will:

Wotan ist durch Brünnhildes Ungehorsam nicht nur erhaben gekränkt, Wotan ist auch auf das Verhalten seiner Tochter schlicht neidisch. Neidisch auf die Freiheit, die sie sich nimmt, und auf die er gedemütigt, zähneknirschend verzichtet hat. Und daß da noch eine andere Ebene hineinspielt als die der Entscheidung für oder gegen den Zwillingsgeliebten Siegmund, das verraten die von Wagner für diesen Neid benutzten sprachlichen Bilder nur zu deutlich. Wotan zu Brünnhilde: „Wo gegen mich selber / ich sehend mich wandte, / aus Ohnmachtsschmerzen / schäumend ich aufschob / ... da labte süß / dich selige Lust; / wonniger Rührung / üppigen Rausch / enttrankst du lachend / der Liebe Trank." Aus dem Vorwurf – Brünnhilde hat zum ersten Mal in ihrem Leben dem Vater nicht gehorcht – spricht der beleidigte Liebhaber. Selige Lust und schäumendes Aufschieben. Du bist zwar mein über alles und über alle anderen geliebtes Kind, aber dies nur so lange, wie du dein Verhalten bedingungslos an meines knüpfst: Selbstverdoppelung eben. Aber bitte freiwillig: Gern muß die Tochter den Willen des Vaters erfüllen, mit demselben Ziel und denselben Beweggründen. Als habe sie das Leben des Vaters geführt, als gäbe es für beide immer nur dieselben Einsichten, denselben Schluß. Der Konflikt aber: Es gibt zwei. Trotz der Nähe zueinander einen der Tochter, einen des Vaters. Im Namen der Autorität heißt dies auch: einen falschen und einen richtigen. Den der Tochter nimmt Wotan für den falschen. Und hätte ihn doch gerne selbst genau so gezogen. Der

Ausweg, hilflos und verdrängend, heißt: Trennung. Brünnhilde muß weg.

Aus der Streitsituation zwischen beiden schält sich ein neuer Plan – sogar ein gemeinsamer. Wotan wird Brünnhilde in Schlaf versetzen. Dann kann sie nichts anderes erleben oder entscheiden, da ist sie wie tot, kann selbst nichts mehr ausrichten, bleibt aber vorhanden und kostbar durch einen schrecklichen Feuerwall, der sie umgeben soll.

Sabine Zurmühl:
„Brünnhilde –
Tochter im Tode im Leben"

In seiner 1988 vorgelegten, ein Jahr später erschienenen Dissertation „Die Tyrannei der Musik. Nietzsches Wertung des Wagnerschen Musikdramas" registriert Franz-Peter Hudek Übereinstimmungen zwischen Dahlhaus sowie Adorno einerseits und Nietzsche andererseits:

Die Entsprechungen in der Charakterisierung des Wagnerschen Musikdramas zwischen Dahlhaus und Nietzsche stellen keinen Einzelfall dar. Auch Theodor W. Adorno vermittelt in „Versuch über Wagner" meist altbekannte, von Nietzsche bereits vorweggenommene Einsichten über das Musikdrama. Hierzu folgen einige Beispiele.

Bekanntlich ist laut Nietzsche die neue Kunstgattung Musikdrama praktisch nicht realisierbar, da der betrachtende Hörer überfordert würde. Die entsprechende Passage sei hier für den direkten Vergleich noch einmal aufgeführt: „Wer einzeln sich erst die Dichtung (Sprache!) eingelernt hat, dann mit dem Auge in Aktion verwandelt hat, dann die Musik-Symbolik herausgesucht hat und ganz sich hineingelebt, ja in alles Dreies sich verliebt hat – der hat dann einen ungemeinen Genuß." Aber „diese zehnfache Gesamtaufmerksamkeit von Auge Ohr Verstand Gefühl" könnte der Zuschauer nur „für kurze Augenblicke" aufbringen. Adorno spricht in diesem Zusammenhang von einer „permanenten Überbestimmung". Denn die „Musik sagt noch einmal, was die Worte ohnehin sagen", sie wird dadurch überflüssig und – noch schlimmer – zur schlechten Musik: „Um der Synthesis aller Medien willen wird die Konsistenz des entscheidendsten, der Musik, mißachtet." Die Musik degeneriere zum „Parasiten der Sprache". Oder wie Nietzsche sich ausdrückt, daß Wagners Musik ohne Drama „verworrene Musik" sei.

Franz-Peter Hudek:
„Die Tyrannei der Musik"

Glossar

Barform: Musikwissenschaftliche und germanistische Bezeichnung für das Formschema AAB (Stollen-Stollen-Abgesang), häufig auch in der Abwandlung AABA (Reprisenbar), gebildet in Anlehnung an den Bar der Meistersinger (ein Lied mit stollig gebauten Strophen).

Benefizkonzert: Musikveranstaltung, deren Einnahmen einem Künstler (Benefizianten) oder einem wohltätigen Zweck zugute kommen.

Deutsche Oper: Nachdem im 18. Jahrhundert die italienischen und französischen Spielarten der Oper (Gattungstypen, die sich nicht nur hinsichtlich der Sprache, sondern auch musikalisch erheblich voneinander unterscheiden) die Theaterbühnen beherrscht hatten, drängte zu Beginn des 19. Jahrhunderts die deutsche (romantische) Oper auf den Plan. Sie basierte auf Volkssagen und Märchen, stellte die Natur (den Wald, das Meer) in den Mittelpunkt und zeichnete vor ihrem zeitlosen Hintergrund einen in Schuld und Schicksal tragisch verstrickten Menschen, den nur die Liebe zu befreien vermag. Als Ahnherrn der deutschen Oper gelten E.T.A. Hoffmann (1776-1822), Heinrich Marschner (1795-1861) – und vor allem Carl Maria von Weber (1786-1826), an dessen Erfolgsoper „Der Freischütz" Wagner mit seiner ersten Schaffensperiode (vom „Holländer" über „Tannhäuser" bis zu „Lohengrin") unmittelbar anschließt.

Entsagungsphilosophie: In seinem philosophischen Hauptwerk „Die Welt als Wille und Vorstellung" (1. Aufl. 1819, 2. erw. Aufl. 1844) formulierte Arthur Schopenhauer (1788-1860) den zentralen, der Lehre Buddhas verwandten Gedanken, der einzelne Mensch, die Menschheit, könnten von ihren Leiden erlöst werden, indem sie den Willen zum Leben verneinen, das Sein ins Nichts zurückführten. Diesem Grundsatz der Schopenhauerschen Entsagungsphilosophie folgte Wagner im „Ring", etwa in der Inszenierung des freiwilligen Opfertods von Brünhilde, der zur „Götterdämmerung", zum Untergang althergebrachter, unseliger Strukturen führt.

Jungdeutsche: 1834 konstituierte sich eine geheime liberal-demokratische Verbindung, Junges Deutschland benannt. Bereits 1836 wurde sie durch polizeiliche Verfolgung zerschlagen, aber ihre Ideale lebten in einer literarischen Bewegung weiter, deren Anhänger man allgemein als Jungdeutsche titulierte. Zu ihnen zählten Heinrich Heine (1797-1856), Karl Gutzkow (1811-1878) und Heinrich Laube (1806-1884) – Schriftsteller, die, ungeachtet aller Differenzen und Nuancen, gemeinsam für demokratische Werte eintraten: für Ablehnung jeglichen Dogmatismus', für Liberalismus, Individualismus und Meinungsfreiheit, für die staatliche Einheit von Deutschland, für das Weltbürgertum und die Rechte der Frau. Um ihren Ideen Nachdruck zu verleihen, forderten sie eine Dichtkunst, die sich mit dem aktuellen politisch-sozialen Leben auseinandersetzen sollte, und erwählten Zeitungen und Zeitschriften zu ihrem Medium, um eine möglichst breite Leserschaft zu erreichen.

Kapellmeister: Der Leiter einer Kapelle (eines Ensembles, das sich im Lauf der Geschichte von einem rein vokalen zu einem rein instrumentalen Verbund entwickelte). Der bis zum Beginn des 20. Jahrhunderts sehr angesehene Kapellmeistertitel verlor in den letzten Jahrzehnten stark an Gewicht, mehr und mehr dem Titel Dirigent weichend.

Kavatine: Kürzeres solistisches Gesangsstück in der Oper und im Oratorium des 18. und 19. Jahrhunderts von einteiliger Form und liedmäßigem Charakter.

Kontrapunktik: Musiktheoretischer Terminus für eine Satztechnik, in der mehrere Stimmen zwar aufeinander bezogen, melodisch jedoch selbständig geführt werden, z. B. in Fuge und Kanon.

Leitmotiv: Eine regelmäßig wiederkehrende, bedeutungstragende musikalische Einheit, manchmal nur aus einem Akkord oder einer einfachen rhythmischen Struktur bestehend.

Metaphysik: Die philosophische Auseinandersetzung mit dem Phänomen der Erkenntnis, seit Immanuel Kants „Kritik der reinen Vernunft" (1781) von europäischen Denkern vielfach diskutiert.

Partitur: Die ausgearbeitete Aufzeichnung aller auf jeweils eigenen Systemen notierten Stimmen eines Musikwerks, wobei diese so untereinander gesetzt werden, daß die rhythmisch-metrischen Verläufe mit der graphischen Disposition korrespondieren – wie es die allgemein von der obersten bis zur untersten Stimme durchgezogenen Taktstriche dokumentieren.

Preußisch-Französischer Krieg: Auch Deutsch-Französischer Krieg. 1870/1871 unter Fürst Otto von Bismarck gegen Frankreich geführter Krieg, aus dem Preußen als etablierte Führungsmacht des Deutschen Reichs hervorging.

Proudhonismus: Auf den französischen Schriftsteller Pierre Joseph Proudhon (1809-1865) zurückgehende Lehre, die u. a. Bakunin stark beeinflußte. Proudhon prägte den Satz „Eigentum ist Diebstahl", meinte aber mit ihm nicht das Prinzip des Privateigentums, sondern dessen ungerechte Verteilung. Er forderte die gleichmäßige Verteilung des Produktionseigentums zu Lasten des gewerblichen Großeigentums und zugunsten einer Vielzahl von Kleinproduzenten.

Chronologie

1813 Richard Wagner am 22. Mai als neuntes Kind des Polizeiaktuars Carl Friedrich Wilhelm Wagner und dessen Ehefrau Johanna Rosine (geb. Pätz) in Leipzig geboren.
23. November. Tod des Vaters.

1814 28. August. Wagners Mutter heiratet den Schauspieler und Maler Ludwig Geyer. Übersiedlung nach Dresden.

1821 30. September. Tod Geyers.

1828/30 Wagner besucht das Nicolai-Gymnasium in Leipzig.

1830 Wechsel zur Thomas-Schule.

1831 Musikstudium an der Universität Leipzig. Kompositionsunterricht bei Thomaskantor Theodor Weinlig. Uraufführung der Konzert-Ouvertüre d-Moll.

1833 Wagner eröffnet seine Theaterlaufbahn als Chordirektor in Würzburg. Komposition seiner Oper „Die Feen".

1834 Ab Juli Musikdirektor in Bad Lauchstädt und Magdeburg.

1836 19. März. Uraufführung seiner Oper „Das Liebesverbot".
24. November. Trauung mit der Schauspielerin Minna Planer.

1837 Musikdirektor in Königsberg, ab August in Riga.

1838 Textbuch zu „Rienzi".

1839 strapaziöse Flucht vor Gläubigern: von Riga über London nach Paris, wo Richard und Minna im September eintreffen.

1840 Aufenthalt in Paris. Bekanntschaft mit Franz Liszt. Vollendung des „Rienzis".

1841 Textbuch und Komposition der Oper „Der fliegende Holländer".

1842 Rückkehr nach Deutschland.
20. Oktober. In Dresden Uraufführung des „Rienzis".

1843 2. Januar. Ebenda Uraufführung des „Holländers".
Wagner wird Königlich Sächsischer Hofkapellmeister in Dresden. Freundschaft mit dem Dirigenten und Schriftsteller August Röckel.

1844 Komposition des „Tannhäusers".

1845 19. Oktober. In Dresden Uraufführung des „Tannhäusers".

1847 Orchesterskizze zu „Lohengrin".

1848 Wagner verliest im Dresdener Vaterlandsverein seine Abhandlung „Wie verhalten sich republikanische Bestrebungen dem Königthume gegenüber?". Textliche Urfassung von „Siegfrieds Tod". Politische Aktivitäten.

1849 Mai-Aufstand in Dresden, an dem Wagner sich engagiert beteiligt. Als ein Steckbrief gegen ihn erlassen wird, flieht er Ende Mai nach Zürich.

1850 Wagners antisemitische Schrift „Das Judenthum in der Musik".
28. August. In Weimar unter der Leitung von Liszt Uraufführung des „Lohengrins".

1852 Erste Begegnung mit Otto und Mathilde Wesendonck. Abschluß der „Ring"-Dichtung.

1853 In Paris erste Begegnung mit der 18jährigen Cosima Liszt. Privatdruck des Textbuches zu „Der Ring des Nibelungen" („Das Rheingold", „Die Walküre", „Der junge Siegfried", „Siegfrieds Tod"). Beginn der „Rheingold"-Komposition.

1854 Wagner studiert Arthur Schopenhauers philosophisches Hauptwerk „Die Welt als Wille und Vorstellung". Kompositionsskizze zu „Die Walküre"

1856 Kompositionsskizze zu „Tristan und Isolde".

1857 Richard und Minna Wagner beziehen das „Asyl" getaufte Domizil neben der Villa Wesendonck.

1858 Nach der Affäre mit Mathilde Wesendonck verläßt Wagner das „Asyl" und reist allein nach Venedig, um an „Tristan und Isolde" weiterzuarbeiten.

1861/62 Pariser „Tannhäuser"-Skandal. Reisen nach Karlsruhe, Wien, Weimar, Venedig und Mainz. Wagner beginnt mit der Arbeit an den „Meistersingern von Nürnberg". Endgültige Trennung von Minna.
7. November 1862. Letzte Begegnung mit seiner Frau.

1864 10. März. Ludwig II. wird König von Bayern. Wagner flieht wegen drohender Schuldhaft aus Wien. Ruf nach München.
4. Mai. Erste Begegnung mit dem König.

1865 10. April. Geburt der Tochter Isolde, des ersten gemeinsamen Kindes von Wagner und Cosima von Bülow.
10. Juni. In München Uraufführung von „Tristan und Isolde".
Wagners Autobiographie „Mein Leben". Auf Anweisung Ludwigs II. hat Wagner Bayern zu verlassen. Er siedelt nach Genf über.

1866 Wagner mietet das Haus Tribschen bei Luzern. Ludwig II. übernimmt die Unkosten. Tod Minna Wagners.

1867 17. Februar. Geburt der zweiten Tochter, Eva. Die „Meistersinger von Nürnberg" vollendet.

1868 21. Juni. In München Uraufführung der „Meistersinger von Nürnberg".
Cosima zieht endgültig zu Wagner.

1869 1. Januar. Cosima beginnt mit den Tagebüchern.

6. Juni. Geburt des Sohns Siegfried.
22. September. In München Uraufführung des „Rheingolds".
Friedrich Nietzsche ständiger Hausgast in Tribschen.

1870 26. Juni. In München Uraufführung der „Walküre".
18. Juli. Scheidung Cosimas von Hans von Bülow.
25. August. Cosima und Richard Wagner werden getraut.

1871 Wagner bestimmt Bayreuth zum Ort seiner Festspiele.

1872 22. Mai. Grundsteinlegung zum Bayreuther Festspielhaus.

1874 28. April. Einzug in die Bayreuther Villa Wahnfried.
21. November. Vollendung von „Der Ring des Nibelungen".

1876 13. August. Eröffnung der ersten Bayreuther Festspiele mit „Rheingold".
16. August. Ebenda die Uraufführung von „Siegfried".
17. August. Ebenda die Uraufführung von „Götterdämmerung".

1877 Die Arbeit am Textbuch zu „Parsifal" abgeschlossen.

1880 19. Juli. Wagner vollendet während eines Italien-Aufenthalts seine Schrift „Religion und Kunst".

1882 13. Januar. Die Partitur des „Parsifals" beendet.
26. Juli. Die zweiten Bayreuther Festspiele mit der Uraufführung des „Parsifals" eröffnet.

1883 13. Februar. Wagner stirbt im Palazzo Vendramin zu Venedig an Herzversagen.
18. Februar. Beisetzung im Garten von Haus Wahnfried in Bayreuth.

Kleine Auswahl der weiterführenden Literatur

Oskar Andree: Richard Wagners „Ring des Nibelungen". Stuttgart 1976

Herbert Barth (Hrsg.): Der Festspielhügel. Richard Wagners Werk in Bayreuth. 1876-1976. München 1976

Udo Bermbach (Hrsg.): In den Trümmern der eigenen Welt. Richard Wagners „Ring des Nibelungen". Berlin und Hamburg 1989

Dieter Borchmeyer: Das Theater Richard Wagners. Idee, Werk, Wirkung. Stuttgart 1982

Carl Dahlhaus: Wagners Konzeption des musikalischen Dramas. Regensburg 1971

Carl Dahlhaus und Egon Voss (Hrsg.): Wagnerliteratur – Wagnerforschung. Bericht über das Wagner-Symposium München 1983. Mainz, London, New York und Tokyo 1985

Robert Donington: Richard Wagners „Ring des Nibelungen" und seine Symbole. 2. verb. Aufl. Stuttgart 1987

Hans Gal: Richard Wagner. Versuch einer Würdigung. Frankfurt a.M. 1982

Gerhart von Graevenitz: Mythos. Zur Geschichte einer Denkgewohnheit. Stuttgart 1987

Martin Gregor-Dellin und Michael von Soden: Richard Wagner. Leben, Werk, Wirkung. Düsseldorf 1983

Martin Gregor-Dellin (Hrsg.): Richard Wagner. Ein deutscher Musiker in Paris. Kassel 1983

Robert Gutman: Richard Wagner. Der Mensch, sein Werk, seine Zeit. München 1970

Martin Hürlimann (Hrsg.): Richard Wagner in Selbstzeugnissen und im Urteil der Zeitgenossen. Zürich 1972

Anette Ingenhoff: Drama oder Epos? Richard Wagners Gattungstheorie des musikalischen Dramas. Tübingen 1987

Anna Jacobson: Nachklänge Wagners im Roman. Heidelberg 1932

Paul Lindau: Nüchterne Briefe aus Bayreuth. Vergeblicher Versuch im Jahre 1876, Zeit und Geister Richard Wagners zu bannen. Eingeleitet und kommentiert von Hellmut Kotschenreuther. Berlin 1989

Ludwig Marcuse: Das denkwürdige Leben des Richard Wagner. Zürich 1973

Thomas Mann: Wagner und unsere Zeit. Aufsätze, Betrachtungen, Briefe, hrsgg. von K. Mann. Mit einem Geleitwort von Willy Schuh. Frankfurt a.M. 1983

Hans Mayer: Mitwelt und Nachwelt. Stuttgart und Zürich 1978

Hans Mayer: Richard Wagner in Bayreuth. 1876-1976. Stuttgart und Zürich 1976

Friedrich Nietzsche: Götzendämmerung. Wagner-Schriften. Der Antichrist. Ecce Homo. Gedichte. Mit einem Nachwort von Walter Gebhardt. 8. Aufl. Stuttgart 1990

Friedrich Oberkogler: „Der fliegende Holländer" von Richard Wagner. Eine musikalisch-geisteswissenschaftliche Werkbesprechung. Schaffhausen 1983

Friedrich Oberkogler: „Lohengrin" von Richard Wagner. Eine musikalisch-geisteswissenschaftliche Werkbesprechung. Schaffhausen 1984

Friedrich Oberkogler: „Tannhäuser und der Sängerkrieg auf der Wartburg". Eine musikalisch-geisteswissenschaftliche Werkbesprechung. Schaffhausen 1984

Kurt Overhoff: Die Musikdramen Richard
Wagners. Eine thematisch-musikalische Interpretation. 2. Aufl. Salzburg und München 1984

Richard Wagner: Sämtliche Briefe. Band VIII, April 1856 – Juli 1857, hrsgg. im Auftrag der Richard-Wagner-Stiftung Bayreuth von Hans-Joachim Bauer und Johannes Forner. Leipzig 1991

Richard Wagner: Das Braune Buch. Tagebuchaufzeichnungen 1856 bis 1882, hrsgg. von Joachim Bergfeld. Mainz und München 1988

Richard Wagner: Der fliegende Holländer. Textbuch. Einführung und Kommentar von Kurt Pahlen. 3. Aufl. Mainz und München 1987

Richard Wagner: Mein Leben, hrsgg. von Martin Gragor-Dellin. 2. Aufl. Mainz und München 1989

Richard Wagner: Die Musikdramen. Mit einem Vorwort von Joachim Kaiser. 3. Aufl. München 1983

Richard Wagner: Der Ring des Nibelungen. Vollständiger Text mit Notentafeln der Leitmotive, hrsgg. von Julius Burghold. 4. Aufl. Mainz und München 1988

Richard Wagner: Ausgewählte Schriften, hrsgg. von Dietrich Mack. Mit einem Essay von Ernst Bloch. Frankfurt a.M. 1974

Peter Wapnewski: Liebestod und Götternot. Zum „Tristan" und zum „Ring des Nibelungen". Berlin 1988

Peter Wapnewski: Tristan, der Held Richard Wagners. Berlin 1981

Verwendete Literatur

Schriften Richard Wagners:

(GSD = zitiert nach Gesammelte Schriften und Dichtungen Bd. 1 – 14, Leipzig 1871 ff)

Brief an den Musikverlag B. Schott's Söhne 1830. Sämtliche Briefe Band 1

Brief an Robert Schumann 1836. Ebd.

Über deutsches Musikwesen 1840. GSD 1

Zu Beethovens neunter Symphonie 1846. GSD 2

Wie verhalten sich republikanische Bestrebungen dem Königthume gegenüber 1848. GSD 12

Der Mensch und die bestehende Gesellschaft 1849. GSD 12

Die Kunst und die Revolution 1849. GSD 10

Das Kunstwerk der Zukunft 1849. GSD 10

Das Künstlertum der Zukunft, Fragment 1849. GSD 10

Oper und Drama 1850/51. GSD 11

Eine Mitteilung an meine Freunde 1851. GSD 11

Brief an August Röckel 1853. In: Richard Wagners Briefe. Richard Wagner an August Röckel. Leipzig 1903/1912

Tagebuchblatt vom 17. August 1858. In: Richard Wagner an Mathilde Wesendonck. Tagebuchblätter und Briefe 1853 – 1871. Berlin 1904

Über das Judenthum in der Musik. Leipzig 1869

Schriften über Richard Wagner

Cosima Wagner: „Die Tagebücher". München/ Zürich 1980

Giacomo Meyerbeer: Empfehlungsschreiben für Richard Wagner an Wolf August von Lüttichau. In: Wilhelm Tappert: Richard Wagner. Elberfeld 1883

Robert Schumann: Briefe an Felix Mendelsson-Bartholdy vom 22.10. und 12.11.1845. In: F. Gustav Jansen (Hrsg.): Robert Schumanns Briefe. Leipzig 1904

Gottfried Keller: Brief an Lina Drucker vom 13.1.1856. In: Emil Ermatinger (Hrsg.): Gottfried Kellers Briefe und Tagebücher 1830 – 1861. Stuttgart und Berlin 1924.

Gottfried Keller: Brief an Hermann Hettner vom 16.4.1856. Ebd.

Charles Baudelaire: Brief an Richard Wagner vom 17.2.1860. Übersetzung von Franz von Rexroth. Mit freundlicher Genehmigung des Verlages B. SCHOTT'S SÖHNE, MAINZ, aus „Neue Zeitschrift für Musik" 1963

Friedrich Hebbel: Über Richard Wagner 1863. In: Friedrich Hebbel Säkular-Ausgabe 1813 – 1913. Berlin o.J. Band 10

Franz Grillparzer: Vierzeiler über Richard Wagner. In: Sämtliche Werke, hrsgg. von Albert Zipper. Leipzig o.J.

Franz Liszt: Brief an Hans von Bülow, aus: Franz Liszt in seinen Briefen. Übersetzung von Eva Beck. © Henschelverlag GmbH, Berlin 1987.

Hans von Bülow: Brief an Franz Brendel. In: Ernst Bücken (Hrsg.): Musikerbriefe. Wiesbaden o.J.

Eduard Hanslick: Vom Musikalisch-Schönen. Ein Beitrag zur Ästhetik der Tonkunst. Leipzig 1918

Gustav Freytag: Der Streit über das Judenthum in der Musik. In: Die Grenzboten XXVIII. Leipzig 1869

Friedrich Nietzsche: Richard Wagner in Bayreuth. In: Unzeitgemäße Betrachtungen IV. Leipzig 1876

Friedrich Nietzsche: Der Fall Wagner. Ein Musikantenproblem. Leipzig 1888

Friedrich Nietzsche: Nietzsche contra Wagner. Aktenstücke eines Psychologen. Leipzig 1889

Otto von Bismarck: Brief an Richard Wagner vom 21.2.1871. Richard Wagner-Archiv, Bayreuth

Georges Bizet: Brief an seine Schwiegermutter vom 29.5.1871. Übersetzung von Franz von Rexroth. Mit freundlicher Genehmigung des Verlages B. SCHOTT'S SÖHNE, MAINZ, aus „Neue Zeitschrift für Musik"

ANMERKUNGEN

Hermann Levi: Brief an seinen Vater vom 31.8.1882. Richard Wagner-Gedenkstätte der Stadt Bayreuth

Franz Liszt: Brief an Hans von Wolzogen vom 24.11.1882. In: La Mara (Hrsg.): Franz Liszts Briefe. Leipzig 1893

Heinrich Heine: Jung-Katerverein für Poesie-Musik. Zitiert nach: Hans Kaufmann (Hrsg.): Heinrich Heine – Werke und Briefe in zehn Bänden. Berlin und Weimar 1972

Theodor Fontane: L'Adultera. Breslau 1882

Mark Twain: Ein Bummel durch Europa (Auszug). Übersetzung von Ulrich Steindorff Carrington. © der Übersetzung by Ullstein Verlag, Berlin.

Peter Hille: Aphorismus auf Richard Wagner. Aus: Aus dem Heiligtum der Schönheit. Aphorismen und Gedichte. Leipzig o. J.

Romain Rolland: Johann Christof, Band 2. Übersetzung von Erna und Otto Grautoff. © Verlag Rütten & Loening Berlin 1951.

Hermann Hesse: Klein und Wagner, aus: Gesammelte Werke, Band 5: Klein und Wagner. © Suhrkamp Verlag Frankfurt am Main 1970, S. 267.

Thomas Mann: Buddenbrooks. © 1960, 1974 S. Fischer Verlag GmbH, Frankfurt am Main.

Max Brod: Stefan Rott oder Das Jahr der Entscheidung. © S. Fischer Verlag GmbH, Frankfurt am Main 1973.

Arnold Zweig: Pont und Anna, aus: Novellen, Band 2. © Aufbau Verlag Berlin 1961.

Franz Werfel: Verdi. Roman der Oper. © 1924 by Paul Zsolnay Verlag, Berlin-Wien-Leipzig. Alle Rechte vorbehalten durch S. Fischer Verlag GmbH, Frankfurt am Main.

Rolf Schneider: Kapellmeister Levi. © Paul Zsolnay Verlag GmbH, Wien/Darmstadt 1990.

Jochen Kirchhoff. Nietzsche, Hitler und die Deutschen. Die Perversion des Neuen Zeitalters. Vom unerlösten Schatten des Dritten Reiches. © 1991 Edition Dionysos, Berlin.

Friedrich Nietzsche: Der Fall Wagner. Leipzig 1888

August Kubizek: Adolf Hitler – Mein Jugendfreund. © Leopold Stocker Verlag, Graz.

John Knittel: Aufzeichnung von John Knittel über einen Besuch in Bayreuth 1936. © bei Margaret Furtwängler-Knittel. CH-7304 Maienfeld. Römersteig. (Zitiert aus Schriften von John Knittel, die er seiner Tochter Margaret Furtwängler-Knittel für eine biographische Arbeit geschenkt hat und die von ihr aus dem Englischen übersetzt wurden.)

Richard Eichenauer: Musik und Rasse. J. F. Lehmanns Verlag, 2. Aufl. München 1932*

Peter Viereck: Hitler und Wagner. Zur Genese des Nationalsozialismus. Übersetzung von H.-K. Metzger und R. Riehen. Aus: Musik-Konzepte Heft 5. Richard Wagner. Wie antisemitisch darf ein Künstler sein? © edition text + kritik GmbH, München 1978.

Richard Wilhelm Stock: Richard Wagner und seine Meistersinger. Bayreuth 1936*

Winifred Wagner, ohne Titel. Ebd.*

Hans Mayer/Heinz-Klaus Metzger/Rainer Riehen: Diskussion über Recht, Unrecht und Alternativen, aus: Musik-Konzepte Heft 5. Richard Wagner. Wie antisemitisch darf ein Künstler sein? © edition text + kritik GmbH, München 1978.

George Bernard Shaw, aus: Ein Wagner-Brevier. Kommentar zum Ring der Nibelungen. Übersetzung von Bruno Vondenhoff. © Suhrkamp Verlag Frankfurt am Main 1973, S. 29–31.

Thomas Mann: Einkehr. In: ders., Betrachtungen eines Unpolitischen. In: ders. Gesammelte Werke in dreizehn Bänden. Band XII. Reden und Aufsätze 4. © 1960, 1974 S. Fischer Verlag GmbH, Frankfurt am Main.

Thomas Mann: Brief „An Emil Preetorius, Pacific Palisades, Calif. den 6. Dez. 49". In: ders., Briefe 1948–1955 und Nachlese. © Katja Mann 1965. Abdruck mit Genehmigung des S. Fischer Verlag GmbH, Frankfurt am Main.

Theodor W. Adorno, aus: Versuch über Wagner. st 177, © Suhrkamp Verlag Frankfurt am Main 1952, S. 44/45.

Hans Mayer: Richard Wagner in seiner Zeit. Auszug aus: Richard Wagner dargest. von Hans Mayer mono 29. © 1959 by Rowohlt Taschenbuch Verlag, Hamburg.

Carl Dahlhaus: Richard Wagners Musikdramen. © 1. Auflage Friedrich Velber Verlag 1971. © 2. überarbeitete Auflage Orell Füssli Verlag Zürich und Schwäbisch Hall 1985.

Pierre Boulez: Divergenzen: vom Wesen zum Werk, aus: Martin Gregor-Dellin und Michael von Soden, Hermes Handlexikon Richard Wagner. © 1983 by Econ Verlag GmbH, Düsseldorf und Wien.

Ernst Bloch, aus: Gesamtausgabe, Paradoxa und Pastorale bei Wagner. © Suhrkamp Verlag Frankfurt am Main. Frage der Paradoxa, S. 15/16.

Peter Wapnewski: Der traurige Gott. Richard Wagner in seinen Helden. © 1978 C. H. Beck'sche Verlagsbuchhandlung, München.

Sabine Zurmühl: Brünnhilde – Tochter im Tode im Leben. © Dietrich Reimer Verlag 1989.

Franz-Peter Hudek: Die Tyrannei der Musik. © Verlag Königshausen & Neumann, Würzburg.

---

* Die Rechte an diesem Text waren leider nicht mehr ausfindig zu machen.

Bildnachweise

Umschlag
Vorderseite: Illustrationen und Text aus: Franz Keim (Autor)/Otto Czeschka (Illustrator): Die Nibelungen. Gerlach und Wiedling, Wien und Leipzig, 1908.
Buchrücken: Richard Wagner in Gesellschaft von Cosima, Liszt und von Wolzogen in seinem Haus in Bayreuth (Ausschnitt). Gemälde von Wilhelm Beckmann, 1880 oder 1882. Tribschen, Richard Wagner-Museum.
Rückseite: Richard Wagner vor der Apotheose seiner Werke. Zeitgenössisches Gemälde. Berlin, Archiv für Kunst und Geschichte.

Bildvorspann
1 – 15 Illustrationen und Text aus: Franz Keim (Autor)/Otto Czeschka (Illustrator): Die Nibelungen. Gerlach und Wiedling, Wien und Leipzig, 1908.
17 Richard Wagner als Dirigent. Schattenriß von W. Bithorn, 1875. Historisches Museum der Stadt Wien. Berlin, Archiv für Kunst und Geschichte.

Erstes Kapitel
18 Der Tod des Marschalls Duroc am 22. Mai 1813, kolorierter Stich, Bibl. Thiers. Paris, Muséum Frédéric-Masson.
19 Richard Wagner (im Alter von 29 Jahren). Bleistiftzeichnung von seinem Freund Ernst Benedikt Kietz, 1842 in Paris. Bayreuth, Nationalarchiv der Richard-Wagner-Stiftung/Richard Wagner Gedenkstätte.
20 (oben) Szenenillustration zum zweiten Aufzug des „Freischütz" von Weber. Stich von J. G. A. Frenzel nach Heinrich Ramberg „Waldschlucht-Szene", 19. Jh. Paris, Gallimard.
20 (unten) Ludwig Geyer, Maler und Schauspieler. Selbstbildnis in Öl, um 1806. Bayreuth, Nationalarchiv der Richard-Wagner-Stiftung/Richard Wagner Gedenkstätte.
21 (oben) Richard und Cäcilie (Geyer) warten in Loschwitz während eines heftigen Gewitters auf ihre Mutter. Zeichnung von Ernst Benedikt Kietz, Paris 1844. Paris, Cercle national Richard-Wagner.
21 (unten) Johanne Rosine Wagner, geb. Pätz. Ölgemälde von Ludwig Geyer, 1813. Bayreuth, Nationalarchiv der Richard-Wagner-Stiftung/ Richard Wagner Gedenkstätte.
22 Richard Wagners Geburtshaus „Der weiße und rote Löwe". Nach einem zeitgenössischen Stich. Paris, Cercle national Richard-Wagner.
23 (oben links) Theodor Weinlig (1780 – 1842). Foto eines verlorenen Portraits. Bayreuth, Nationalarchiv der Richard-Wagner-Stiftung/Richard Wagner Gedenkstätte.
23 (oben rechts) Christian Gottlieb Müller (1800 – 1863), Foto. Paris, Gallimard.
23 (unten) Adolf Wagner (1774 – 1835), Aquarell. Eisenach, Richard Wagner Museum.
24 (links) Richard Wagner und seine Schwester Cäcilie Geyer, unsignierte Gouache (von Kietz?) um 1825. Bayreuth, Nationalarchiv der Richard-Wagner-Stiftung/Richard Wagner Gedenkstätte.
24 (rechts) Hector Berlioz (1803 – 1869), Ölbild von Gustave Courbert. Paris, Louvre.
25 Das alte Theater zu Wagners Jugendzeit, anonymes Aquarell um 1830. Paris, Dagli Orti.
26 Wilhelmine Schröder-Devrient. Stich von 1827 (nach einer Lithographie von F. Hanfstaengl). Leipzig, Stadtgeschichtliches Museum.
27 (oben) Programmzettel der Uraufführung der „Feen", Hoftheater München, 29. Juni 1888. München, Theatermuseum.
27 (unten) Berliner Karikatur. Heinrich Laube 1848. Paris, Edimedia.
28 Die Schauspielerin Minna Planer (Wagners erste Frau) in einem Rollenkostüm. Foto um 1860. Berlin, Archiv für Kunst und Geschichte.
29 (oben) „Das Liebesverbot". Oberer Teil des Titelblatts des Textbuches mit Vermerk der Magdeburger Zensurbehörde vom 17. 3. 1836. Paris, Cercle national Richard-Wagner.
29 (unten links) Wagner. Karikierendes Selbstportrait, Paris 1841. Ebd.
29 (unten rechts) Das Theater von Riga. Paris, Dagli Orti.
30 Der fliegende Holländer. Stich von Gustave Doré. Paris, Gallimard.
31 (oben) Wagner als umherirrender Troubadour, sein Fernglas auf Paris gerichtet. Karikatur. Paris, Cercle national Richard-Wagner.
31 (unten) Giacomo Meyerbeer. Lithographie von 1840. Ebd.
32 Figurinen zur Uraufführung des „Rienzi. Nach Stichen in der „Leipziger Zeitung" Nr. 7, 1842, S. 109, Adriano und Irene. Paris, Gallimard.
33 Das Dresdner Hoftheater. Farblithographie von 1841. Paris, Dagli Orti.

Zweites Kapitel
34 Wagner-Groteske. Zeichnung von Ernst Benedikt Kietz, Paris 1840/1841. Titel: Die „große Charge" mit zahlreichen Anspielungen auf Leben und Werk Wagners. Bayreuth, Nationalarchiv der Richard-Wagner-Stiftung/Richard Wagner Gedenkstätte.
35 Brandszene in „Rienzi". Stich. Paris, Gallimard.
36 Anschlagzettel für die 16. Aufführung des „Rienzi" am 20. 10. 1842. Paris, Cercle national Richard-Wagner.
37 Eine Szene aus „Rienzi". Aquarell von Baron F. von Leyer. Tichatschek als Rienzi und die Sängerin Kriete als Adriano. Dresdner Aufführung von 1842 oder 1843. München, Theatermuseum.
38 „Der fliegende Holländer". Postkarte von 1815. Paris, Explorer.
39 (oben) Erik und Senta. Figurinen zur Uraufführung des „fliegenden Holländers". Nach Stichen in der Leipziger „Illustrierte Zeitung", Nr. 15, 1843, S. 237. Paris, Gallimard.

ANMERKUNGEN

39 (unten) Wächter aus dem „fliegenden Holländer". Ebd.
40 Carl Maria von Weber. Stich. Paris, Artephot/Trelaz.
41 Eine frühe Inszenierung des „fliegenden Holländers". Gemälde von Michael Echter für die Wagner-Säle der Residenz Ludwigs II. nach der Inszenierung im Nationaltheater 1864. Es stellt die Begegnung des Holländers mit Daland im 1. Akt dar. Paris, Explorer.
42 Frontispiz der „Deutschen Rechts Alterthümer" von Jacob Grimm (1828). Paris, Gallimard.
43 Wagner und seine Kritiker. Karikatur von Otto Böhler. Scherenschnitt. Berlin, Archiv für Kunst und Geschichte.
45 „Tannhäuser". Lithographie von Henri Fantin-Latour (1836-1904) 1886. Venusberg. Paris, Bibliothèque nationale.
46 Michail Bakunin (1814-1876). Nach einem Stich von W. Barbotin, um 1849. Paris, Gallimard.
47 (links) Revolutionäre auf dem Marktplatz in Dresden am 6. Mai 1849. Lithographie. Eisenach, Richard Wagner Museum.
47 (rechts) Erster Steckbrief und Verhaftungsbefehl gegen Wagner, Dresden 16. Mai 1849. Ebd.

Drittes Kapitel
48 Portrait Wagners. Aqarell von Clementine Stockar-Escher. Zürich, März 1853. Bayreuth, Nationalarchiv der Richard-Wagner-Stiftung/Richard Wagner Gedenkstätte.
49 Das ehemalige Züricher Aktientheater. Lithographie. Eisenach, Richard Wagner Museum.
50 Hans von Bülow. Ölgemälde von Wilhelm Streckfuß 1855. Bayreuth, Nationalarchiv der Richard-Wagner-Stiftung/Richard Wagner Gedenkstätte.
51 (oben) „Neue Zeitschrift für Musik" Nr. 19 mit Wagners Aufsatz über „Das Judenthum in der Musik". Paris, Gallimard.
51 (unten) Titelseite des Textbuchs „Lohengrin" der Uraufführung, Weimar 1850. Bayreuth, Nationalarchiv der Richard-Wagner-Stiftung/Richard Wagner Gedenkstätte.
52 Die Ankunft des Schwanenritters in „Lohengrin". Aquarell von Theobald Chartran 1892. Paris, Bibliothèque nationale.
53 Kostüm für Telramund in „Lohengrin" 1898. Paris, Bibliothèque des Arts décoratifs.
54 Vorspiel zu „Lohengrin". Gemälde von Fantin-Latour 1887. Paris, Musée du Petit-Palais.
55 Franz Liszt. Ölportrait von Lehmann 1849. Paris, Explorer.
56 Otto Wesendonck. Lithographie von Winterwerb 1850. Eisenach, Richard Wagner Museum.
57 Mathilde Wesendonck (1828-1902), geb. Luckemeyer. Ölgemälde von C. Dörner. Schloß Neuschwanstein.
58 Das Asyl. Federzeichnung, Zürich 1857. Paris, Gallimard.

59 „Tristan und Isolde". Partitur, Autograph Wagners. Bayreuth, Nationalarchiv der Richard-Wagner-Stiftung/Richard Wagner Gedenkstätte.
60 (oben) Plakat der ersten Vorstellung des „Tannhäusers" in Paris. Paris, Cercle national Richard-Wagner.
60 (unten) „Wagner durchsticht das Trommelfell seiner Zuhörer". Karikatur von Gill in „Eclipse" vom 18. April 1869. Paris, Explorer.
61 Fürstin Pauline von Metternich. Portrait von Winterhalter. Paris, Gallimard.

Viertes Kapitel
62 Ludwig II. von Bayern in Generaluniform. Gemälde von Ferdinand Piloty 1865. Bayerische Verwaltung der staatlichen Schlösser, Gärten und Seen. München, Ludwig-II.-Museum.
63 (links) Richard Wagner. Ölportrait von Franz von Lenbach 1870. Paris, Dagli Orti.
63 (rechts) Cosima Wagner. Ölportrait von Franz von Lenbach 1870. Berlin, Archiv für Kunst und Geschichte.
64 Der Schwan des Schlosses Neuschwanstein. Paris, Explorer.
65 Ludwig II. von Bayern im Thronsaal von Neuschwanstein. Gemälde von Ferdinand Leeke 1887. Schloß Neuschwanstein.
66 Ludwig II. und Wagner. Zeichnung von Graetz, erschienen in „Der Floh", Wien 1876. Ausschnitt einer Karikatur auf der Seite: „Die Wagner Woche". Unter dem Bild steht: „Ludwig: ,Meister, tauschen wir. Mir ist so wohl hier. Laß mich in Bayreuth die Musik machen, und gehe Du nach München regieren.'"
66/67 Wagner im Kreis seiner Freunde zur Zeit der Tristan-Aufführung in München am 17. Mai 1865. Foto von Joseph Albert (von links nach rechts: Friedrich Uhl, Richard Pohl, H. v. Rosti, August Röckel, A. de Gasperini, R. Wagner, Hans von Bülow, Adolf Jensen, Dr. Gille, Franz Müller, Felix Draesecke, Alexander Ritter, Leopold Damrosch, Heinrich Porges, Michael Mosonyj. München, Theatermuseum/Richard Wagner Archiv.
68/69 Ludwig II. in der Venusberg-Grotte in Linderhof. Aquarell. Berlin, Archiv für Kunst und Geschichte.
70/71 Wagner und Ludwig II. in Schloßberg. Ebd.
72 Ludwig und Malwine Schnorr von Carolsfeld. Szenenbild aus der Uraufführung von „Tristan und Isolde" am 10. Juni 1865. Foto. München, Theatermuseum.
73 Karikatur um 1865 auf die Beziehung zwischen Wagner, Cosima und Hans von Bülow. Bülow mit dem handgeschriebenen Zusatz: „Und ich entführ' sie doch... Richard Paris". (als Pendant zum antiken Geschehen um König Menelaos, Helena und Paris, aber auch in unverkennbarer Beziehung zu König Marke, Isolde und Tristan. Die Anspielung auf die Antike gewann einen zusätzlichen frivolen Reiz durch den Vergleich zur 1864

204 ANMERKUNGEN

mit großem Erfolg uraufgeführten Operette „Die schöne Helena" von Offenbach). Mainz, Archiv B. Schott's Söhne.
74 Schloß Neuschwanstein. Gemälde von Ernst Liebermann. Paris, Explorer.
75 Ludwig II. von Bayern. Koloriertes Foto, um 1870. Berlin, Archiv für Kunst und Geschichte.
76 (oben) Farbiges Plakat für „Die Meistersinger von Nürnberg". Paris, Bibliothèque nationale.
76 (unten) Aquarell von Max Brückner für das Bühnenbild des „Lohengrin" 1894. Paris, Dagli Orti.
77 Aquarell von Max Brückner für das Bühnenbild von „Tristan und Isolde" 1896. Ebd.
78/79 Tribschen bei Luzern am Vierwaldstätter See. Aquarell. Bayreuth, Nationalarchiv der Richard-Wagner-Stiftung/Richard Wagner Gedenkstätte.
79 Wagner und Cosima. Koloriertes Foto vom 9. Mai 1872, aufgenommen in Wien von Fritz Luckhardt. Bayreuth, Nationalarchiv der Richard-Wagner-Stiftung/Richard Wagner Gedenkstätte.
81 Ansicht von Bayreuth. Aquarell von Heinrich Adam 1826. Paris, Dagli Orti.
82/83 Musikabend bei Richard Wagner im Hause Wahnfried (mit Felix Mottl, Hermann Levi, Judith Gauthier u. a.). Stich nach einer Zeichnung von Ludwig Bechstein, 1870er Jahre. Paris, Explorer.
83 Die Villa Wahnfried. Foto. Paris, Roger Viollet.
84/85 Richard Wagner in Gesellschaft von Cosima, Liszt und von Wolzogen in seinem Haus in Bayreuth. Gemälde von Wilhelm Beckmann 1880 oder 1882. Tribschen, Richard Wagner-Museum.
86/87 Das Festspielhaus von Bayreuth. Aquarell von 1876. Bayreuth, Nationalarchiv der Richard-Wagner-Stiftung/Richard Wagner Gedenkstätte.
88/89 Plan des Inneren des Festspielhauses mit Vestibül, Amphitheater, Orchestergraben, Bühne und Kulisse. Paris, Gallimard.
90 (oben) Das Festspielhaus in Bayreuth 1876. Zeichnung von B. Strassberger, „Daheim" 1876, S. 692. München, Theatermuseum.
90 (unten) Das Festspielhaus in Bayreuth, Innenansicht 1875, noch ohne Bestuhlung. Stich von 1875. Paris, Gallimard.
91 (oben rechts) Friedrich Nietzsche. Foto. Berlin, Archiv für Kunst und Geschichte.
91 (oben links) Schnitt durch den Orchesterraum des Bayreuther Festspielhauses 1875. Zeichnung von Ludwig Sauter. Paris, Gallimard.
91 (unten) Wagner am Klavier in Wahnfried 1890. Gemälde von Rudolph Eichstädt. Berlin, Archiv für Kunst und Geschichte.

Fünftes Kapitel
92 Aquarell von Hermann Hendrich für „Parsifal", um 1920. Paris, Dagli Orti.
93 Stich von Stassen für den „Ring des Nibelungen". Paris, Cercle national Richard-Wagner.

94 Die Schwimmwagen, in denen die Rheintöchter 1876 nach einer genauen Choreographie des Ballettmeisters Richard Fricke herumgefahren wurden. Bayreuth, Nationalarchiv der Richard-Wagner-Stiftung/Richard Wagner Gedenkstätte.
95 Aquarell von Hermann Hendrich für „Das Rheingold", um 1920. Paris, Dagli Orti.
96 Stich von Stassen für „Siegfried", um 1925. Bayreuth, Nationalarchiv der Richard-Wagner-Stiftung/Richard Wagner Gedenkstätte.
97 „Die Walküre". Dekorationsprojekt von Adolph Appia, Basel 1924. Ebd.
98/99 Kostüme von C. E. Doepler für den „Ring des Nibelungen". Paris, Gallimard.
100 (links) Der Tod Siegfrieds. Gemälde. Paris, Explorer.
100 (rechts) Richard Wagner 1865. Foto von F. Hanfstaengel, München. Berlin, Archiv für Kunst und Geschichte.
101 Richard Wagner. Portrait von Giuseppe Tivoli 1833. Bologna, Academia Rossini.
102/103 Richard Wagner vor der Apotheose seiner Werke. Zeitgenössisches Gemälde. Berlin, Archiv für Kunst und Geschichte.
104/105 Klingsors Zaubergarten. Szenenbild von Max Brücker, gemalt nach Entwürfen Paul von Joukowskys für „Parsifal", Bayreuth 1882. (Das Vorbild für den Zaubergarten war der botanische Garten des Palazzo Rufolo in Ravello). Paris, Dagli Orti.
106 Modell eines Kostüms von C. Bianchini für „Lohengrin". Chinesische Tinte und Aquarell. Paris, Gallimard.
107 Schlußszene von Parsifal. Farblithographie von C. Ritter 1882. Berlin, Archiv für Kunst und Geschichte.
108/109 Szenen aus „Parsifal". Stiche von F. Stassen. Paris, Cercle national Richard-Wagner.
110 Der Palast Vendramin in Venedig, Wagners letzter Wohnsitz. Kolorierter Stich. Venedig, Biblioteca Nazionale Marciana.
111 Bleistiftskizze von Wagner vom Vorabend seines Todes von Paul von Joukowsky, in das Notizbuch von Cosima gezeichnet. Bayreuth, Nationalarchiv der Richard-Wagner-Stiftung/Richard Wagner Gedenkstätte.
112 Portrait von Richard Wagner von Peter Maynard. Nach einem Foto von Petit et Tronquart, Paris 1860. Paris, Gallimard.

Zeugnisse und Dokumente
113 Unterschrift Richard Wagners. Paris, Gallimard.
114 Signet des Cercle national Richard-Wagner. Paris, Cercle national Richard-Wagner.
118 Beethoven beim Komponieren der „Missa Solemnis". Nach einem Gemälde von Josef Stieler 1819. © Berlin, Archiv für Kunst und Geschichte.
121 Steckbrief Richard Wagners vom 16. Mai 1849. Eisenach, Richard Wagner Museum.
127 Gertrud Kappel in „Tristan und Isolde". Foto. Paris, S. Lauterwasser.

ANMERKUNGEN

129 Orchestergraben mit Zuschauerraum in Bayreuth. Foto: Wilhelm Rauh.
131 Minna Wagner. © Berlin, Archiv für Kunst und Geschichte.
134 Hermann Levi, Hans Richter und Felix Mottl. Foto. Bayreuth, Nationalarchiv der Richard-Wagner-Stiftung/Richard Wagner Gedenkstätte.
137 Cosima Wagner. © Berlin, Archiv für Kunst und Geschichte.
140 Das Bayreuther Festspielhaus. Holzschnitt nach einem Gemälde von Santer, 19. Jahrhundert. Bayreuth, Nationalarchiv der Richard-Wagner-Stiftung/Richard Wagner Gedenkstätte.
142 Orchesterprobe 1882 in Bayreuth. Über dem Dirigenten Hermann Levi Richard Wagner, der durch den Schalldeckel Anweisungen gibt. Getuschte Zeichnung eines Orchestermitglieds. Bayreuth, Nationalarchiv der Richard-Wagner-Stiftung/Richard Wagner Gedenkstätte.
145 „Parsifal". Produktion Wieland Wagners 1951–1973. Foto: Paris, Cercle national Richard-Wagner.
147 Giacomo Meyerbeer. Stich von Kupp, 19. Jahrhundert.
150 „Rheingold". Produktion von Siegfried Wagner 1930. Bayreuth, Nationalarchiv der Richard-Wagner-Stiftung/Richard Wagner Gedenkstätte.
152 Franz Liszt. © Berlin, Archiv für Kunst und Geschichte.
154 Programm für Wagners „Tristan und Isolde" im königlichen Hof- und Nationaltheater München am 10. Juni 1865. München, Theatermuseum.
159 Friedrich Nietzsche. © Berlin, Archiv für Kunst und Geschichte.
162 „Parsifal". Produktion von Cosima Wagner 1883. Bayreuth, Nationalarchiv der Richard-Wagner-Stiftung/Richard Wagner Gedenkstätte.
163 Heinrich Heine. Zeichnung von Mandel 1829.
175 Illustration von Paul Flora zu Rolf Schneiders „Kapellmeister Levi". © Galerie Thomas Flora, Innsbruck
177 Hitler bei seiner Ankunft in Bayreuth 1938. München, Bildarchiv Süddeutscher Verlag.
181 John Knittel. Foto. © Berlin, Archiv für Kunst und Geschichte.
189 George Bernard Shaw. Foto. © Berlin, Archiv für Kunst und Geschichte.
190 H. Tietjen, W. Furtwängler, P. Eberhardt, E. Preetorius und Winifred Wagner in Bayreuth. Foto. Bayreuth, Nationalarchiv der Richard-Wagner-Stiftung/Richard Wagner Gedenkstätte.

Werke Wagners auf Compact Discs

Kleine Auswahl von Aufnahmen seit 1944.

Attente. Lied (WWV 55): Lott, Johnson. harmonia mundi france HMA 1901138/Vertrieb: Helikon, (1 CD)

Der fliegende Holländer (WWV 63): Hotter, Hann, Ursuleac, Willer, Ostertag, Klarwein, Chor und Orchester der Staatsoper München, Ltg. Krauss. Rodolphe Productions HM 92/ Vertrieb: Helikon, (1 CD)

Tannhäuser (WWV 70): Greindl, Windgassen, Waechter, Stolze, Crass, Paskuda, Nienstedt, Silja, Bumbry, Gardelli, Chor und Orchester der Bayreuther Festspiele, Ltg. Sawallisch. Philips 420122-2 (3 CDs)

Lohengrin (WWV 75): Norman, Randova, Domingo, Jelosits, Fischer-Dieskau, Nimsgern, Sotin, Sramek u. a., Chor der Wiener Staatsoper, Wiener Philharmoniker, Ltg. Solti. Teldec Dec 421053-2 ZC (4 CDs)

Der Ring des Nibelungen (WWV 86 A – D):
– **(Das Rheingold,** WWV 86 A). Dernesch, Siebert, Silja, Burmeister, Hesse, Soukupova, Esser, Windgassen, Wohlfahrt, Adam, Böhme, Neidlinger, Nienstedt, Talvela, Orchester der Bayreuther Festspiele, Ltg. Böhm. Philips 412 475-2 (2 CDs)
– **(Die Walküre,** WWV 86 B). Mastilovic, Nilsson, Rysanek, Synek, Burmeister, Cervena, Dernesch, Hopf, Schärtel, Wagner, King, Adam, Nienstedt, Orchester der Bayreuther Festspiele, Ltg. Böhm. Philips 412 478-2 (4 CDs)
– **(Siegfried,** WWV 86 C). Nilsson, Sutherland, Höffgen, Stolze, Windgassen, Böhme, Hotter, Neidlinger, Wiener Philharmoniker, Ltg. Solti. Teldec DEC 414 110-2 ZC (4 CDs)
– **(Götterdämmerung,** WWV 86 D). Dernesch, Janowitz, Ligendza, Moser, Rebmann, Ludwig, Chookasian, Reynolds, Brilioth, Stewart, Kelemen, Ridderbusch, Chor der Deutschen Oper Berlin, Berliner Philharmoniker, Ltg. von Karajan. DG 415 155-2 (4 CDs)

Tristan und Isolde (WWV 90): Behrens, Minton, Hofmann, Moser, Steinbach, Zednik, Weikl, Grumbach, Sotin, Chor und Bayerisches R. O. München, Ltg. Bernstein. Philips 410 447-2 (5 CDs)

Wesendonck-Lieder (WWV 91): Kirsten Flagstad, Symphonie of the Air, Ltg. McArthur. Music & Arts CD-263/Vertrieb: Teldec Import Service (1 CD)

Die Meistersinger von Nürnberg (WWV 96): Bode, Hamari, Appel, Dallapozza, Kollo, Kraus, Schomberg, Senechal, Weikl, Bailey, Berger-Tuna, Egel, Hartmann, Moll, Nienstedt, Rydl, Gumpoldskirchner Spatzen, Chor der Wiener Staatsoper, Wiener Philharmoniker, Ltg. Georg Solti. Teldec DEC 417 497-2 ZC (4 CDs)

Kaisermarsch (WWV 104): Radio-Symphonie-Orchester Berlin, Ltg. Richter. Capriccio 10 186 (1 CD)

Parsifal (WWV 111): van Dam, von Halem, Moll, Hopfmann, Nimsgern, Vejzowic u. a. Chor der Deutschen Oper Berlin, Berliner Philharmoniker, Ltg. von Karajan. DG 413 347-2 (4 CDs)

Register

Adorno, Th. W. 191, 196
Antisemit(ismus) 132, 174, 177, 187
Appia, A. 96

Bach, J. S. 23, 25, 116
Bakunin, M. 46, 97
Baudelaire, Ch. 60, 149
Bayreuth 33, 80, 82 ff., 85, 94, 103, 128, 172, 177, 180
Bayreuther Blätter 94, 102
– Festspiele 77, 91, 94, 106, 142, 145, 161, 166, 180, 186, 193
– Festspielhaus 82 f., 87 ff., 140 f.
Beaufils, M. 107
Beckmesser-Lied 139
Beethoven, L. van 23, 26, 42, 115, 119, 166
Bellini, V. 29
Benjamin, W. 163
Berlin 36, 60, 88, 148
Berlioz, H. 25, 36
Bertha 66
Biebrich 60
Bismarck, O. von 81, 103, 161
Bizet, G. 161
Bloch, E. 193
Böcklin 150
Boulez, P. 193
Brahms 22
Brandt, C. 87, 91
Brendel, F. 132
Breslau 61
Brod, M. 170
Brückner, M. und G. 91, 151
Brückwald, O. 87
Budapest 61, 88
Bülow, C. von 56, 60, 63, 73, 75 ff., 85, 96, 100, 111, 136, 146, 150, 152 f., 174, 183
Bülow, H. von 37, 50, 60 f., 64, 72, 75, 77, 79 f., 106, 152, 155
Bulwer-Lytton, E. 36
Büsching, J. G. G. 26

Chamberlain, E. 136
Chamberlain, H. St. 177, 183
Cornelius, P. 66 f.
Cosima s. Bülow, C. von

Dahlhaus, C. 192, 196
Das Liebesverbot 28 f., 31
Der Fliegende Holländer 32 f., 36, 39 ff., 55, 110, 163
Der Vampyr 27
Deutsch-Französischer Krieg 139
Deutsche Sagen 42
Deutschland 81, 88

Die Feen 26 f., 29
Die Hochzeit 25 ff.
Die Meistersinger von Nürnberg 27, 42, 60, 77 ff., 81, 115, 153
Dresden 20, 23, 33, 35, 42 ff., 50, 67, 117
Dresdner Oper 20
Duncker, L. 148

Eckart, D. 183
Eichenauer, R. 182
Eiser, Dr. O. 101
Eisleben 23
England 32
Entsagungsphilosophie 56
Eschenbach, W. von 42, 107

Feuerbach, L. 50, 115
Fidelio 26
Flora, P. 174
Fontane, Th. 165
Frankreich 149
Freigedank, K. 132
Freischütz 20, 23
Freytag, G. 156, 182
Fricke, R. 97
Friedrich d. Gr. 83
Fuge 25
Furtwängler, W. 180

Gaspérini 59
Gast, P. 108
Gautier, J. 80, 102, 103, 174
Gervinus, G.G. 42
Geyer, L. 20 f., 22 f.
Goebbels, J. 180
Göring, M. 180
Götterdämmerung 55, 83, 88, 99
Grillparzer, F. 152
Grimm, J. und W. 42

Hamburg 88
Händel, G. F. 26
Hanslick, E. 43, 77, 155
Hebbel, F. 151
Heine, H. 32, 41, 51, 163
Herwegh, G. 56
Hesse, H. 168
Hettner, H. 148
Hille, P. 166
Hitler, A. 177 ff., 184
Hofkapellmeister 40
Holtei, K. von 32
Hudek, F.-P. 196
Humperdinck, E. 82, 105 f., 111

Italien 29, 56, 59, 100, 102, 106

Jockeyclub 59
Joukowsky, P. von 105 f., 111

Judentum 132 ff., 156, 163, 182
Jungdeutsche 36, 97, 103

Kafka, F. 170
Kaisermarsch 82
Kappel, G. 127
Keller, G. 56, 148
Keppler, Dr. F. 111
Kirchhoff, J. 177
Knittel, J. 180 f.
Köln 88
Königsberg 31 f.
König von Sachsen 33
Kreuzschule 23
Kriegsfestspiele 184
Kubizek, A. 178

Lasker-Schüler, E. 166
Laube, H. 27, 29
Leander, Z. 185
Leipzig 20, 23 f., 26 f., 51, 116, 132
Leipziger Theater 24
Leitmotivtechnik 51
Leubald 24, 26
Levi, H. 82, 106, 111, 134, 161, 174
Lichtregie 96
Liszt, F. 49 f., 53, 55, 58, 60, 106, 111, 152, 162, 174
Logier, J. B. 24
Lohengrin 33, 36, 44, 46, 50 f., 53, 55 f., 77, 168
‚Lolus' 67
London 42, 94
Ludwig II., König 33, 61, 63 ff., 75 f., 79 f., 82, 88, 94, 103, 130
Lüttichau, Freiherr W. A. von 147

Magdeburg 31 f., 116
Mahler, A. 173
Maier, M. 60, 64
Mann, Th. 169, 189, 191
Mannheim 88
Marschner, H. 27
Mayer, H. 39, 186, 192
Mendelssohn 22, 51
Mendelssohn-Bartoldy, F. 148
Mendès, C. 80
Metternich, P. 59, 61
Metzger, H.-K. 186 f.
Meyerbeer, G. 31 ff., 36 f., 50 f., 147
Meysenburg, M. Freiin von 56, 166
Montevardi, C. 26
Montez, Lola 67
Moskau 61
Mottl, F. 82, 103, 134
Mozart, W. A. 26

Müller, Ch. G. 23 f., 115
München 33, 66, 75, 77, 94
Münchner Hof- und National-
theater 72, 79

Napoléon 20, 59
Nationalsozialismus 177 ff., 182
Nationalsozialisten 132, 187
Neapel 106
Nerval, G. de 93
Nibelungen-Trilogie 151
Nicolai-Schule 23
Nietzsche, F. 80, 101, 108, 111, 157 ff., 166, 178, 196
NSDAP 177
Nürnberg 77 f., 184 f.

Oberon 43
Orchesterbehandlung 40
Orchestergraben 89, 91, 128, 142

Palazzo Vendramin-Calergi 111
Palermo 106
Paris 31 f., 37, 43, 56, 59, 61, 99, 116, 163, 166
Parzival 42, 67, 72, 100, 102, 105 f., 110, 115, 145, 161 f.
Paulskirche 46
Pecht, F. 75
Pellet (Haus) 64
Petersburg 61
Pfistermeister, F. von 73
Pfordten, L. Freiherr von der 73
Planer, M. 28, 31 ff., 131
Prag 25, 61
Pravonin, Schloß 25
Preetorius, E. 190
Preußen 81, 83
Preußisch-Französischer Krieg 75
Pringle, C. 110, 174
Proudhon, P.-J. 97
Proudhonismus 45
Prügelfuge 116

Rassenwahn 177
Ravello 106
Renoir, A. 106
Revolutionsjahr 88
Rheingold 53, 55 f., 80, 88, 96, 99
Richter, H. 79 f., 91, 94, 134
Riehn, R. 186
Rienzi 32 f., 35 ff., 46, 49, 55, 77, 166
Riga 32
Ring (der Nibelungen) 20, 42, 53, 55 f., 63, 80, 83, 88, 91, 94, 98 ff., 102, 106, 115, 120, 142, 157 f., 195
Rochlitz, F. 25
Röckel, A. 44 ff., 97, 119, 130
Rolland, R. 166

Rosenberg, A. 183
Rubinstein, J. 82

Sachs, H. 42, 78
Sachsen-Weimar, Prinz von 22
Sayn-Wittgenstein, M. von 56
Schlesinger 32
Schneider, R. 174
Schnorr von Carolsfeld, J. 44
Schnorr von Carolsfeld, L. 72
Schnorr von Carolsfeld, M. 72
Schönberg, A. 117
Schopenhauer, A. 56, 158
Schott, F. 60
Schramm, F. 169
Schröder-Devrient, W. 23, 26, 29, 36 f., 41
Schumann, R. 22, 44, 116, 148
Schweiz 47, 59, 75, 120
Seidl, A. 82
Semper, G. 33, 44, 46, 56, 66
Shakespeare, W. 28
Shaw, G. B. 187 f.
Siegfried 20, 36, 53, 55, 99
Siegfried-Motiv 100
Siena 106
Sipp, R. 19
Souvenir-Rummel 91
Sozialistengesetze 103
Stein, H. von 103
Stock, R.W. 184 f.
Stuttgart 61
Sulzer, J. 56

Tannhäuser 33, 43 f., 49, 55, 59, 149, 163
Tausig, K. 139
Tichatschek, J. 36, 43
Tribschen (Haus) 75, 80, 83, 88, 136
Tristan und Isolde 57 ff., 67, 72, 77, 127, 153 ff.
Twain, M. 165

Überblendung, szenische 105

Vaterlandsverein 45 f.
Verdi, G. 173
Versailles 81
Victoria, Queen 94
Viereck, P. 182
Vierwaldstätter See 80

Wächter, M. 37
Wagner, R., Antisemitismus 22
 – Herzattacke 110
 – Kindheit 20
 – Kunstdefinitionen 138
 – als Revolutionär 46 f.
 – Schriften und Briefe 114 ff.
 – Tod 111, 114

Wagner, Albert 27
Wagner, Cäcilie 24
Wagner, Carl 23
Wagner, Cosima s. Bülow, C. von
Wagner, Eva 75, 177
Wagner, Friedrich (Vater) 19 f., 22
Wagner, Isolde 64
Wagner, Johanna R. (Mutter) 19 ff.
Wagner, Minna s. Planer, M.
Wagner, Rosalie 26
Wagner, Siegfried 80
Wagner, Wieland 145
Wagner, Winifred 177
Wagner-Museum 85
Wagner-Stiftung 114
Wagnerianer 93
Wagnerkult 93
Wahnfried, Villa 85, 88, 97
Walküren 53, 55, 80, 88, 97, 99
Walküren-Motiv 99
Wapnewski, P. 194
Weber, C. M. von 20, 23, 40
Weimar 49 f., 152
Weinlig, Ch.Th. 23 f., 26, 116
Weißenfels 19
Werfel, F. 170, 173
Wesendonck, M. 56 f., 64, 73, 131
Wesendonck, O. 55 f., 58, 80
Wieland der Schmied 50
Wien 25, 43, 59, 61, 88, 151
Wiener Burgtheater 152
Wilhelminismus 82
Wilhelm I., König 81
Wille, E. 56, 69
Wolfram, K. 57
Wolzogen, H. von 85, 94, 101, 162
Wüllner, F. 80
Würzburg 27

Zauberoper 91
Zumpe, H. 82
Zürich 49 f., 88, 107, 131, 148
Zurmühl, S. 195
Zweig, A. 172

Inhalt

- 19 Erstes Kapitel: Das gekränkte Kind
- 35 Zweites Kapitel: Der Künstler der Revolution
- 49 Drittes Kapitel: Die Engel in der Finsternis
- 63 Viertes Kapitel: Illusionen und Frieden
- 93 Fünftes Kapitel: Zwischen Walhall und Monsalvat

- 113 Zeugnisse und Dokumente
- 114 Wagner in seinen Schriften und Briefen
- 136 Aus den Tagebüchern Cosima Wagners
- 147 Wagner im Urteil seiner Zeitgenossen
- 163 Literarische Reflexe auf Wagners Werk
- 177 Wagner, Hitler und der Nationalsozialismus
- 187 Wagner in der Sicht des 20. Jahrhunderts

- 197 Anmerkungen
- 206 Register